智能化财务管理与建设研究

高雯萱◎著

文化发展出版社
Cultural Development Press
·北京·

图书在版编目（CIP）数据

智能化财务管理与建设研究 / 高雯萱著 . — 北京 ：
文化发展出版社，2024.4
ISBN 978-7-5142-4300-0

Ⅰ . ①智… Ⅱ . ①高… Ⅲ . ①财务管理－管理信息系
统－建设－研究 Ⅳ . ① F275-39

中国国家版本馆 CIP 数据核字 (2024) 第 028118 号

智能化财务管理与建设研究

高雯萱　著

出 版 人：宋　娜
责任编辑：袁兆英　　　　　　责任校对：岳智勇
责任印制：邓辉明　　　　　　封面设计：守正文化
出版发行：文化发展出版社（北京市翠微路 2 号 邮编：100036）
网　　址：www.wenhuafazhan.com
经　　销：全国新华书店
印　　刷：天津和萱印刷有限公司

开　　本：710mm × 1000mm　1/16
字　　数：265 千字
印　　张：13.25
版　　次：2024 年 4 月第 1 版
印　　次：2024 年 4 月第 1 次印刷

定　　价：72.00 元
I S B N：978-7-5142-4300-0

◆ **如有印装质量问题，请电话联系：010-58484999**

前　言

随着我国社会的快速发展和科学技术的不断创新，信息化和网络化已成为各行各业发展的重要趋势。同时，我国正逐步完善社会主义市场经济制度，经济改革的进程不断深化，因此财务会计工作的开展状况对经济发展非常重要。随着财务智能时代的到来，人工智能使财务模型和方法自动化，大幅简化了财务工作的程序，提升了财务工作的效率，并促进了社会经济的快速发展。

由于财务个人职业生涯管理体系的不断完善，人工智能技术也获得了发展的机遇，因此国外金融界和财务界结合人工智能的作用对财务管理进行了深入的研究，以期开发出能够智能处理复杂财务分析和决策问题的专家系统，实现财务管理的智能化。人工智能技术能够帮助财务人员完成一些重复性较强的工作，使他们从重复性、机械性较强的工作中解放出来，从而获得时间来学习专业知识。此外，财务人员可以将理论与实践相结合，实现成本管理会计领域的实践要求。财务人员应全面了解财务人工智能的工作内容和相关范围，并持续扩展自己的专业知识。在实践中，财务人工智能和财务人员开展良好的合作关系，实现人机的完美协同，为企业创造利润。只要财务人员与时俱进，不断转化自己的工作思路，就可以积极实现互联网发展对财务工作提出的要求。为了达到成为管理型和跨学科人才的目标，他们需要持续地学习会计知识，不断完善自我，拓宽自身的知识领域。

本书第一章主要对财务管理的基础认知进行简单的介绍，从以下三个方面展开，分别是财务管理的内涵及目标、财务管理的主要内容、财务管理的环境。第二章主要对智能时代下的财务人员进行介绍，从以下四个方面展开，分别是智能时代财务人员面临的难题、智能时代财务人员的基础能力、智能时代财务人员的择业模型、智能时代财务人员的职业发展策略。第三章主要对智能化财务管理理论与实践进行介绍，从以下四个方面展开，分别是智能化的内涵与机制、智能化财务管理的新逻辑、财务分析智能化的技术实现与应用、财务决策支持系统的智能化。第四章主要对智能化财务的变革与创新进行介绍，从以下四个方面展开，分别是智能化财务组织简化、智能化财务管理策略、智能化战略财务创新、智能化专业财务创新。第五章主要对智能化财务的建设思路进行介绍，从以下五个方面展开，分别是智能化财务建设的总体规划、智能化财务建设的业务流程设计、智能化财务建设的财务组织规划、智能化财务建设的制度体系设计、智能化财务建设的运营管理设计。第六章主要介绍智能化财务管理的未来发展趋势，从以下三个方面展开，分别是呈现财务云趋势、财务外包、实现财务信息数据共享。

在撰写本书的过程中，作者参考了大量的学术文献，得到了许多专家学者的帮助，在此表示真诚感谢。本书内容系统全面，论述条理清晰、深入浅出，但由于作者水平有限，书中难免有疏漏之处，希望广大同行及时指正。

高雯萱

2023 年 8 月

目　录

第一章　财务管理的基础认知

本章主要对财务管理进行简单的介绍，希望读者能对财务管理有基础认知。本章主要从以下三个方面展开，分别是财务管理的内涵及目标、财务管理的主要内容、财务管理的环境。

第一节　财务管理的内涵及目标

一、财务管理的内涵阐释

财务的英文翻译为“finance”，这一单词体现了个人、企业和政府对货币的管理过程，财务的应用范围包括个人理财、企业财务、国家财政三个方面。本书介绍的财务管理是研究企业在货币领域对资源的获取和管理，包括资金的筹集、计划、使用和分配过程，以及涉及企业财务活动的各种财务关系。

首先，要经营一个企业必须依靠各种资产的作用，资产包括非流动资产（如建筑、设备和设施）和流动资产（如存货、现金和应收账款），为购置这些资产，需要具备一定量的资金。企业可以通过两种方式获得资金，一种是从自身经营盈利中进行再投资；另一种是通过向金融市场发行股票或债券，或者向金融机构借贷来获得资金。财务管理人员在企业筹集资金的过程中需要设计一定的筹资方案和计划，以确保企业的筹资成本最小化，同时最大化所筹集资金的效益，提升企业获得的价值量。

其次，企业的资金或资产是否得到有效运用与其投资的项目投入和产出量有关，也就是说，实物资产、技术和人力资源的投入和产出在经济上是否合理，还与投资收益和成本的关系、风险的补偿有较大的关系。一个企业的投资决策是否得当，会直接影响到未来的现金流量，也就是资产的增值情况。在财务管理领域，投资决策被认为是一个重要的研究课题。

最后，企业的所有财务活动都受到外部环境的影响。企业的财务管理策略受国家经济发展规律及政府财政政策宽紧的影响很大。企业财务人员需要深入学习和研究与企业融资业务有关的金融市场和利率。财务管理将企业和资本市场、企业和国家宏观财政政策连接在了一起，并起到了转换资金的重要作用。

财务管理是为了在特定环境下最大化企业股东财富而进行的对运用资金的有效管理。在这个过程中，必须综合考虑企业的投入、回报、成本和风险，做出明智的决策。

简言之，企业财务包括了企业在生产经营过程中资金的流动状况和相关经济利益关系。资金的流动状况体现为财务活动，而相关经济利益关系则被称为财务关系。财务管理的具体工作包括企业在组织的财务活动和处理财务关系方面的综合管理工作。

二、财务管理的基本环节

财务管理环节是根据财务管理工作的程序及各部分之间的内在关系划分的，分为财务预测、财务决策、财务预算、财务控制、财务分析和业绩评价。

（一）财务预测

财务预测是通过分析企业历史财务数据，并结合实际的经营状况，对未来的财务活动和成果做出的估算和预计。财务预测不仅能够连接两个管理周期的节点，而且是财务计划的必要前提条件。

（二）财务决策

财务决策也称为短期财务决策，财务决策是对财务方案和财务政策做出选择和决定的过程。财务决策旨在制定最为适宜的财务方案，以满足对财务目标的最大化需求。只有制定了得当且可行性高的方案，才能保证财务活动的效果，实现企业财务管理目标的最大化。财务管理环节的中心在于财务决策。

（三）财务预算

财务预算是在科学技术和数学方法的辅助下，综合考量企业的项目，制订企业的具体计划并采取相应的财务措施，以平衡不同领域的计划指标。财务预算保证了企业奋斗目标得以实现的过程。

（四）财务控制

财务控制是在企业的生产经营中，将计划任务和不同项目的定额作为控制的依据，对资金的收支情况进行详细记录和审核，以确保计划目标的实现并提高经济效益。财务控制是一种有效的工具，可以确保计划任务得到落实，计划顺利实施。

（五）财务分析

财务分析主要利用核算资料来调查研究企业财务活动的全过程，评价计划的完成情况，分析影响计划执行的因素，从根本上挖掘企业的潜力，并提出改进方案。

（六）业绩评价

业绩评价是指运用数理统计和运筹学的方法，通过建立综合评价指标体系，对照相应的评价标准，将定量分析与定性分析相结合，对企业在一定经营期间的获利能力、资产质量、债务风险及经营增长等经营业绩和努力程度的各方面进行综合评判。

以上这些管理环节互相配合、紧密联系，形成周而复始的财务管理循环过程，构成完整的财务管理工作体系。

三、财务管理的延伸

随着经济的发展，企业财务活动的范围和类型不断扩大，企业财务管理的内容也不断丰富和延伸。例如，企业的价值评估，频繁发生的并购、重组、破产事件，企业治理及高管行为对企业财务的影响等问题，迫切需要财务管理人员开阔视野、创新方法、完善和扩充现有的财务管理理论体系。

（一）企业价值评估

企业价值评估是一种综合性的评估方法，通过考虑企业所有资产和整体盈利的情况，以及宏观经济和行业背景等因素，对企业的总体市场价值进行评估。价值评估可以帮助投资者进行投资分析，也可以帮助企业管理者进行财务决策、战略分析等。

（二）企业并购

企业并购可以根据方式和含义的不同分为兼并和收购两种。在国际上，通常将兼并和收购合称为企业并购。在我国，企业并购指企业之间通过一定的经济方式，在等价有偿、平等自愿的基础上，取得其他法人的产权。企业并购是企业进行资本运作和经营的主要方式之一。企业并购的方式主要有三种，分别是公司合并、资产收购和股权收购。

企业是一个资本组织，通常致力于实现其资本最大化的目标。企业并购对企业来说是一项至关重要的投资活动，主要促使企业进行并购的因素包括寻求资本最大化增值及竞争压力等。然而，对单个企业而言，其进行并购的动机在实际的情况下也会表现为不同的形式。企业并购的动因是根据企业发展战略确定的。

（三）企业破产

如果一家企业的管理出现了问题或在生产经营中遇到困难，导致它所欠的债务超过了实际拥有的所有资产，无力偿还，那么就会出现破产的问题。破产案件是指无法偿还债务，需要通过司法程序进行处理的事件。在这里所提到的司法程序包含三种类型：和解、重整和破产清算。不能把破产案件简单地归结为破产清算事件。破产清算是公平清理债务的一种方法，但不是唯一方法。《中华人民共和国企业破产法》鼓励当事人积极寻求以避免企业破产清算的方式来公平清理债务。

（四）公司治理

公司治理是一个涉及多方利益关系的管理制度，其中，包括股东、董事会和管理层等主体之间的相互关系。这些利益关系共同对企业的发展方向和业绩产生了重要的影响。讨论公司治理的基本问题，也就是讨论如何确保企业管理者在使用由资本供给者提供的资产时，肩负起应对资本供给者承担的相应责任。为了增强企业的战略决策能力并为投资者创造价值，公司需要明确规定不同利益相关者拥有的权利、应该承担的责任，明确各方产生的相应影响，而且它们之间的委托代理关系应建立在相互激励的良好制度之上。中国企业管理者通常忽视了两个关键的治理问题，即企业战略和公司治理。

（五）行为财务

行为财务是一门研究在财务领域中，财务主体的心理和行为如何影响其财务决策和行为的学科。其核心观点强调，财务主体的价值观念是该领域的核心。这一观点意味着人们在面对财务问题时，并不仅仅是理性的决策者。相反，他们的决策和行为受到一系列心理和情感因素的影响，其中，包括动机、生产水平、决策行为和利益分配。总的来说，行为财务认为了解和考虑财务主体的心理和行为因素对财务决策至关重要，这有助于改善财务信息的处理流程管理，提高财务决策的质量，以及更好地满足财务主体的需求。行为财务与传统财务行为的区别在于，它更加强调了心理学和行为科学在财务领域的应用，以便更好地理解和解释人们在财务决策中的行为和决策模式。行为财务还包括对未来财务行为的预测和决策，以实现全过程控制，确保财务活动与财务目标一致。

四、财务管理的目标

（一）财务管理目标的概念

财务管理目标可用作评估企业理财活动的有效性标准，属于财务管理的一个基础性问题。在我国企业财务管理中，有许多不同的目标，但以实现产值最大化、实现利润最大化、提高股东财富或增加企业价值为主的目标是最有代表性的。

企业财务管理的目标在于展现企业经营目标在财务方面的总体化需要，它是企业开展财务决策的根本目的。制订合理的财务管理目标是现代企业成功实施财务管理的基础，只有企业的财务目标明确，才能为财务管理工作提供指导方向。企业应该根据自身的经营状况及市场经济的要求，理性和科学地选定并规划财务管理目标。

在企业管理中，财务管理是管理资金、合理使用资金的工作，旨在最大化企业的收益和效益。企业整体目标决定了财务管理的目标。

（二）财务管理目标的作用

1．激励作用

企业的目标是激发全体员工的动力，只有了解了企业目标的员工才能充分发挥自身的潜力，积极投入工作，全力以赴为企业创造更大的利益。

2．导向作用

财务管理是一项协同企业内部不同关系的财务活动，其目的在于规划、协调和统筹企业与外部各方的财务关系。理财目标的作用首先就在于为各种管理者指明方向。

3．考核作用

评估公司业绩和不同部门工作业绩的标准是目标。企业的目标明确了，各级领导干部才能按照职工的实际贡献大小如实地对其绩效进行评价。

4．凝聚作用

一个企业实际上也是一个组织、一个系统，企业内部成员必须互相协作才能使企业运作正常。只有加强企业内部成员之间的联系和合作，企业才能够充分发挥作用。企业目标明确，能充分实现全体职工的共同利益，极大地激发企业职工的工作热情、献身精神和创造能力，形成强大的凝聚力。

（三）财务管理目标应具备的基本特征

企业生存、发展的目标决定着企业财务管理的目标如何开展，这两个目标必须在根本上一致。下面我们对企业财务管理目标的四个特征进行介绍。

1. 财务管理目标具有多元性

财务管理目标并不是唯一性的，而是一个能够适应多个影响因素变化的综合性目标群体。现代财务管理是一个系统，财务管理的目标也是一个有机的体系。在这些多样的目标中，主要目标起到了主导和支配的作用；其他的一些目标则处于次要的、辅助的地位，所以也被称为辅助目标。如企业在努力实现“企业效益增长”这一主要目标时，还必须实现一些辅助目标，包括提高企业的偿债能力、促进企业的成长、履行一定的社会责任等。

2. 财务管理目标具有可操作性

要想做好财务目标的管理工作，工作的前提是制订财务管理的目标，财务管理目标既能够起到组织员工、动员员工的作用，又能够从已经确定的经济指标出发，完成职工的自我控制工作，开展合理的绩效考评工作，这就要求财务管理目标的操作性较强。如果细化这一要求的话，则包括可以计量、可以追溯、可以控制三个方面。

3. 财务管理目标具有层次性

企业财务管理能够顺利开展的前提是完成财务管理的目标，而财务管理自身也是一种系统。不同类型的理财目标共同形成了一个网络，这个网络内部展示了不同目标之间存在的联系。

企业财务管理的不同方法和具体内容共同决定了财务管理目标存在的层次性问题。例如，企业财务管理的内容可以划分为几个不同的方面，包括利润分配管理、营运资金管理、投资管理、筹资管理，这几个方面还可以进行进一步的细分。

4. 财务管理目标具有相对稳定性

在宏观经济体制和企业经营方式不断变化的背景下，人们对财务有了越来越清楚的认识，财务管理目标也产生了一定的变化。但是，宏观经济体制和企业经营方式的变化幅度较小，只有量变发展到了一定的阶段，质变才能够相应地产生，在不断发展之后，人们的认识也会提升到一个新的高度，随之达到人们普遍接受共识的阶段。财务管理目标也反映了人们对客观规律的看法，因此财务管理目标也是比较稳定的。

（四）企业财务管理目标的类型

1. 企业利润最大化

企业利润最大化就是企业财务管理将利润的获得作为根本的目标。该观点源于英国经济学家亚当·斯密的经济人假设，在20世纪50年代以前的西方经济学界较为流行，属于传统观点，但在今天的理论界和实务界仍有一定的影响。该观点认为，利润是衡量企业经营和财务管理水平的标志，利润越大越能满足投资人对投资回报的要求。

这一目标的设立存在着合理的一面，在过去的西方微观经济学研究中，一直将利润最大化作为研究的基础。其合理性体现在以下几方面。

①企业新创造出来的价值就是利润，利润是已经完成销售过程，并且是已经被社会和大众所接受的价值。

②企业综合化最高的财务指标就是利润，利润也体现了企业的整体经营状况和财务管理水平。

③社会财富的积累也来源于利润。

④利润的概念是社会大众最容易接受和学习的概念。

因此，我们可以认为将企业利润最大化作为财务管理的根本目标，存在一定的合理性。但是，企业利润最大化这一财务管理目标也有着无法克服的缺点。

①这一目标缺乏对企业利润的实现需要时间因素的考虑，也就是缺乏对资金时间价值这一概念的认知。

②没有考虑到利润在实现过程中存在的风险，如果一味地追求利润最大化，那么企业承担的风险也较大。

③利润是一个绝对数的指标，不能够完全反映出企业在一定时期内的投资和收益比例，所以也无法从根本上体现出资本的投入和产出的关系，也不易在不同的企业之间开展比较。后来，为了解决这一问题，财务管理学界提出了“每股盈余最大化”的相关观点。

④缺乏对企业现金流量状况的考虑，因为暂时的利润并不能够代表企业的现金情况。

⑤如果一味地追求利润，那么企业经营者和财务决策者将无法培养长远的眼

光；如果只看当前的利润，而忽视了企业长远的利润，那么企业长久的发展也会在财务方面受到阻碍。

因此，企业利润最大化这一目标是存在片面性的，属于对财务管理的一种基础性认识，而且其存在的缺陷是难以克服的。目前的财务管理研究认为，我们不能够简单地将企业利润最大化作为企业财务管理目标的长远选择。

2. 股东财富最大化

股东财富最大化指通过合理的财务经营手段，使股东获得最大化的投资回报。在股份制经济背景下，股东的财富取决于两个方面，分别是其持有的股票数量和股票市场价格。在股票数量不变的情况下，如果股票价格达到最高价，那么股东的财富就实现了最大化。从股东财富的角度出发，企业财务管理的最终目标是将股票价格最大化。美国金融学家艾伦·夏皮罗认为，股东可在状况良好的资本市场上以最小的交易成本投资和交易金融证券，因此，股东的目标是尽可能提高现在的股票价格，以实现财富最大化。[①] 美国金融学教授本顿·格普也指出，股东财富最大化是用公司股票的市场价格来计量的。美国金融和经济学教授斯蒂芬·罗斯也曾明确指出，财务管理的目标就是要使每股股票的目前价值极大化。[②]

将股东财富最大化作为财务管理目标，是近年来较为流行的一种观点。相较于追求企业利润最大化，股东财富最大化的观点更有优势，因为它更科学地考虑了风险因素在财务获得过程中的作用。风险的高低对股票价格的影响是十分重大的。股东财富最大化有助于避免企业一味追求短期利益带来的负面影响，这是因为不仅当前的利润会影响股票价格，而且未来的利润也会对股票的价格产生较大的影响。股东财富最大化的目标相对容易量化且易于对企业评估。然而，我们也需要认识到股东财富最大化的一个劣势，即它只适用于上市公司，无法很好地适用于非上市公司。它过分关注股东的利益，而忽视了企业其他相关者的整体利益，这可能会导致企业所有者和其他经济利益相关者之间产生利益上的冲突。影响股票价格的因素有多种，其中很多因素是企业无法掌控的，因此，将不可控因素纳入投资目标是不明智的。

3. 企业价值最大化

企业财务管理的最终目标是实现企业价值最大化，这就要求企业采用最佳的财务策略，综合考虑资金的时间价值及风险与收益的关系，以保证企业能够实现

① 郭传章，杨瑞彬. 财务主管绩效管理方法[M]. 北京：中国经济出版社，2003.

② 钟俊，葛志强. 国有商业银行股份制改造与管理[M]. 北京：中国工商出版社，2005.

长期稳健的发展，并最终使企业总价值获得最大化。

企业价值是指企业在市场上的实际价值，也就是企业未来预期现金流的现值，而并非仅仅指企业在账面上的价值总额，这是因为企业资产的账面价值与企业实际市场价值是存在差异的。一个企业如果处于经营良好的状态，那么其市场价值一定能够高于账面价值；相反，一个企业如果运营失败甚至出现大量亏损，那么其市场价值一定大幅低于账面价值。企业的市场价值实际上是企业经营成果和财务状况的总体表现，市场会对其综合考虑以给出最终评价。

根据财务的相关理论，价值应该是所有现金流入的现值之和。针对普通企业，要确认其具体的企业价值需通过企业转让、变卖或进行精准资产评估等手段。对于股份制企业，特别是对上市公司而言，长期来看，股票市场价格的上涨意味着该企业的价值增长。股票价格是市场对企业价值的真实反映，反映了投资者对企业总体经营状况的评估。企业价值同时受到企业内部经营和财务状况，以及对未来发展前景预期的综合影响，这些因素都会在股票价格中得到一定的体现。

一般来说，股东是企业的投资者，他们的主要目标是追求自己的投资回报最大化，这个目标与企业价值最大化和企业股票价格上涨的目标是一致的。企业价值最大化观点所具有的优点与股东财富最大化观点完全一致。然而，现在更多的专家和学者认为，相对于股东财富最大化观点，企业价值最大化观点更有优势。这是因为企业价值最大化目标能够确保财务管理目标与财务管理主体在利益上的一致性，即两者都站在企业宏观的角度来考虑问题，在综合考虑所有利益相关者的情况下做出决策。企业财务管理的目标是实现企业价值最大化，这是一种经济社会发展下的必然选择，也是一种客观评价企业经营和财务状况的方式。企业价值虽然是一个抽象化的概念，但也能够用于对企业的最终评价。

然而，在将企业价值作为财务管理目标的过程中也存在一定的困难，因为这个概念较为抽象，所以不容易被普通人理解。因此，辅助应用一些基本的财务指标是必要的，如常见的利润和每股盈余指标。上市公司的股票价格是企业价值的体现之一，但是股票的价格会受到市场内部多种因素的影响，因此在某个特定时刻，股价未必能准确反映企业价值。股票价格虽然可以作为企业价值的外在衡量指标，但需要对其长时间的趋势进行分析。上市公司的股票价格受多种因素的影响，包括公司股票的上市比例及企业之间的相互参股、控股和间接持股等情况。此外，由于法人和股东并不能从股票市场的变动中敏锐感知到经济市场的变化，而以控股为目的的股东也不关心股价的变化，因此非上市公司无法将企业价值作为财务管理目标。

4. 相关者利益最大化

相关者利益最大化是企业价值最大化的进一步发展，它要求企业在经营中应充分考虑股东及其他利益相关者的利益，通过合作共赢促使企业实现相关者利益最大化。

企业在从事各种资金收支活动时，不可避免地会与不同的利益主体发生联系，从而形成企业的财务关系。财务关系是企业在理财活动中产生的与各相关利益集团间的利益关系。其可概括为七个方面，即企业与出资者之间的财务关系，企业与债权人之间的财务关系，企业与债务人之间的财务关系，企业与被投资者之间的财务关系，企业与内部各单位、各部门之间的财务关系，企业与职工之间的财务关系，企业与税务机关之间的财务关系。其中，最重要的是企业与出资者之间的财务关系和企业与债权人之间的财务关系。只有企业善于协调关系，与社会各个方面和谐相处、共同努力，才能合作共赢，实现企业相关者利益最大化。

5. 社会价值最大化

企业作为一个多元体，涉及诸多社会利益关系。在实现企业目标的过程中，不能单纯从企业的内部因素考虑，应该考虑整个社会系统对企业的影响，并对企业行为进行规范。要在竞争激烈的社会中生存，企业必须与周围的环境保持良好的和谐关系，这涉及了与政府、员工、社区等各方面的关系。企业应该担负起自己应负的社会责任，这是作为社会的一分子所应该做的。企业的社会责任包括参与社区的建设、参加环境保护事业、支持公益活动、维护消费者的权益、维护商业的诚信等内容。社会价值最大化意味着企业应该在维护企业利益的同时，保护其他利益相关者的利益，使得企业的社会责任能够和经济效益形成平衡的关系。

现代企业的基本目标是追求社会价值最大化，这一目标在制订的过程中考虑了时间性、风险性和可持续发展等重要的因素，有助于实现经济效益和社会效益的统一。

（五）影响企业财务管理目标的因素

财务管理目标的确定依赖于企业目标的确定。企业的存在是由契约各方的多次博弈所形成的，因此必须关心、重视所有契约方的利益，如果任何一方的利益受到了负面影响，那么企业就可能面临解散的风险。在制订企业财务目标之前，需要考虑到与企业相关的各方利益。

根据系统的结构性原则，系统中各要素之间存在着一定的联系和组织方式，这种联系和组织方式也被称为结构。结构表示系统中各元素之间处于一种相对稳定的交互方式。系统的环境依存原则认为，系统并非孤立存在，而是存在于一定的环境中。为了保持自身的活跃，系统需要保持与环境的物质、能量和信息的交流和交换。以下三个主要的利益集团会对财务目标产生影响。

①企业所有者（包括政府）。股东大会和董事会是决定企业财务目标的主体。理论上，企业在做出重要的财务决策之前必须通过股东大会或董事会的投票表决。董事会对任命和解雇企业经理、财务经理等决策权的获得，能够提高企业的生存能力，维护企业所有者的利益。而且，因为政府属于行政机构，所以政府为企业提供的公共服务还需要以征税的形式参与到企业的收益分配过程中。为了实现投资过程的良好循环，企业需要达到一定的经济效益目标。

②企业债权人。一般情况下，企业借款后会受到债权人必要的监督，以确保及时偿还给债权人本金和利息。债权人会强烈要求企业按照借款合同规定的情况使用资金，并保持稳健的偿债能力，以确保资金的有效利用和债务的安全性。

③企业职工。在一个企业里，经理和一般的员工都为企业贡献了自己的脑力劳动和体力劳动，所以应该得到相应的报酬。企业财富的主要创造者是职工，他们应该享有分享企业收益的权利，并拥有适当的休息时间，以继续为企业带来更多的财富。这表明，员工与企业的利益是密不可分的关系。企业在制订财务管理目标时，必须维护职工权益。除此之外，能够对企业财务管理目标产生影响的因素还包括其他利益相关者，如企业的供应商、顾客等。

1．管理决策因素

（1）投资项目

对企业回报率和风险产生最直接影响的因素之一是投资项目的选择。风险是无处不在的，只是在不同的项目中风险的程度不同。如果企业能够制订科学合理的投资计划，那么项目风险将会大大降低。近年来，许多企业陷入了经营困境并面临着破产的风险。这主要是由于他们做出了不明智或投资不当的决策。为了确保企业实际情况与投资决策的一致性，必须建立一套完备的可行性分析和投资审批制度。

（2）投资回报率

从股东角度来看，企业的盈利总额并不能完全代表股东的财富。在相同的风险下，股东的财富水平需要通过投资回报率来衡量。当企业面临多种类型的投资机会时，为了实现经济增长目标，通常使用资本预算技术做出长期投资决策。为了让投资回报率更高，企业通常会使用净现值法、现值指数法、内含报酬率法等方法来评估投资项目，并提高财务管理决策的水平，以实现企业财务管理的目标。

(3) 资本结构

企业的所有者权益和负债之间存在的比例关系就是资本结构，如果这种结构出现了失衡的问题，那么就可能对企业的效益产生一定的负面影响，增加企业的经营风险，甚至可能导致企业出现无法经营的问题。为了实现企业财务管理的目标，企业通常会将未来增长率、商业风险等多种因素进行综合考虑，以确定最为完善的资本结构并达到每股收益无差别点，从而使企业价值最大化。

(4) 风险

企业在做出任何决策之前，都需要考虑未来的情况并做好承担相应风险的准备。企业在做出决策时，必须平衡回报和风险的关系，深入研究并控制各种潜在风险。投资者的风险偏好决定了风险回报率的状况，企业通常可以采用多元化投资和多元化筹资相融合的措施来控制和分散风险，以达到最大程度地提高企业价值的目的。

(5) 股利政策

股利政策指公司在盈利后，决定将多少利润分配给股东作为股利，以及将多少利润保留下来作为未来的再投资基金，以确保公司未来盈利的持续性。企业应根据市场环境和实际情况来制定股利政策，以达到财务管理目标。政策可能涉及实施剩余股利、低正常股利再加上额外股利等各种选择，但这些选择必须考虑到企业的融资计划和资本预算。

2. 外部环境因素

外部环境也将对企业的财务决策产生不可忽视的影响。企业需要尽快适应外部环境中的需求和变化。

（六）我国企业财务管理目标的选择

我国以公有制经济为主体，国有企业是公有制经济的重要组成部分，国有企业的发展目标是使全社会的财富获得增长。企业除了要对社会有一定的经济回报，还要对社会做出贡献；企业在推进自身发展的同时，也必须考虑到自身发展对社会稳定和进步的影响。有时为了保护国家利益，国有企业需要牺牲一些自身的利益。此外，考虑到我国证券市场尚处于起步阶段，很难找到一个标准来界定“股东权益”。因此，将股东财富最大化当作财务管理目标既不合适，也不太可能实现，将企业价值最大化作为财务管理的目标则更加合理。然而，如果将企业价值最大化作为企业财务管理的目标，那么如何度量价值就成了一个难以解决的问题。目前，度量价值的定义有多种说法，其中以未来企业价值报酬贴现值和资产评估值为代表。虽然这两种说法的合理性较强，但它们的概念是建立在对企业价值相对狭隘的理解基础上的。

企业是社会的一部分，社会则由多元化的个体组成。企业的价值不仅可以体现在它对自身价值的提升，而且可以体现在它对社会和广大人民的基本利益做出的重要贡献。在制订企业财务管理目标时需要考虑企业财务活动中的客观规律，并充分考虑到企业财务管理中的实际状况，以使之切实可行和具有实际应用价值。因此，对企业价值最大化的度量应基于相关者的利益。

1. 我国企业财务管理目标的定位要求

第一，企业的总目标应该是财务管理目标的核心所在。企业以盈利为根本目的，因此其生产经营的总目标是提高经济效益，确保资金的充足和价值的提升，并避免企业在激烈的市场竞争中被淘汰。

第二，财务管理目标应考虑协调各契约关系主体的不同利益。现代企业是由多边关系构成的整体。尽管股东的地位最高，但作为企业所有者，他们承担的权利、义务、风险和回报最大，而其他的相关利益主体也承担了一定的风险。在制订企业财务管理目标之前，需要考虑相关利益群体的利益，并确保各契约关系主体的利益得到了保证，以避免忽视任何一方。

第三，在制订财务管理目标时，应充分考虑到企业的社会责任在其中发挥的作用。企业必须经常积极地履行社会责任，因为这将对企业的生存和发展产生非常重要的影响，而企业的财务活动也应考虑这方面的因素。

2. 我国企业财务管理目标的定位

企业不仅是市场的主体，也是理财的主体，因此企业的理财目标也是指导企业行动的重要目标之一。在我国，企业财务管理的目标是在股东的领导下，使利益相关者的财富最大化。它所传达的思想是，通过维持出资者利益和其他利益相关者的权益均衡发展，来实现企业或企业财务管理在经济和社会目标之间的平衡关系。这是在理性考虑后做出的企业财务管理决策，这样的决策也是十分符合我国财务管理目标的。这种定位不仅考虑了所有者的权益，而且有助于维护债权人、经营者和职工等各方的利益。

企业所有者的投入是长期的，不能随意撤回。他们承担的责任和风险最大，因此应该获得最大比例的权利和回报。充分保障企业所有者的权益，同时实现企业所有者权益价值最大化，是认同企业所有者权利与义务统一的一种表现。企业经营者与所有者权益是密不可分的关系，只有致力于实现所有者权益价值的最大化，才能获得丰厚的收益和长期的合作关系，从而赢得企业所有者的信赖和支持。

职工的利益同样与所有者权益密切相关。如果企业的经营状况不良，那么所有者无法最大化自己的权益价值，职工的收入和福利将受到较大的影响。如果追求所有者权益最大化的目标，那么就不可避免地要优先改善职工的福利状况和收入水平。

通过产权理论，可以分析股东主导的以利益相关者财富最大化为目标的问题。企业所有者的权益资本是一种长期投资，他们更重视长远稳健的增值而非短暂的、暂时的权益资本最大化。要让所有者获得最大的利益，企业需要长期增加其权益资本。为此，我们需要考虑未来所得到的投资收益，并根据时间价值考虑其现值。同时，为了追求企业的长远利益，企业需要注重资金的时间价值。要使所有者权益价值最大化，不要只关注眼前的利润，更要考虑长远的潜在收益。要在规避风险和获取回报之间取得平衡，以实现竞争优势，并满足企业持续发展的需求。

在股东的主导下，企业财务管理的目标是在照顾利益相关者的前提下，使股东财富最大化。这个目标的关键在于找到股东和其他利益相关者的权益平衡点。通过以上的逻辑分析，可以得出结论：出资者会通过采取策略来应对分权所带来的风险，以确保它们的总体效益不会降低。如果采取分权措施导致总体效益下降，那么出资者可能会选择关闭企业，从而造成所有利益相关者的权益受到影响。因此，股东和其他利益相关者之间的权益平衡取决于股东的边际效用。股东的边际效用始终是正值，呈现出递减的趋势，直至为零。这也表明，在企业财务管理方面，我们应该以股东利益为核心，优先考虑各利益相关者的权益最大化。

这一企业财务管理目标更符合我国当前处于社会主义初级阶段的国情。尽管我国多种经济成分并存，但国有经济始终处于主导地位。在国有经济中，企业的行为既要考虑国家的利益，也要承担社会责任。企业必须确保其决策既符合利益相关者的利益，又符合国家利益，而且不能单纯追求财富的最大化。我国的现代企业制度经历了一段十分复杂的发展历程。因此，我们应该更加注重职工的切身权益，强调社会财富的增长，并坚持各方利益共赢的原则，从而推动经济实力的不断增强，以符合我国经济改革与建设的基本情况。尽管股东财富最大化非常重要，但它必须服从于这些更高层次的目标和原则。

五、财务管理面临的挑战和机遇

（一）数字化生存的挑战

伴随经济全球化、企业国际化、科技进步和管理变革，一方面，复杂多变的商业环境对财务及时性、准确性、有效性的要求与日俱增；另一方面，传统分散的财务管理模式在政策制度、流程标准、操作规范、人员能力等方面的参差不齐，造成了财务运行成本高、效率低，风险频发。财务组织变革势在必行。

从20世纪80年代福特公司建设全球第一家财务共享服务中心开始，集团型企业逐渐将跨地区、重复度高、工作量大的财务工作集中到共享服务中心进行处理，实现了标准规范化、管理集约化、职能专业化、数据统一化，进而实现了集团层面的资源整合，提升了财务运营的质量和效率。财务工作的重心也开始逐渐由日常核算向辅助管理和支持决策转变。财务共享服务中心的建设，成为财务转型的重要根基。

如今，全球大部分企业已经应用财务共享服务，财政部和国务院国有资产监督管理委员会于2013年开始正式推广建设财务共享服务中心，华为、海尔、中兴等企业成了国内较早推行财务共享服务中心的标杆，并取得了显著的建设成效。以财务共享为基础进行组织和流程再造，追求共享财务、业务财务、战略财务三位一体。以价值创造为导向的财务管理模式，已成为财务管理转型发展的方向。

（二）数字经济发展的机遇

伴随着数字经济的发展，企业也经历了从会计电算化、财务信息化到财务智能化的转变，越来越多的企业正从智能技术的应用中受益，光学字符阅读器（OCR）影像识别、财务机器人流程自动化、规则引擎、银企税资直联平台已经成为今天财务共享服务中心的标配。虽然层出不穷的数字技术和智能手段已逐步应用于财务管理领域，并大大提高了传统财务核算工作的效率，但时代发展也在对财务管理不断提出更新更高的要求——财务要真正向“价值创造型财务”转型升级。在生态经济的大背景下，如何找到业务财务和战略财务的管理“抓手”，并让其充分发挥作用成为数字化时代的重要命题。

财务作为货币化的业务语言，是商业世界的“数字化”雏形。如今迈入数字化时代，企业内外部的各项活动，以及消费者、供应商、员工等多元主体的各项信息都可以被收集转化为数据，财务部门作为数据的加工方，成为实现数据采集整理、分析洞察、预测决策的企业数字化闭环的关键节点。当企业边界被打破，财务的边界也应该被打破，即财务不仅需要走出财务部门的职能边界，与业务紧密结合，更要走出企业组织的主体边界，与产业上下游深入连接。数字化时代的财务管理也应从核算型、业务型、战略型发展到财务4.0阶段——生态型。

在工业时代，业务即财务，财务即业务；在数字化时代，一切业务数据化，一切数据业务化。数字化时代的财务管理应该聚焦于产业生态价值的创造。作为数字化时代生态价值衡量的工具，财务管理为企业在产业互联网时代的全面赋能体系，即财务创新，特别是财务管理创新提供了巨大的时代机遇。

（三）财务管理底层逻辑的转变

随着数字经济时代的到来，传统的财务管理模式已经明显不再能满足现代财务专业人员的期望和企业快速发展的需求。因此，我们对未来的财务管理模式提出了一系列的问题，我们需要重新思考和构想财务管理在数字经济时代下的方向和职能。为了更好地理解这一变革，我们从六个关键方面比较了传统财务管理和数字经济时代的财务管理之间的具体差异（见表 1-1-1），这些方面包括管理目标、管理工具、管理范围、管理对象、分析方法和结果呈现。这种比较有助于识别传统财务管理模式在数字经济时代下的不足，并为未来的财务管理模式的构建提供了重要线索。同时，我们在此基础上进行了深入研究，探索了未来财务管理可能实现的新功能和愿景，涉及财务部门更广泛地融入企业决策、实施更高级的数据分析和预测，以及促进数字技术在财务管理中的广泛应用等。这些新功能有助于满足企业财务人员的管理实践需求，并为构建新的财务管理认知框架提供了理论和实践支持。

表 1-1-1　传统财务管理与数字经济时代的财务管理之间的具体差异

方面	传统财务管理	数字经济时代的财务管理
管理目标	为财务核算服务	解析价值增值，直接创造价值
管理工具	财务软件	共享平台，大数据分析
管理范围	内部财务信息	内外部共生主体信息
管理对象	内部财务数据	内外部共生主体信息资产
分析方法	传统财务分析体系	大数据分析技术
结果呈现	传统三大报表	三大报表 + 第四张报表

第二节　财务管理的主要内容

一、筹资管理

（一）筹资管理的内涵

1. 筹资管理的定义

筹资管理根据企业运营情况和资金需求，通过分析不同的筹资渠道、成本和风险等多方面的信息，以最快、最高效和最低成本的方式，主要依靠发行股份及债券来筹集资金。

筹资管理的主要目标是确保企业能够满足自身日常经营所需的资金需求，同时有效地降低资金使用的成本，并强化对风险的控制力度。企业筹集资金的原因如表 1−2−1 所示。

表 1−2−1　企业筹集资金的原因

主要需求	主要内容
建设性筹资动机	主要是企业在开设初期为了满足建设期日常经营对资金需求而形成的筹资需求
买卖性筹资动机	主要是企业在开展日常的生产和销售过程中形成的买卖的筹资需求
成长性筹资动机	主要是企业在成长期对所需要增加的固定资产方面的投入而产生的筹资需求
过渡性筹资动机	主要是企业在经营过程中，可能对业务进行调整而形成的过渡性筹资需求

筹资的方法包括筹措股权资金和筹措债务资金。企业在日常经营中需要大量资金，筹资管理的主要职责就是解决企业对资金的需要，并采取有效的措施来降低成本、提高效率、保障企业利益。

2. 筹资管理的原则

企业在进行筹资管理时，应以遵守国家法律法规为前提，同时对各种影响筹资的因素进行分析，综合考虑资金的风险、成本、数量和性质，合理选择筹资的具体方式，以达到筹资的效果。

（1）遵守国家法律法规，合法筹措资金

企业通过筹资来获得资金，直接筹资和间接筹资是两种筹资的方式。企业的筹资行为不仅能够为企业自身的经营提供资金的来源，而且会对投资者的经济利益产生影响，并对社会经济秩序造成一定影响。企业在进行筹资活动时，必须严格遵守国家的相关法律和法规，严格履行法律法规和合同中规定的内容。企业必须以合法的方式进行筹资，遵循信息透明的原则，公开展示相关信息，保护所有利益相关方的合法权益。

（2）分析生产经营情况，正确预测资金需求量

在企业筹集资金之前，必须先准确估计企业对资金的需求量。资金筹措的规模应该与实际需要相符，这样可以避免因筹资不足对企业的正常经营产生影响，也可以避免因过多筹资导致产生资金无法分配的问题。

（3）合理安排筹资时间，适时取得资金

企业在筹资时，必须合理预测并确定何时取得资金。需要根据实际的资金需求，合理规划资金的筹集时间，以便在适当的时候获得所需的资金，从而确保筹集和使用资金的时间能够达到一致。这既可以避免因为提前筹集资金而导致资金在投资之前长时间无法分配，又可以预防因为获得资金的时间延迟而错过进行投资的最佳时机。

（4）了解各种筹资渠道，选择资金来源

企业在筹集资金时必须考虑资本成本，不同的资金来源和筹资方式会导致资本成本出现差异。在制订筹资计划时，企业应考虑筹资的困难程度，并根据不同来源资金的成本对其进行全面的分析。此后，企业应选择成本更低、可行性更强的筹资渠道与方式，以尽可能地降低筹资成本。

（5）研究各种筹资方式，优化资本结构

企业在筹集资金时，需要考虑股权融资和债务融资之间的协调关系，也要综合考虑长期资金和短期资金的组合方式，以及内外部筹资渠道的选择。这样才能合理地构建资本结构，保持一定的偿债能力，提高筹资效率，避免财务风险。

（二）筹资管理的作用

企业资金注入的流程始于筹资，而筹资管理最关键的作用在于满足企业的资金需求。通过有效的方法，选择筹集成本最低的方式和优质的筹资渠道，预测筹资规模，并进行全周期的筹资风险控制，以全面管理筹资活动。

1. 对资金需求量进行有效预测

作为企业日常经营的关键资源，资金在采购原材料、提供服务、销售产品等各个环节中扮演着至关重要的角色，确保了企业的正常运转和发展。无论企业类型是什么，都需要有充足的资金以确保企业的生产、销售，以及售后服务等能力。资金预测是十分重要的过程，因为筹资一般需要更为合适的时间和规模。只有在科学的预测下，企业才能保证及时获得所需资金。在大多数情况下，企业需要资金来满足两个方面的需求，一个是用于日常经营，另一个是用于企业未来的发展。处于不同阶段的企业，需要不同规模的筹资，特别是在初创期和成长期，资金需求量最大，因为需要投资技术和市场拓展，同时需要储备资金以备未来发展之用。而在企业的稳定发展阶段，企业对资金的需求有所减少，只需要维持日常运营和市场地位即可。

2. 合理安排筹资渠道、选择筹资方式

一般来说，企业会通过直接和间接这两种方式来获得资金。直接筹资是指企业从外部的金融机构或其他组织处筹集资金。企业通过与金融机构建立联系，间接获取所需资金，以满足其资金需求，这一过程被称作间接筹资。企业通过保留利润来进行内部筹资。筹资的外部来源通常有两种形式，即股权融资和债权融资。

3. 用有效的筹资成本规避财务风险

无论企业以何种方式筹资，都会带来一定的资金成本，包括财务利息费用和金融机构所收取的服务费等，这是企业为筹集资金而需要支付的费用。就资金筹集而言，以债券为代表的债务融资方式成本相对较低，以股权为代表的股本融资方式成本稍高一些。这主要是因为借贷的周期、性质和方式存在差别。在筹资过程中，企业需要平衡好速度和成本之间的关系，合理分配筹资计划，以获得成本低廉、高效快速的筹资方式。

二、投资管理

（一）投资管理的基本概念

投资是利用资本，以期待未来获取更多现金流入的一项经济活动，需要在当前支付一定的现金成本。投资管理是一项流程与制度，用于解决企业在资金资产投放过程中所面临的各种问题。其主要目标在于加强企业的竞争力，提升企业的投资回报率，通过采取控制措施来管理整个投资过程。

（二）投资管理的相关要素

1. 投资对象

在开展投资活动的过程中必须考虑投资对象，因为它对于控制投资规模、改变投资结构、提高投资回报率、促进生产发展起到了重要的作用。关于投资对象的选择，必须建立在科学决策的基础之上，考虑自然、社会、经济技术因素及现有的生产能力和市场需求。

2. 投资管理工具

投资管理工具通常是企业用来辅助开展投资管理工作的，它们具备多项功能，如项目投资可行性研究和项目后评价等。

项目投资的可行性研究是企业投资管理过程中必不可少的工具，也是企业管理能够成功的先决条件。只有在科学的决策体系论证下，我们才能尽可能地避免投资决策出现较大的问题，并预防非系统性风险的发生。在保持投资金额不变的情况下，企业应该选择投资回报率和内在报酬率更高的项目，这样能够提升资金利用的效率，创造更多的利润，完成企业投资管理的具体目标。可行性研究的内容不只限于风险管理、合法合规性、税务筹划和财务指标等，还包括其他方面的内容。有些指标是必须达标的，当这些指标不达标时，即使其他指标表现优秀，也不能进行投资，因此我们称这些指标为刚性指标。只有在项目各个方面都得到充分平衡和优化的情况下，这个项目才能算是一项出色的项目，该项目才能为企业带来实实在在的价值。

可行性研究需寻觅适宜的投资标的物。具体投资标的物的选择是因企业而异的，需要结合企业的具体规划。被选择的投资标的物既可以是企业计划并购的公司，也可以是打算进行投资的企业。通过横向并购这一方式，企业可以扩大规模并实现业务的横向一体化发展；还可以通过垂直整合的方式来实现产业链的一体化。总的来说，只要符合企业的具体需求和战略目标，标准可以根据各自情况进行制定和解读，此后需要对其进行全方位的可行性分析。进行全面的调查以便审查投资企业的各个方面，包括近三年被投资企业的经营状况、税务和法律等方面，调查结果以财务报告和附注形式体现出来。

可行性研究可以从市场研究、技术分析、生产调研等多个方面展开。在涉及对价问题时，常常需要雇用中介机构来评估目标企业的价值，并同时评估企业并购后的协同效应。

项目后评价是指在投资过后，由专门的小组对投资项目的不同指标进行长期的评估和监测。在投资管理的全过程中，项目后评价作为全过程管理的最终环节，起到了非常重要的作用，其重要性不可忽视。通过项目后评价，投资人可以有效地监督和评估投资管理的各个方面，从而更好地管理投资。进行项目后评价可以帮助我们对可行性研究和实际执行中的指标进行比较分析，找出其中的不同，并深入探究其原因。我们可以将成功经验推广应用，同时在吸取失败教训的基础上避免再次犯错，为未来的投资活动提供坚实的保障，避免走冤枉路。

企业应当成立专门的部门和安排专职人员负责跟踪管理投资项目，全程关注项目的实时财务状况、现金流量状况和其他重要事项。一旦发现异常情况，要及时报告并予以适当处理。必须及时终止投资失败的项目，避免出现投资无底洞的情况，同时加强对投资回收阶段的管控，以确保投资的效益。对于那些在投资中获利的项目，我们需要总结其中优秀的管理模式，以便推广和复制它们在经营过程中的成功经验。

3. 投资管理模式

在投资领域中，我们常见的管理模式有集权式管理、分散式管理和矩阵式管理。集权式管理可以协调集团的投资活动，确保一致性决策和决策的高效执行。这一模式可以制定并实施企业经营策略，有效地利用企业的资源，从而最大限度地发挥规模效应。虽然这一模式能够促进企业整体效益的提升，但是会对决策质量带来负面影响，可能导致决策不够准确和及时，使得组织的应变能力下降。若权力过于集中于一个部门，其他部门将失去自我调节和自我适应的空间，这将令整个组织的应变能力大为削弱。此外，这种做法也不利于调动成员单位的积极性，而且还可能对他们的发言权、决策权和自主性产生负面的影响。作为中国十大 IT（信息技术）企业之一，实达集团在电脑硬件和软件，以及房地产开发等多个领域的业务获得了成功。为了确保分（子）公司的投资活动合规，集团办公室和财务审计部门可直接监督和领导分（子）公司的投资管理部门，并监管其投资资金的使用，以保障核心业务的稳健发展。

在分散式管理的帮助下，分（子）公司可以自主管理财务，调动成员单位的工作积极性，避免出现独断专行等不良现象。分（子）公司经营管理成本的降低，使母公司能够将更多的经营精力集中于资本经营和宏观控制等方面，促成了特大型集团的形成。然而，由于缺乏有效的指挥和协调机制，一些分（子）公司过于追求自身利益，忽视了集团的整体利益。同时，财务管理职能不够强化，使得财务信息可能不准确，难以制定出统一的管控标准。这导致了各分（子）公司单打独斗，产生了分散主义和本位主义的现象。

矩阵式管理旨在解决集中权力和分散权力两种极端模式的缺陷。合理下放企业投资管理的一部分决策权可以调动企业各层级参与人员的积极性，在提高决策正确性的同时，避免了集权制度下的决策滞后，并且解决了分权下各自为政的问题，从而将集团整体利益最大化。在标准和口径的基础上，根据各单位或分（子）公司的不同特点，灵活安排组织架构，发挥行业优势。

三、营运资金管理

（一）营运资金管理的内涵

1. 营运资金管理的概念

营运资金包括流动资产和流动负债两个部分，它是企业日常经营活动所必需的资金。营运资金管理的基本职责是确保企业有足够的短期资金，并提高短期资金运用的效率。它的主要目的是通过巧妙的日常资金调配和分配，有效地管理资金，从而提高资金利用效率，并增强短期资金周转的灵活性。

营运资金管理是针对公司的流动资产和流动负债进行的有效管理。企业为了进行生产经营活动，需要大量的资金。为了衡量企业的资金周转效率和营运风险，我们需要计算营运资金指标来完成这一目的。因此，营运资金管理是资金流管理中至关重要的一环。企业在日常生产经营过程中需用于支持流转和周转的资金，我们称为营运资金。营运资金通常被细分为广义和狭义两种类型。广义营运资金是指企业用于流动资产的资金，而狭义营运资金则是企业流动资产减去流动负债的余额。①

营运资金管理的核心是合理调整流动资产和流动负债之间的比例关系，以保证企业短期偿债能力的稳健。通过优化流动资产管理，增强流动性并提高资产周转率，有助于改善企业财务状况。调整流动资产和流动负债的组合结构，能够提高企业的短期资金流动性和短期信用水平。

要推动企业生产经营的顺利进行，就需要一定数量的营运资金做支撑。企业可以将流动资产作为资金储备的形式之一，因其非常易于流通。这使得企业在资金周转时，可以将其转化为货币形式，从而增加现金流入量，以补充营运资金。同时企业还可以通过支付等方式产生现金流出，用于清偿债务或进行清算等操作。一般而言，企业拥有较多的流动资产，就能够提升其应对短期偿债的能力。另外，由于企业的现金流入和流出存在一定程度的不稳定和不协调，因此需要企业保持

① 韩军喜，吴复晓，赫丛喜. 智能化财务管理与经济发展[M]. 长春：吉林人民出版社，2021.

一定的经营资金以应对可能发生的情况。通常情况下，企业会先支付采购货款，再获得销售的收入。这样一来，企业的资金进出不同步，而且金额可能也是不相等的。再加上未来经营活动中可能会出现的各种问题，预测现金流量的活动变得更加困难。企业在实际运营中，现金的收入与支出的时间不可避免地存在着不平衡，因此难以让二者在时间上完全匹配。为了确保企业能够支付各种经营成本，如日常经营费用和到期债务还款，企业需要储备足够的营运资金。

2. 营运资金管理的特征

要提高企业营运资金管理的有效性，了解营运资金的资金特征就显得非常重要。企业管理中营运资金管理的实际操作表明，此类管理常常呈现出灵活、烦琐、及时响应的特征。

（1）灵活性特征

由于营运资金的来源多样，因此对其进行的管理具有灵活性的特点。企业为了筹集营运资金，可以采用多种融资方式，如银行贷款、发行应付债券、支付职工薪酬、缴纳税费、收取预付货款等。这意味着企业需要根据其具体情况来确定最优的资金筹集方式，以确保获得成本最低、风险最小的营运资金。

（2）复杂性特征

企业营运资金的管理具有复杂性的特点，这是因为随着企业外部经济环境和内部自身发展阶段的变化，企业流动资产的情况也会不断地变动，出现了较大的波动性，尤其是在一些经营周期较长的企业中，这种情况尤为突出。在旺季，企业需要大量营运资金来支持业务发展，而在淡季营运资金的需求量则较少。此外，由于企业流动资产处在不断变化的情况下，流动负债也会随之发生变化，因此企业资金管理的复杂性特征也变得越来越突出。

（3）及时性特征

由于营运资金周转具有短期性，因此其管理具有一定的及时性。企业需要紧密关注营运资金的使用情况，因为它涉及流动性较强的资产。这些资产往往需要快速周转，因此，企业必须在资金管理方面做出决策，并确保不出现拖延或滞后的情况。

（二）营运资金管理的目标

企业营运资金的管理应符合企业价值目标的要求。这意味着需要平衡流动性和收益性两个方面的需要，并保持科学的资本结构。为了确保企业在长期内的利润最大化，需要减少企业闲置资金和降低企业风险。

1. 保证资金需求的合理化

通过站在全局性的角度，企业能够更全面地把握自身的总体情况，深入了解营运资金的需求量也变得更为清晰重要。要保持现有生产规模或根据市场变化情况及时调整经营的状况，企业需要不断努力，增强融资能力，并扩大融资渠道，确保在正常的生产经营过程中，企业仍有可支配的富余资金，从而开展多种企业活动。

2. 保证提高资金使用效率

为了提升企业的经济收益，可以调整资金周转周期以加快资金变现速度。企业应通过提升流动资产周转率来优化营运资金，以达到降低隐藏成本、提高资金使用效率的目的。

3. 保证约束资金使用成本

企业要想降低资金使用成本，不仅需要简单地减少资金的使用成本，而且需要深入挖掘资金的潜力，即寻找能够在较低成本下获取比之前更高效益的机会。在企业中，平衡收益与成本的关系是一项至关重要的任务。如果企业希望自身发展得更长远，就需要更科学、更合理地运用资金，并且要合理地分配资源、积极地寻求融资渠道，以获取更多的低成本资金。

（三）营运资金管理的重要性

营运资金管理指的是企业对流动资产和流动负债的有效管理。维持企业正常运营所需的资金必须得到妥善的管理，因此，营运资金管理是企业财务管理至关重要的部分。要确保营运资金管理的效果，必须同时解决流动资产和流动负债的问题。换言之，需要处理以下两个方面的问题。

一方面，企业需要决定在流动资产方面投资多少资金，涵盖对现金、应收账款和存货的管理。

另一方面，企业需要在管理资金筹措方面考虑流动资产的融资方式，包括管理银行短期借款和商业信用。显而易见，营运资金管理的基本要素包括资金运用和资金筹集。

四、利润分配管理

（一）利润分配管理的概念和内容

利润分配管理主要研究企业实现的税后净利润如何进行分配，即多少用于发放给投资者，多少用于企业留存。利润分配决策的关键是如何在股东的近期利益和长远利益中进行权衡。股利发放过少，会使股东的近期利益得不到满足；而股利发放过多，又会使企业留存过少，不利于企业的长期发展。

具体来说，利润分配管理要解决的问题包括：股东对股利分配的要求；企业发展对保留盈余的要求；影响股利政策的各种因素；股利政策的选择性和连续性。以上财务管理的四个方面，不是互相制约，而是互相依存、有机地联系在一起的。上述既互相联系又有一定区别的四个方面构成了企业财务管理的基本内容。财务管理人员必须将这四个方面进行综合分析、考虑，统筹安排，才能取得财务管理的良好效果。

（二）利润分配管理的作用

在当下的企业管理中，积极对利润进行分配是不可或缺的一环。利润分配管理是企业管理中至关重要的组成部分，并且对企业来说，其发挥着重要的作用。以下是作者对企业利润分配管理作用的总结。

1. 调动员工的积极性

实际上，员工为了得到相应的报酬会辛勤工作。如果员工得到与他们所做出的贡献成比例的回报，那么他们会更有动力，更加投入地工作，为企业创造更多的价值。相反地，如果员工得不到与他们所做出的贡献成比例的回报，那么会对企业的发展造成不良影响。在进行科学合理的利润分配管理后，可以最大限度地激发员工的工作热情，促进企业的健康发展。

2. 促进企业发展，形成和谐的企业文化

政府提倡构建和谐的社会氛围，因此建立和谐的企业不仅符合国家政策的要求，也是为了实现构建和谐社会的目标。员工之间的和谐关系、互助精神以及企业的健康发展都是企业和谐的体现，在利润分配方面均可以得到体现。当企业拥有和谐的文化时，就可以促进企业更加健康的发展，从而达到企业可持续发展的目标。

（三）利润分配管理的策略

如何成功地进行利润分配管理，已成为企业管理中备受关注的焦点之一，这也是企业发展中的关键问题之一。根据企业发展的不同阶段和经济发展的不同类型，作者提出了具有针对性的利润分配管理策略，具体如下。

1. 起步阶段采用适量股利分配策略

起步阶段的企业存在大量问题，在应对市场风险方面缺乏准确的把握能力，难以有效地应对风险挑战。如果企业预估收益的过程出现了问题，那么可能会出现产品销路等问题。在此阶段，企业应采用适量股利分配的策略，通过这种策略进行利润分配管理，从而帮助企业顺利渡过难关。初创企业在刚起步时，所得利润通常不多，可将主要利润用于分配股息，同时保留一小部分用于投资，以谋求更多的发展机遇。这种利润分配方式注重将一小部分利润进行投资，这对发展初期的企业尤为合适。它不仅能确保员工福利，还能适度推动企业的发展，是一种比较合理的利润分配管理方式。

2. 发展阶段加大员工的利润分配力度

在确保适量股利分配的前提下，应该适当增加员工利润分配的比重，以促进企业发展。企业在不断发展的过程中，需要考虑如何扩大企业的规模，这将需要大量的资金来支持企业的发展，从而实现企业快速而健康地成长。此外，随着企业进入发展阶段，其经营能力也获得了很大的提升，从而带来了利润的提升，这也是企业进入发展阶段的重要阶段。在面对企业的实际状况时，企业财务部门应该将盈利集中管理，协助企业筹集资金，实现“高收益、低成本”的目标。通常情况下，企业在发展阶段的股票价格上涨幅度相对较大。尽管许多人认为这可能对企业的利润分配管理不利，但实际上并非如此。目前，当企业处于快速发展阶段时的股息与股票价格之间的关系相对较为协调。这是因为国家执行了“重视发展、平衡分红”政策，使企业的发展成为重中之重。

在企业发展的不同阶段，为了防止利润流失，企业需要提高保留利润的比例，从而增加利润收益。当企业进入发展阶段后，实行大量利润留存政策，从而提高了向外投资的资金实力，并且有望改善资本结构。尽管发展阶段的利润分配政策实行剩余股利政策，但是其低股息并不会对企业股票价格产生影响，也不会导致股价产生剧烈的波动。尽管股息并不直接影响股利，但这并不意味着股息对股价没有任何影响，只是其影响力相较于对股利的影响有所减弱。在企业快速发展的阶段，各种因素都可能导致利润分配政策发生变化，如企业间竞争、货币汇率波动等。这些变化可能会使企业无法采用适当的股利策略，而采取其他策略。然而，企业在考虑各种策略时，应该意识到股利是企业的重要资产，因为它始终与企业的发展密切相关。

3. 平稳发展阶段采用稳定的股利分配策略

进入平稳发展阶段的企业已经掌握了成熟的经营技术，并能够聚焦于股利支付的切实可行的额度。此外，稳定发展期的企业更加注重对现有产品的市场推广与服务，同时会在此基础上进行一定程度的产品研发，以优化其经营结构。因此，稳定发展期的企业必须确保有足够的资金用于支持各项产品的研究工作。在此阶段，企业需要具备足够的资金用于执行股利政策，还需要拥有充足的资金来支持科研工作。在这一阶段，企业的利润分配没有什么太大变动，各部门的利润分配也比较公平。因此，企业领导需要对利润分配政策有明确的了解，以便实现公平的股利分配。

4. 发展滞后阶段采用高现金股利分配策略

企业发展滞后阶段的主要特点是采取了财务紧缩的策略。由于企业失去了在竞争中的优点，利润大幅下降，导致企业面临困境，因此需要采取行动来避免可能的破产。在此阶段，企业的盈利快速下降，各方面收益逐渐缩水，风险也逐渐加大，因此企业不得不采取高比例的现金分配策略。在这一阶段，企业在流通资金方面会遇到一些困难，导致股票价格持续下跌。唯一可行的选择是采取高现金股利分配策略，即保持较多的现金储备。只有采用这种策略，才能拯救企业的经营状况。

5. 计划经济阶段实行按劳分配制度

根据我国经济发展过程中的实际情况，可以得知在计划经济阶段，实际上并未引入财务管理这一概念。依据历史经验来看，在计划经济阶段，企业缺乏独立性，必须依赖政府。政府规划所有经营活动，提供企业所需的资金，并要求企业上交自己的收益。在这种情形下，企业无法自主安排资金的使用，也无法进行利润分配。随着社会的发展和进步，计划经济阶段的政策制定受到马克思主义的深刻影响，逐步提出了按照个人劳动贡献程度分配报酬的制度，这种制度在当时产生了十分积极的影响。当企业经营取得了一定的收益后，需要根据按劳分配的原则开展资金分配，接着需要划拨部分资金用于理论层面的教育，而剩余的所有利润都应该上缴给政府，这便是当时的收益分配机制。但这种制度限制了企业开展其他经济活动的资金来源，阻碍了企业的发展。

6. 市场经济阶段实行多种分配制度

在市场经济阶段，企业实行按劳分配制度与多种分配制度并行的经济制度，并建立了全新的利润分配管理体系。在此阶段，利润分配不仅对企业的利润产生影响，而且对企业的发展具有至关重要的作用。市场经济阶段的企业在制定利润分配策略时，必须考虑到分配的稳定性和企业未来发展的可能性，制定适合企业实际情况的分配制度。一般而言，企业在制定分配制度时，一定要考虑到企业发展的周期性特点。企业利润分配的管理工作对于企业的重要性不言而喻，做好利润分配的管理工作势在必行，这是企业获得发展的重要途径之一。在做企业利润的分配管理工作时，企业必须结合自身的实际情况和发展特点，制定符合实际情况的利润分配政策，这样才能确保企业未来的发展是有序的、健康的。

第三节　财务管理的环境

一、法律环境

企业在与外部建立经济关系时必须遵守的各项法律法规和规章制度被称作企业理财的法律环境。企业在进行理财活动时，都需要与外部建立经济关系，无论是为了筹集资金、进行投资还是分配利润。在调整这些经济关系时，企业必须遵守相关的法律规定。

（一）企业组织法规

在成立企业组织时，需遵循法律规定，不同类型的企业在组建过程中需依据相应的法律程序进行。我国出台了多部法规，如《中华人民共和国公司法》（以下简称《公司法》）《中华人民共和国个人独资企业法》《中华人民共和国合伙企业法》《中华人民共和国中外合资经营企业法》《中华人民共和国中外合作经营企业法》《中华人民共和国外资企业法》等，这些法规涵盖了各类企业的设立条件、程序、机构以及变更和终止的规定。《公司法》详细规定了公司设立的必要条件、程序、组织架构、变更和终止等方面的内容。因此，公司主要的生产经营活动需遵守《公司法》的规定，所有的公司理财活动也都必须符合该法律的规定，公司的自主权也不得超越法律所规定的范围。

（二）税法

税法是国家制定的用以调整国家与纳税人之间在征纳税方面的权利与义务的法律规范的总称。税法是国家法律的重要组成部分，是保障国家和纳税人合法权益的法律规范。税法按征收对象不同可以分为以下几种。

第一，对流转额课税的税法，即以企业的销售所得为征税对象，主要包括增值税、消费税、营业税和进出口关税；第二，对所得额课税的税法，包括企业所得税、个人所得税，其中，企业所得税适用于在中华人民共和国境内的企业和其他取得收入的组织（不包括个人独资企业和合伙企业），上述企业在我国境内和境外的生产、经营所得和其他所得为应纳税所得额；第三，对自然资源课税的税法，目前主要以矿产资源和土地为征税对象，包括资源税、城镇土地使用税等；第四，对财产课税的税法，即以纳税人所有的财产为征税对象，主要有房产税；第五，对行为课税的税法，即以纳税人的某种特定行为为征税对象，主要有印花税、城市维护建设税等。

所有企业都必须按照法律规定进行纳税。税负是企业的一项支出，它会导致企业现金流出增加，并对企业的资金管理产生显著影响。所有企业都希望在遵守税法的前提下，尽可能减轻税务负担。要减少税务负担，必须通过计划投资、筹资和利润分配等财务决策来实现，而不可以在已经发生的纳税行为中进行逃税或者漏税。这意味着财务人员必须掌握有关税法的专业知识，以实现财务目标。

（三）财务法规

财务法规是用于管理企业财务活动和调整企业财务关系的行为规范。财务法规对于推动企业实行依法自主经营、自负盈亏、自我发展和自我约束，促进企业自我发展，实现产权明晰、权责明确、政企分开和科学管理，具有十分重要的作用。财务法规主要涵盖了企业的财务通则、各个行业的财务规定及企业的内部财务制度。其中，《企业财务通则》属于基本法类法律文件。《企业财务通则》为不同种类企业在进行财务操作和执行财务管理时提供了基础的指导，其也是制定行业财务规定和企业内部财务制度的重要参考；行业的财务规定是基于《企业财务通则》制定的，其目的是满足各个行业的独特性和管理需求；企业的内部财务制度是由企业管理者依据《企业财务通则》及行业的财务规定制定的，其主要目的是规范企业的内部财务活动和处理企业内部的财务关系。

二、经济环境

（一）经济发展

经济发展变化趋势不仅影响企业经营，也波及企业财务。当经济发展从一个阶段转向另一个阶段时，企业的营业收入、营业成本、融资成本和投资机会将或多或少受到牵制，如预期经济成长步入复苏轨道，企业需要加大原材料采购，降低采购成本；需要扩大产能，迎接销售成长的到来；需要预先筹措资金，降低融资成本。企业经营活动要求财务管理为其保驾护航，预期十分重要，若预期与市场趋势吻合，则可以获得创造财富的先机。

像钢铁、航空、化工类公司，因其产品价格变化巨大，公司收益常呈现周期性特征，故与宏观经济走势紧密相连。在很大程度上，食品和造纸企业的周期性特征是由行业因素造成的，这些因素通常与行业产能相关，受宏观经济波动性影响较少。在财务管理上，对于经济发展周期性的认识和把握，显而易见的行动就是选好投资和融资时机，在经济进入繁荣鼎盛时期发行股票、出售资产，或者在经济跌入低谷时进行股票回购、战略并购。

（二）经济政策

作为国民经济宏观管理的部门，政府能够通过规划经济发展方向和速度、制定产业政策、进行经济体制改革、颁布行政法规等行动，决定企业的财务活动。企业资金结构和投资项目的选择会受到财税政策的重要影响，同时金融政策中的货币发行量和信贷规模也能够影响企业的资金来源和投资的预估收益，价格政策也会对资金的投向及投资的回收周期和预期收益产生影响。另外，财务准则的具体改革可以影响财务要素的确认和计量方法，从而对企业的财务预测、决策和评价产生影响。显而易见，经济政策对企业财务产生的影响是多样的。这需要企业财务人员与时俱进地学习经济政策的内容，以便更好地为企业的经营和财务活动提供支持。

（三）市场竞争

一切生产经营活动发生在一定市场环境中，财务管理行为的选择在很大程度上取决于企业的市场环境。企业竞争具有垄断优势，产品销售与服务缺乏竞争，可以使产品的价格保持相对稳定，利润稳中有升，经营风险小，企业可利用更多的财务杠杆。如国内对石油产品的销售，并不是由供求关系所决定的，而是由“两桶油”和国家发展和改革委员会决定的。企业产品和服务如果处于完全竞争状态，那么产品和服务将由市场竞争决定，企业利润随价格波动而波动，企业经营风险大，企业应采取减少债务融资方式获得企业发展资金，减轻企业财务风险，控制企业整体经营风险。相关研究表明，产品市场竞争程度对企业资本结构决策有重要影响，它们之间存在负相关关系。由于市场竞争十分激烈，企业采取了低财务杠杆的策略，以减轻财务风险并提高竞争力。因此，财务保守行为是一种合理的战略选择。

（四）通货膨胀

通货膨胀指持续的物价上涨和货币购买力的下降。货币供应量的增加是通货膨胀产生的直接原因，通货膨胀为企业的财务管理带来了巨大的挑战，而对企业来说，通货膨胀是一个无法解决的问题。因此，研究通货膨胀对企业财务管理的影响就显得非常重要。通货膨胀对企业财务管理产生明显的影响主要体现在以下几个关键方面。

首先，企业在原材料采购、人力成本和固定资产购买等方面的成本上升，导致了企业对资金的需求也随之增长；其次，随着利率的上升，企业筹集资金的成本也随之增加，从而限制了筹资的数量；再次，长期资产如固定资产按其历史成本进行计价可能导致成本补偿不足，这也可能进一步加剧资金短缺的问题；最后，成本补偿不足造成利润的虚增、税金多交、利润多分。

以上四个方面最终都会影响企业的资金状况和获利水平。虽然企业对通货膨胀本身是无能为力的，但可以通过有效的财务管理手段，降低或避免通货膨胀给企业带来的不利影响。在通货膨胀的早期阶段，当货币出现了贬值风险后，企业可以考虑增加投资以规避这些风险，确保资本的保值，并与客户签署长期的购货协议，从而降低物价上升带来的经济损失。在通货膨胀的持续阶段，应该实施更为严格的信用政策，以减轻企业的债务负担或调整其财务策略，从而减少或避免企业资本的流失。

三、金融环境

广义上的金融市场指的是所有的资本流动场所，包括实物资本和货币资本的流动场所。金融市场的交易范围涵盖了货币贷款、票据的承兑与贴现、有价证券的交易、黄金与外汇的买卖、国内外的保险业务，以及生产资料产权的交换等多个方面。从狭义上讲，金融市场主要指有价证券的交易场所。

（一）金融市场和企业理财的关系

金融市场为企业提供了一个进行投资和筹集资金的平台。首先，在金融市场中，有许多方便的资金筹集方法。企业可以选择最合适的筹资方式来筹集所需的资金，以确保其生产和经营活动能够顺利进行。而当企业有额外的资金需求时，其也可以选择金融市场上的多种投资策略，为资金的有效使用找到新的方向。其次，企业能够结合金融市场的功能完成长期和短期资金的转换。如果企业持有了长期资产，如股票和长期债券，那么就可以在市场上完成转卖，并将其转化为短期的资金。而且短期票据可以在贴现的作用下转换为现金。相对而言，短期资金也可以在金融市场上转化为股票和长期债券等。

（二）金融市场的内涵

1. 金融市场

金融市场可以定义为资金供应者和资金需求者通过特定手段进行资金流通以实现交易的特定环境。金融市场既可以是实体市场，如银行和证券交易所，也可以是非实体市场，如计算机网络、电报和电话等工具，或者经纪人。可从不同角度解读金融市场的内涵：一是从形式来看，金融市场是金融资产交易的有形和无形场所；二是从交易中介来看，金融市场反映金融资产的供求关系；三是从交易过程来看，金融市场是金融产品价格发现的场所；四是从财富运营来看，金融市场可将“埋没”的财富运作起来。也就是说，金融市场能将未经使用的财富用于当前交易，或者用作财富借贷担保。

根据各种不同的划分准则，金融市场可以被划分为不同的类别。根据交易期限的标准，可以将金融市场分为货币市场和资本市场。货币市场是一个交易对象的期限不会超过一年的金融交易场所，其也常被称作短期资金交易市场；资本市场指的是交易对象的期限超过一年的股票和债券交易场所，也常被称作长期的金融市场。根据交割的时间，可以将金融市场分为现货市场和期货市场。现货市场是一个交易场所，买家和卖家在交易完成后立即或在几天后完成付款，且卖家提交证券；期货市场指买卖双方完成交易之后，在约定的未来某一时点或几个指定日期交货、卖出或买入的市场交易。期货市场指的是交易双方在达成交易后，在约定的未来某一特定日期进行的市场交易活动。根据交易的性质，可以将金融市场分为发行市场与流通市场。发行市场是一个专门用于交易新的证券、票据和其他金融工具的转移市场，也被称为初级市场或一级市场；流通市场是一个专门用于交易已经上市的旧证券或票据等金融工具的转移市场，也被称为次级市场或二级市场。根据交易对象的不同，可以将金融市场分为票据承兑市场、票据贴现市场、有价证券市场、黄金市场及外汇市场等。

2. 金融机构

金融机构主要包括商业银行、投资银行、保险公司、各类基金管理公司。商业银行的主要作用是资金的存贷，它们从广大居民手中吸收存款，再以借款的形式将这些资金提供给企业等资金需求者。投资银行在现代公司筹资活动中处于非常重要的地位，任何公司发行债券或股票，都要寻求投资银行的帮助。目前在我国，投资银行的业务主要由各类证券公司提供。保险公司和各类基金管理公司是金融市场上主要的机构投资者，它们从广大投保人和基金投资者手中聚集了大量资金，同时，将其投资于证券市场，成为公司基金的一项重要来源。目前，我国已经存在多家保险公司和基金管理公司，这些机构投资者在金融市场上的作用将越来越重要。

3. 金融工具

金融工具是一种合法的证明，用于确认债权、债务或所有权的关系，并作为进行货币和资金交易的依据，它对交易双方应当承担的责任和所享有的权益都具有法律约束力。我国金融工具主要包括票据、股票、债券、基金、衍生金融工具等。

4. 利率

利率也称为利息率，表示利息与本金之间的百分比。在资金的分配和企业的财务决策过程中，利率扮演着至关重要的角色。利率可以根据各种不同的准则进行分类：根据利率间的变化模式，利率可以被分为基准利率和套算利率；根据利率与市场资金的供需关系，利率可以被分为固定利率和浮动利率；根据不同的利率生成机制，利率可以被分为市场利率和法定利率。

资金的利率通常由三部分组成：纯利率、通货膨胀补偿率（或称通货膨胀贴水）和风险收益率。纯利率是在没有风险和通货膨胀的背景下，社会的平均资金盈利率；通货膨胀补偿率指在通货膨胀时，为了使货币流通速度保持相对稳定而对利息额进行调整后所得到的超额利息；风险收益率涵盖了违约风险收益率、流动性风险收益率及期限风险收益率。其中，违约风险收益率是债权人为了补偿债务人不能准时偿还本金和利息所产生的风险，而提出的利率上调要求。流动性风险收益率是债权人为了补偿债务人资产流动性不佳所产生的风险，而提出的提高利率的要求。期限风险收益率是债权人为了补偿因长时间偿还债务所产生的风险，而提出的提高利率的要求。

（三）金融市场的作用

1. 投资与融资

为了筹措所需资金，企业需根据市场供求关系和投资者偏好，设计满足不同类型投资者或差异化的融资产品，实现企业融资需求。如为了筹措企业长期债务资金，企业可发行普通债券、有担保的债券或抵押债券等，只要这些差异化的融资产品能够满足投资者的需求，就能够获得企业发展所需资金。同样地，如果企业有闲散资金，也可以通过金融市场购买不同品种的投资产品，分散投资风险，在风险可接受的条件下，实现闲散资金的投资收益率。金融市场的作用是实现投资与融资的信息交换、利益与风险的对接。

2. 分散风险

企业可通过金融产品的投资组合分散资金的投资风险；企业也可通过不同的融资方式分散企业财务风险。若企业经营的产品是期货品种，则可做期货对冲交易，减少产品价格波动风险。金融市场的作用是将单位价值大的财富进行分割，以提高财富流动性。如企业整体价值大，用股票将企业分割成无数股份，发行股票数越多，股票代表的企业财富越低，价格越便宜，越容易交易和流通。越是流动性高的物品，人们对它的保管和看护的责任就越低。如现金流动性高，人们只对其有保管的责任；机器设备流动性低，人们不仅要看管好机器设备，还要经常维护和保养设备，增加防护措施等保障机器设备安全，责任明显加强。当股票能够在市场上自由流通时，大多数购买股票的散户并不关心股份公司的日常经营运作。在所有权与经营权分离的情况下，股票流动性降低了持有人的责任和风险。金融市场创造了流动机制，改变了影响价格的许多因素，也改变了人们对风险的控制。

3. 降低交易成本

金融市场的作用在于提高金融产品信息的透明度。大量金融中介机构的介入，降低了金融产品信息的获取成本，中介机构为交易双方创造了交易条件，进一步降低了金融产品的交易成本。如公司采用固定利率向银行借款或发行债券，在市场利率不断下滑的预期下，提前还贷再重新向银行贷款，或者收回已发行的债券再发行低利率债券，利用互换将固定利率转化成浮动利率就能轻而易举地达到相同效果，且几乎不花什么融资费用，公司利用互换工具有效地降低了交易成本，并为公司资金使用提供了保护。同样，如果公司预期所持另一家公司的股票下滑，又不愿失去对这家公司的控制，那么卖出这家公司的股票，在低价位再买入这家公司的股票，这样操作的结果是支付了大笔交易费用。如果公司买入这家公司股票的看跌期权，那么交易费用就可以得到有效地降低。金融市场衍生工具只有两种功能——投机和保值，利用保值功能就能有效地控制风险、降低交易成本。

四、理财环境

（一）理财环境的基础要素

在当前的金融背景下，如果我们对基础要素进行更细致的划分，那么可以将其划分为利率、汇率、衍生工具、银行与企业的关系，以及金融产品和服务等。其中，金融产品和服务的细分是最为重要的。当基础要素被更细致地划分时，企业能够更好地捕捉其变动，这也更有助于财务管理进行创新。利率在很大程度上影响着企业的融资成本和财务问题，同时影响着企业的利益。因为利率市场化的现状，利率的波动性幅度较大，所以控制利率风险的工具也自然而然地出现了，并成为财务活动套期保值的工具之一。企业应该在利率互换、利率远期或利率期货的辅助下解决融资过程中的各种问题。在金融环境中，利率自然地被视为核心因素。理财环境的改变将对企业财务行为产生重大影响。随着金融市场竞争加剧和利率市场化改革深入推进，企业理财环境会发生深刻变化。随着经济的持续增长、科技的不断进步，以及政府经济调控能力的提升，企业的理财环境也将受到持续的影响。

（二）理财环境的次级要素

如果停留在对理财环境基础要素的掌控上，那么财务管理只是被动应对理财环境变化。如果我们能够主动地面对理财环境的转变并进行财务上的创新，那么我们就有可能抢占经济发展的机会，提前做好准备，从而实现财富最大化。为了准确掌握理财环境基础要素的变化趋势，有必要对理财环境的次级要素进行深入分析。次级要素指的是那些间接对财务活动产生影响，并直接对基础要素产生作用的因素。例如，一篇关于行业的研究报告或一个会议的提议，都可能触发经济政策的变革，这些次级因素都值得我们密切关注。

将理财环境要素划分为基础要素和次级要素，可以明确区分哪些因素对理财有直接和迅速的影响，而哪些因素则是间接的、具有较大的波动性、需要花费大量时间进行指导，并且有足够的时间来应对。理财环境的变化涉及理财的收益、成本、风险及增长潜力，这些都与经济活动的水平密切相关。由于经济活跃度较低，因此对环境变动的财务管理反应并不强烈。财务活动的高效运作直接影响到财务目标达成的水平。

第二章　智能时代下的财务人员

本章主要对智能时代下的财务人员进行介绍，主要从以下四方面展开，分别是智能时代财务人员面临的难题、智能时代财务人员的基础能力、智能时代财务人员的择业模型、智能时代财务人员的职业发展策略。

第一节　智能时代财务人员面临的难题

人工智能的快速发展是现代科技领域进步的一个显著亮点，与历史上各种技术的进步相同，人工智能的出现也对社会和经济产生了深远的影响，使相关行业出现了大规模失业和重新就业需求。一个典型的例子就是机械织布机的出现，在19世纪前叶，机械织布机在英国的广泛使用，导致大量有技术的纺织业从业者一夜之间失去了工作，许多人被迫成为失业大军中的一员。类似的情况也发生在20世纪初，随着拖拉机、联合收割机和作物种植机的出现和广泛使用，近一半在农田间劳作的成年人失去了工作，面临重新就业的挑战。1945年，自动化技术的进步使电梯操作变得更加自动化，这导致部分电梯操作工人和维修工人成为失业者。

在当下这个科学技术飞速发展的时代，我们已然可以预见人工智能技术的崛起必将引发全球范围内的又一轮产业变革。目前，人工智能技术已经开始对多个领域产生深刻的影响，其中之一就是财务领域。在人工智能的冲击下，财务人员的劳动力市场将会发生颠覆性的变革，具体包括如下内容。

一、基础岗位减少，高级人才短缺

（一）基层岗位大量减少

现如今，负责财务基础核算工作的财务人员正被财务人工智能机器人所替代，基层岗位大量减少。具体来说，在企业内部，从事基础性财务核算、凭证整理、账簿装订、报表处理，以及纳税申报和纳税调整等工作的财务人员，正面临被人工智能机器人取代的风险。这些工作通常是重复性的、基础性的，非常适合自动化处理，财务人工智能机器人能够以更高的速度和准确性执行这些任务，减少出现人工错误的风险，而且其可以随时工作，不受时间限制。但对从事这些基础核算工作的财务人员来说，他们的发展前景会逐渐低迷，他们可能会面临公司裁员或岗位调整的处境，收入水平和社会地位也可能会因此受到影响。

（二）财务机构和财务岗位将逐步合并和裁减

在人工智能的背景下，大量重复性的财务任务正在被财务人工智能机器人高效地执行，这使得一些财务岗位的工作内容和工作量大幅减少，难以独立存在，因此，这些财务岗位将会与其他必须继续存在的财务岗位合并设立，从而减少整体的财务人员数量。这一变化在企业内部的总公司和分（子）公司都会有体现，如分（子）公司可能不会再单设独立的财务部门，而是只保留个别基础工作岗位及管理财务岗位，如财务总监和财务机构负责人等。而总公司可能还会保留财务部门，但内设的岗位数量可能会根据业务需求大幅缩减，不相容或职位分离的岗位则通过人工智能的方式合理整合，以高效进行财务核算业务。这一趋势将会导致市场上的财务岗位总数逐步减少，特别是基础财务岗位数量将在未来的 2～10 年内产生最为明显的变化。未来，连锁经营机构各分店的记账和财务部门可能会被整合到总公司的财务智能系统中，实现数据的智能化处理和集中化管理。这将对企业的财务结构和组织产生深远的影响，并要求财务从业人员适应这一新的环境，培养更多的技能以保持竞争力。

（三）高水平的专业财务管理人才稀缺

高水平人才缺失的问题在人工智能技术快速发展的背景下愈加突出，特别是随着越来越多的基础性财务工作岗位被人工智能财务机器人所取代，使得财务人员的日常工作量减少，他们的工作压力也减轻了，这为财务从业人员创造了更多的空闲时间和精力，使他们能够更专注于与战略管理和管理财务相关的工作。这有助于提升财务人员的工作效率和工作能力，同时增加他们对企业的贡献，为企业的快速发展提供更多智慧和力量。然而，这也扩大了企业对更高水平、更专业的财务管理人才的需求。当越来越多的基础性财务工作和审计工作被人工智能财务机器人所取代时，企业需要财务管理人员来扮演更高级别的角色，这些高水平的财务专业人员需要具备更多的专业知识和技能，以适应新的财务管理理念和技术，他们需要能够分析复杂的财务数据、提供战略建议、参与决策的制定，以及确保企业的财务稳健和合规。

（四）具有国际知识和视野的财务人员缺口较大

当前，越来越多的中国企业正走向国际，与全球众多国家和地区开展业务往来。这个发展趋势使得越来越多的企业和个人意识到具有国际知识和视野的财务人员的重要性。在这些企业中，外派的财务人员、企业财务总监、财务主管及聘请的财务顾问等重要岗位的工作人员，都需要具备广阔的国际视野。因为这些企业需要了解和掌握派驻机构和海外分公司所在地的政治、经济、科技政策，法律法规，税收政策，财务准则及财务利润核算方式等方面的信息，而这些信息对于企业在国际市场的成功运营至关重要。在国际舞台上，企业必须遵守各种不同的法规，理解国际税收政策和会计准则，以确保合规性和可持续经营。此外，了解并能够制定海外机构和海外分（子）公司的利润分配政策、投资收益划转政策等也至关重要，这些政策可以帮助企业实现利润最大化，避免不必要的税务风险，并确保资金的高效流动。不了解或不具备这些信息可能会导致企业决策失误，或者受到经济处罚，从而造成损失或错失在国际市场上的发展良机。

二、企业对财务人员工作能力的要求提高

（一）要求财务人员具备出色的人际沟通能力

谈到财务人员，人们通常想到的是一群中规中矩、不太灵活的专业人士，他们坐在办公室里负责简单地记账和算账，与外部世界接触有限，似乎不需要或很少与其他人打交道。这种传统印象的财务人员部分源于他们过度专注于财务数据，而忽视了人际沟通在其工作中的重要性。然而，随着智能时代的到来，财务管理的要求发生了根本性变化，现代企业需要财务人员来应对更具挑战性的任务，如协调不同部门之间的合作、维护财务系统的完整性、设定风险点、制定防控措施等。这些任务要求财务人员具备卓越的协调和沟通能力。在智能时代，财务人员不再仅仅是数据分析师，他们需要积极主动地与其他部门和同事进行沟通交流，以确保整个企业的财务目标得以实现。他们必须在组织内建立强大的人际关系，以推动项目的成功，解决复杂的财务问题，并与其他团队成员有效协作。然而，在当下，许多中小企业的财务人员仍然缺乏这种协调和沟通能力，这可能成为他们职业规划和发展中的一大制约因素。在这个快速演变的商业环境中，拥有强大的人际沟通技能将成为财务人员的竞争优势，帮助他们更好地适应智能时代的财

务管理需求。因此，提升财务人员的人际沟通能力变得至关重要。

（二）要求财务人员具备出色的专业技能

在迅猛发展的智能时代，财务人员面临的最大挑战，就是对其专业技能的挑战。这个挑战涵盖多个方面，既包括财务人员的知识水平，也包括财务人员的学习动力。

首先，我国的财务人员数量庞大，但财务人员之间存在着明显的差异。一些财务人员已经获得了高级资格，如注册会计师、注册税务师，或者国际公认的注册会计师资格，而其他人可能只具备基本的会计从业资格证，甚至有些从业多年的财务人员仍未获得任何专业资格认证。从这种不均衡的现状可以看出当前财务从业人员在专业知识的掌握程度上存在着巨大差异。

其次，财务人员的教育和培训背景千差万别。一些人接受过系统的本科或研究生级别的会计学和财务管理教育；一些人可能只完成了大专或成人本科财务专业的培训；还有一部分财务人员则通过自学来获得财务知识，这样的情况反映了财务人员的教育水平和专业知识在广度与深度上存在着巨大差异。

在智能时代，财务工作不再只涉及简单的数据记录和报表制作，现代财务要求财务人员具备更高级的专业技能，包括对财务核算、凭证、账簿和报表之间的逻辑关系的理解，对财务处理中的特殊情况和风险的识别和防范能力，以及对财务系统中不相容岗位的设置和权力制衡的正确认识。然而，在国内的中小企业，特别是小微型企业中，财务人员的专业技能水平往往较低，无法满足这些新要求。同时，一些财务人员可能对主动学习和不断提升自己的技能缺乏动力，这与智能时代对财务人员的工作要求和个人职业发展规划不相符。因此，为了适应智能时代的财务管理需求，财务人员需要不断提升其专业技能，积极学习新的财务工具和技术，以确保他们具备适应未来的财务工作所需的能力和知识。这不仅有助于个人职业发展，而且有助于提高财务行业的整体水平。

（三）要求财务人员具有独立分析能力和风险管控意识

当前财务人员所具备的技能已经不能满足智能时代财务管理的需求。在智能时代，财务人员的角色发生了根本性的变化，不再局限于传统的财务核算和数据处理，而是需要具备更高层次的技能和认知，需要具有独立分析能力和风险管控意识。

智能时代的财务管理远非仅仅填制报表和执行财务核算那么简单。现代企业面临更复杂的市场竞争和风险，需要财务人员成为决策者和问题解决者来深入了解其所在行业和企业的具体运营模式，不仅要了解最新的财务法规，还要掌握产品、市场、客户需求等业务知识。只有这样，他们才能更好地分析财务数据，并将其转化为有实际意义的建议，对公司的未来发展进行合理的规划。同时，在智能财务时代，财务人员的工作不再是被动的执行任务，而是要积极参与对问题的分析与解决。他们需要能够独立分析数据，查找问题的根本原因，并提供战略性建议。这种主动性和独立思考能力对于企业的成功至关重要。

随着智能技术的应用，企业的信息安全和风险管理变得愈发关键。财务人员需要具备风险识别和防控的意识，他们能够以审计的视角审查企业运营，识别潜在风险，并采取适当的措施来降低这些风险。这有助于确保企业的长期稳定性和可持续性发展。

总而言之，智能时代要求财务人员不仅具备传统的财务技能，还需要在独立分析、问题解决和风险管控方面有更高水平的能力。只有这样，他们才能在快速变化的商业环境中脱颖而出，为企业的成功做出更有价值的贡献。

三、企业对财务人员的需求类型发生变化

（一）需要财务人员具备投融资经验

随着企业的成长和市场竞争的不断加剧，维持资产的价值和实现升值变得至关重要。企业需要财务人员来帮助制定战略性的投资和融资决策，以确保企业的资产能够保持其价值，并在可能的情况下实现增值。这需要财务人员具备投融资经验，可以更好地理解如何在不同市场条件下管理和增加资产价值。同时，财务人员也不再仅仅扮演会计和成本控制的角色，他们需要具备更多的专业技能，需要了解金融市场、证券投资等相关领域的知识。这些专业技能可以帮助企业更好地应对市场波动，降低风险，并找到具有潜力的投资机会，以满足企业在不断发展的竞争环境中的需求。

（二）需要财务人员具备创新思维

一名成功的财务专业人员需要具备数据分析和管理技能，以更好地支持企业的发展和创新。但遗憾的是，目前很多财务人员缺乏创新思维，他们往往过于关注数据，更倾向于降低风险而不是积极追求创新。然而，在现代商业环境中，创新思维是至关重要的，它可以帮助企业更好地适应市场的变化，寻找新的发展机会。

（三）需要财务人员具备企业运营管理经验

财务人员是企业运营中的不可或缺的核心角色，财务人员的价值在于他们的分析能力和决策支持。通过对企业和市场情况的深入分析，他们能够提供有力的数据和见解，帮助管理者和决策者更好地完成管理和决策工作。他们的工作不仅是记录和报告财务数据，还包括预测未来趋势、制订预算计划、评估投资决策等。这些工作对企业的战略规划和长期发展至关重要。

然而，现在有些财务人员可能存在一个误区，那就是过于专注财务数据，忽视了对运营管理的了解。这种狭隘的视野可能导致他们无法全面理解企业的运作方式，而只能注重财务细节。因此，财务人员应该不断扩充自己的知识领域，包括运营管理、市场营销、战略规划等，以便更全面地参与企业的管理和决策，从而确保企业能够在竞争激烈的市场中蓬勃发展。财务人员的综合视野和跨领域知识将有助于他们更好地实现企业目标，为企业的成功做出更大的贡献。

（四）需要财务人员熟悉人工智能技术

当前，财务领域正在面临着巨大的变革，这一变革的推手之一就是人工智能。人工智能的崛起已经改变了财务工作的本质，使得财务人员不再只侧重于传统的财务报表和数据分析。然而，许多财务人员在面对人工智能时存在着知识和技能上的不足。

很多财务从业者过去主要专注于积累财务专业领域的知识，他们通常在会计、财务分析和税务等传统领域表现出色，但他们可能不了解如何有效地应用计算机编程、数据科学和机器学习等技术来处理财务数据。这种不平衡的知识结构使得很多财务从业者难以将财务专业知识与人工智能技术相结合，以提高财务工作的效率和精度。

综上所述，随着人工智能的迅速发展，财务人员正面临着前所未有的挑战。一方面，由于自动化和智能化技术的应用，传统的财务工作岗位正在急剧减少，因此财务人员不仅要具备传统的财务知识，而且要具备更广泛的技能，如数据分析、预测建模和人工智能应用等。另一方面，企业对财务人员的需求类型也发生了显著变化。企业对财务人员的工作胜任能力提出了更高的期望，要求他们能够适应数字化时代的变革。企业需要的不再是只擅长财务报表和会计准则的专业人才，而是更加重视那些能够运用技术和数据驱动业务决策的人才。这意味着财务人员需要不断更新自己的技能，以适应企业对多元化才能的需求。

然而，尽管财务人员面临着这些挑战，许多企业的管理层对于他们的职业生涯管理却并未给予足够的重视。虽然一些企业在口头上提到要建立完善的员工职业生涯管理体系，但在实际操作中却往往只是流于表面，缺乏实质性的支持和引导，使财务人员在适应变革、提升技能和规划职业生涯方面可能感到缺乏指导。因此，在人工智能时代，企业和管理层需要认识到财务人员所面临的挑战，并采取切实可行的措施，包括提供培训机会、建立职业发展规划和激励机制，以帮助财务人员更好地适应新时代的要求，实现个人和企业的共同发展。

第二节　智能时代财务人员的基础能力

一、财务人员转型的方向

随着科技的不断进步，财务共享中心正经历着巨大的变革，这一变革的核心在于财务共享与智能化技术的结合，这使得共享中心从传统的人力密集型组织逐渐演变为技术密集型组织。

智能化系统可以逐步将复杂的财务规则转化为可执行的算法，这意味着很多重复性的财务任务可以自动化执行。从管理者的角度来看，这意味着更高效、更准确的财务操作，有助于降低成本和风险，提高业务的竞争力。然而，对财务人员来说，部分能力强的员工可能会过渡到财务规则梳理的相关岗位，参与智能系统的开发和维护，但对部分员工来说，智能化的冲击可能导致其失去工作。因此，对财务人员来说，要积极适应这一时代的发展，积极提升自己的技能和知识，才有可能避免在新的财务时代中被淘汰。

（一）财务人员应向成本控制与内部控制人员转型

在智能时代，成本控制在企业中显得尤为关键。随着市场竞争的加剧和利润压力的增加，成本的高低对企业的获利能力起着决定性的作用。因此，专业的成本分析与控制人员成为企业必不可少的一部分。他们不仅需要具备扎实的财务专业知识，还必须了解企业的各项生产工艺流程、生产环节及内部控制流程，这种综合能力使他们能够更好地掌握企业的运营和财务情况。

在这一背景下，财务人员应向成本控制与内部控制人员的方向转型。借助智能化的工具和技术，财务人员可以充分挖掘相关成本数据，对这些数据进行合理的分配、归集和构成分析。这有助于识别成本结构中的优化机会，从而为企业的成本控制提供坚实的基础。最终，这种精细的成本控制不仅有助于提高企业的竞争力，还可以为企业的决策提供重要支持。通过深入的成本分析，企业可以更好地理解其运营模式，制定更明智的战略和财务决策，以实现更好的盈利和可持续发展。

（二）财务人员应向专业财务分析人员转型

在今天的智能时代，数据在企业运营和决策中扮演着至关重要的角色。企业不断产生大量的财务数据、市场数据、生产数据等，这些数据蕴含着宝贵的信息，可以为企业的成功提供关键支持。因此，企业的财务人员需要具备专业的财务分析技能，以将这些数据转化为有用的信息和建议。

首先，财务人员必须能从海量的数据中挖掘有价值的信息，并借助数据分析工具和技术，深入挖掘数据中的模式、趋势和关联性。通过这种方式，他们可以识别出成本降低的机会、市场趋势及客户需求的变化，从而更好地指导企业的决策和战略。其次，全面的财务分析使财务人员能够更好地了解企业发展的现状和存在的问题，包括对企业的财务状况、经营成果及风险的全面评估。通过深入的数据分析，财务人员可以迅速识别出财务状况中的问题，并提前采取措施来解决这些问题，以确保企业的财务健康。最重要的是，财务分析能力可以提高企业的经营管理效率。通过更好地了解企业的数据，财务人员可以为企业的决策制定提供更有价值的信息和见解。这有助于降低决策的风险，提高决策的准确性，并优化资源的分配，从而提升企业的效率和盈利能力。

因此，在智能时代，企业的财务人员应积极向专业的财务分析人员转型。他们需要不断学习和提升财务分析的技能，以更好地满足企业的需求，为企业的成功和可持续发展做出贡献。

（三）财务人员应向风险管理人员转型

在企业经营中，风险管理是一项至关重要的工作，它涉及从战略规划到日常运营的一系列内容，旨在确定可能影响企业的潜在风险，并采取措施对风险进行管理，以确保企业能够实现其目标。风险管理的目的是为企业提供合理的保障，确保企业能够在不确定的环境中稳健发展。

在智能时代，企业的财务人员需要向风险管理人员转型。财务人员应在分析财务数据的同时，更好地识别和量化风险，并采取适当的措施来管理这些风险，从而促进企业的可持续发展。

（四）财务人员应向技术型财务人员、战略型财务人员转型

在当今数字化和信息共享的时代，财务共享逐渐成为一个重要的概念。这个概念与大数据、大共享理念相辅相成，鼓励企业在财务领域实现更高效率的协作。财务共享的核心思想是将财务职能集中在一个中心，以实现资源的共享和标准化流程，在未来这将成为财务工作者主要的工作环境，为公司的决策和发展提供坚实的基础。在这样的中心中，各种专业的标准和流程将得到设计和实施，包括应收应付款项管理、费用报销、明细账管理、总账处理和税务筹划等。这些职能对员工的要求并不高，只需要员工具备一定的财务基础知识、英语基础知识和计算机基础知识，在经过一定的培训后即可上岗。因此，对于那些处于初级阶段的财务人员，财务共享中心为他们提供了一个相对较好的职业选择。随着时间的推移和经验的积累，财务共享中心的员工可以逐渐转型成更高级别的技术型财务人员或战略型财务人员。他们可以通过深入学习和不断提升技能，更好地理解企业的财务需求，并为企业的战略决策提供有力支持。

在财务共享管理模式下，业务转型使得财务人员的定位变得更加清晰，财务人员被分为了共享财务人员、业务财务人员和战略财务人员三类。这种变革不仅意味着财务职能的重新组织，还暗示着对不同层次财务从业人员的需求和要求也将有所不同。其中，对高端财务岗位的人员需求将会显著增加。这些岗位需要从业人员具备更丰富的经验及更全面的技能。面对日益复杂的市场环境和不断变化的法规政策，高端财务人员必须具备优秀的分析能力、战略规划能力及灵活的应变能力，以确保公司财务运作的稳健性和持续性。与之相对应的是，一般财务岗位对财务人员的技能要求并不高，其中，一些重复性高、机械化程度较高的工作完全可以借助人工智能来实现，这将导致基础财务人员的岗位将会受到大幅裁减，企业内部同质化的岗位将被整合到共享财务中心，导致整体财务岗位规模缩编，这一趋势可能会对一些传统的财务从业人员带来就业上的挑战。

根据预测，未来财务共享中心的员工结构将发生显著变化。其中，普通的财务人员将在这一转型过程中扮演重要的角色，他们将会转型为共享财务人员。普通的财务人员通常指学历相对较低、年龄较小的从业人员，他们不但具备强烈的学习意愿，还在长期从事财务基础工作的过程中，积累了丰富的实际经验，这使得他们具备了适应财务共享模式的潜力，只需经过培训和选拔，他们就可以成功转向财务共享中心，从事更高级的财务工作。同时，随着国内整体教育环境的演变，本科学历的人才不断发展壮大，且变得越来越具有竞争力，这使得他们成了共享财务中心的“高性价比人才”的首选。

优秀的财务人员将会转型为业务财务人员。优秀的财务人员通常具有较高的教育背景，掌握系统的专业知识，而且积累了丰富的实际操作经验。在完成转型之后，这些人才将被要求更深入地参与企业的各个业务前端，包括研发、供应、生产和营销等不同环节。他们的任务将不再限于传统的财务报表编制，而是广泛地涵盖财务分析、预测、规划、控制、激励和考核等方面。他们负责将财务数据转化为有意义的信息，并将其传递给各级领导，以帮助他们做出更好的决策。

卓越的财务人员应转型为战略财务人员，卓越的财务人员具有非常高的学历，至少拥有财经专业本科以上学历。除了学历，他们还应该具备深厚的管理知识储备，能够熟练掌握财务实务，同时对战略规划、财务管理及其他经济领域的业务也有深入的研究。这些卓越的财务人员是理想的战略财务培养对象。战略财务人员不仅在企业总部充当参谋的角色，还在管理者进行战略决策时扮演重要的辅助角色。他们是全面预算与绩效管理的设计师，帮助企业设计并实施高效的财务战略；他们也是组织战略的专家，能够制定和执行组织的长期战略，确保企业的可持续成功。

二、财务人员的基础能力框架

所有期望成为首席财务官（CFO）的财务人员都很关心一个问题：应当积累哪些知识才能更加高效地实现成为 CFO 的目标呢？实际上，很多人在年轻的时候是没想过或没想明白过这个问题的，以致在未来出现机遇的时候，往往会与其失之交臂，或者勉强上任但无法达到预期的绩效目标。

作者将通过搭建智能时代 CFO 的基础能力框架来尝试回答这个问题。该框架考虑到了智能时代财务管理职能的需求，故称为智能时代 CFO 的基础能力框架，如表 2–2–1 所示。

表 2–2–1　智能时代 CFO 的基础能力框架

项目	说明
战略财务	战略与业务、财务控制机制、价值管理、经营分析与绩效管理、全面预算管理
专业财务	会计与报告管理、税务管理、资金管理、合规管理、管理会计、成本管理、财务风险管理
业务财务	产品财务管理、营销财务管理、供应链财务管理、项目财务管理、海外财务管理、业财一体化管理

（续表）

项目	说明
财务共享服务	财务共享服务中心设立管理、财务共享服务中心组织与人员管理、财务共享服务中心流程管理、财务共享服务中心运营管理、财务服务外包及众包管理
财务通用支持	财务组织及人员管理、财务信息化及智能化管理

（一）战略财务基础能力框架

1. 战略与业务

作为 CFO，需要有非常宽阔的知识面，但最重要的并不是专业知识，而是对公司战略和业务的理解及把控能力。该能力决定了 CFO 能否真正成为一个团队的合格管理者，而不仅仅是一个财务工作者。

核心技能：战略解读；财务与战略配合；公司资源及计划的管理参与；财务资源配置管理；与业务单元的沟通。

2. 财务控制机制

作为 CFO，需要在企业内部建立完善的财务、内部控制和内部审计体系，以确保财务风险的可控性。也有一些公司是由首席风险官负责这部分工作的。

核心技能：财务及会计制度管理；内部控制；内部审计与稽核。

3. 价值管理

价值管理是 CFO 的高阶技能，需要从多方面主动管理以提升公司的价值，并最终在股价上有所体现，满足公司股东的投资回报诉求。

核心技能：产权管理；营运资本管理；现金流量管理；经济附加值管理；新业务价值管理；并购价值管理。

4. 经营分析与绩效管理

经营分析与绩效管理是 CFO 在公司经营管理方面体现自身核心价值的重要内容，好的 CFO 是公司持续前进的一个重要推动器。通过对关键绩效指标（KPI）的设定，以及持续的考核跟踪、深度的经营与数字探究，能够给企业的发展注入强大的活力。

核心技能：KPI 体系搭建；经营分析报告；绩效考核制度搭建及奖惩执行；投入产出管理；市场对标管理；重大关键项目管理。

5. 全面预算管理

全面预算管理是 CFO 在资源配置方面配合企业战略落地的重要工作。凡事预则立，不预则废，CFO 正是承担这项职能的重要角色。当然，全面预算管理并不仅仅是财务的事情，但是作为 CFO 去承担牵头职能是必需的。

核心技能：经营计划管理；预算编制管理；预算预测；预算执行与控制管理；预算分析；预算组织管理；预算流程管理；预算系统管理。

（二）专业财务基础能力框架

1. 会计与报告管理

作为 CFO，会计与报告管理是其不可缺失的基本技能。当然，CFO 可以请会计专业人士和会计师事务所代劳，但无论怎样都是绕不开这项技能的，且 CFO 必须懂会计。

核心技能：财务交易处理及相关流程；往来管理、关联交易管理；财务报告与合并；会计信息系统，如财务核算相关系统、合并系统等；信息披露；审计流程及管理。

2. 税务管理

税务管理是 CFO 的传统工作，无论在世界上的哪个国家，CFO 都是绕不开税务工作的。而在中国，税务又有着自己的特点，CFO 需要将税务管理当成一项严肃的工作来对待。

核心技能：税务政策研究；税务关系管理；税务检查配合与风险防范；税务数据管理；税务系统管理；营改增及电子发票／特定时期的特殊事项。

3. 资金管理

资金管理是 CFO 工作中的重要一环，也是对一个称职 CFO 的基本要求。从分类上说，资金管理是专业财务的一个构成领域，具有一定的技术性，如果没有从事过这个领域的工作，那么要运用这部分专业知识是有一定难度的。

核心技能：资金收付管理；资金计划管理；债券融资管理；混合融资管理；股权融资管理；司库管理；外汇管理；银行关系管理；资金系统管理；流动性风险管理；投资管理。

4. 合规管理

合规管理对于很多监管行业非常重要，监管机构有金融行业的银保监会、人民银行等，上市公司的证监会等。作为 CFO，需要很好地把握监管政策，并主动、积极应对，以避免因合规问题给公司带来损失。

核心技能：监管政策研究；监管沟通及检查应对；监管信息报送；违规风险管理及违规后危机管理。

5. 管理会计

管理会计是当下CFO面临的既久远又新鲜的课题。国内正在掀起一股管理会计体系建设的热潮，CFO必须懂管理会计。

核心技能：维度体系搭建；收入分成管理；成本分摊，多维度盈利分析，作业成本管理；资金转移定价（FTP）管理，风险成本和资本成本管理，管会数据应用（定价、精准营销等）；管理会计系统。

6. 成本管理

成本管理之所以单独拿出来说，是因为它对每个企业来说都是十分重要的一项内容，甚至对一些企业来说，成本管理是其生存的核心战略和命脉。对CFO来说，要开源节流，其中的节流就要靠成本管理。

核心技能：成本战略体系设计；基于价值链的全成本管理；费用的前置管控；成本文化建设；最佳成本实践的形成和推广。

7. 财务风险管理

广义的风险管理是首席风险官的管理职责，但在财务领域，CFO应该对财务相关风险予以高度关注，并实施有效的管理。CFO虽力求创造价值，但必须牢记风险是底线，控制好财务风险是CFO的必修课。

核心技能：财务操作风险管理，财务风险意识及管理文化建设；风险控制与自我评价（RCSA）工具的财务应用；关键风险指标（KRI）体系的财务领域搭建；重大风险事件监控。

（三）业务财务基础能力框架

1. 产品财务管理

产品财务是业务财务中向产品事业部提供财务专业服务的队伍，CFO需要基于产品财务队伍，加强对以产品规划、产品研发为核心的产品全生命周期的财务管理。

核心技能：产品规划及投资财务管理；产品研发财务管理；产品周转资金管理；产品质量成本管理；产品最佳财务实践管理。

2. 营销财务管理

营销财务是财务队伍中服务于营销或销售事业部的业务财务队伍。CFO需要通过营销财务开展对营销、销售过程的财务管理，如合同商务管理、客户相关财务管理、销售费用管理等工作。

核心技能：商务合同财务管理；营销及销售费用管理；客户信用及风险管

理；竞争对手财务及经营信息管理。

3. 供应链财务管理

供应链财务主要为企业经营中的供应链相关环节提供业务财务支持。CFO需要借助供应链财务实现对采购、生产、配送等相关业务环节的财务管理。

核心技能：采购财务管理；生产财务管理；库存控制管理；物流配送财务管理；分销财务管理。

4. 项目财务管理

除了以价值链划分的业务财务，CFO还需要关注另一个业务财务维度，即项目维度。项目财务是从另一个视角与产品、销售、供应链财务进行矩阵式协同的业务财务职能。

核心技能：研发项目财务管理；市场推动项目财务管理；售前／销售项目财务管理；工程项目财务管理；实施交付项目财务管理；管理支持项目财务管理。

5. 海外财务管理

对开拓海外市场的企业来说，CFO还需要高度关注海外财务管理工作，特别是在新进入一个国家时，海外财务的支持能力显得尤为重要。

核心技能：国家财税政策管理；海外机构综合财务管理。

6. 业财一体化管理

CFO需要始终保持对业务财务一体化的关注度和警惕性，通过加强业财一体化管理，实现有效的业务与财务核对管理，提升业务与财务的一致性水平。

核心技能：业财一致的制度及流程管理；业财对账管理；业财一致性系统管理。

（四）财务共享服务基础能力框架

1. 财务共享服务中心设立管理

财务共享服务在中国的发展已经超过了10个年头，如今大中型企业已普遍将财务共享服务中心作为标配。因此，作为CFO，需要对财务共享服务的模式有所了解从而有效地开展建设。

核心技能：财务共享服务中心立项，财务共享服务中心战略规划；财务共享服务中心建设方案设计；财务共享服务中心实施；财务共享服务中心业务移管。

2. 财务共享服务中心组织与人员管理

财务共享服务中心是一种基于大规模生产的运营管理模式，这种模式对组织和人员管理都有较高的要求，CFO应当关注财务共享服务中心的组织效率和人员的稳定性、成长性。

核心技能：财务共享服务中心组织职责管理；财务共享服务中心岗位及架构管理；财务共享服务中心人员招聘；财务共享服务中心人员培训及发展；财务共享服务中心人员考核；财务共享服务中心人员保留。

3. 财务共享服务中心流程管理

流程管理是财务共享服务管理的精髓，CFO 应当关注财务共享服务中心端到端的流程体系建设及流程维护、持续优化，以提高流程效率，降低流程成本。

核心技能：财务共享服务中心流程体系定义；财务共享服务中心标准化流程设计；财务共享服务中心标准化流程维护和执行监控；财务共享服务中心流程持续改进。

4. 财务共享服务中心运营管理

财务共享服务中心需要有效地运营以创造价值，CFO 需要对运营管理中的核心技能予以提升。

核心技能：财务共享服务中心绩效管理；财务共享准入管理；财务共享服务水平协议（SLA）及定价管理；财务共享人员管理；财务共享风险与质量管理；财务共享“服务”管理；财务共享信息系统管理。

5. 财务服务外包及众包管理

财务服务外包及众包是财务共享服务模式的延伸和补充，CFO 需要关注如何进行外包、众包与共享服务之间的选择决策，同时对外包及众包的管理需要有特定的模式。

核心技能：服务模式战略管理；外包供应商选择管理；外包商交付管理；众包平台搭建；众包平台用户获取、服务及管理；外包及众包风险管理。

（五）财务通用支持基础能力框架

1. 财务组织及人员管理

作为 CFO，建设财务组织、培养财务队伍是责无旁贷的。因此，人力资源管理理论在财务领域的应用也是 CFO 需要掌握的。一个管理不好组织、团队和人员的 CFO，必然是一个不称职的 CFO。

核心技能：财务的分层治理机制；财务组织架构及岗位设计；财务团队及干部管理；财务人员绩效管理；财务培训及知识管理。

2. 财务信息化及智能化管理

对于现代的 CFO，财务信息化及智能化管理已经其是不可或缺的技能。财务的大量工作都是建立在信息系统之上的，因此，对 CFO 来说，懂一些信息系统知识是十分必要的。而在未来，财务的大量工作还会进一步被信息系统所取代。可以说，不懂信息系统相关知识的 CFO 在未来寸步难行。

核心技能：财务信息化团队建设；财务产品及系统架构设计；财务与 IT 之间的沟通管理；财务大数据技术；财务自动化及智能化技术。

第三节　智能时代财务人员的择业模型

智能时代的来临，对整个社会包括财务人员的影响是全面且深远的。在这样的环境下，财务人员的择业观也被影响和改变着。面对未来，财务人员有三种选择——不变、远离或拥抱。选择本身没有对错之分，但我们在做出不同选择的时候，都需要找到适应智能时代环境的新择业标准，这将从某种意义上改变我们的职业生涯。智能时代下的世界在改变，财务也在改变。当智能时代来临时，财务人员不可避免地会受到巨大的冲击，他们必须进行认知的升级。无论是高级管理人员、财务经营分析人员、预算管理人员还是会计运营人员，都必须面对这种改变。这引发了不少财务人员对未来职业发展的担忧。关于人工智能是否会取代财务人员的讨论也成为热议的话题。在 2017 年 4 月底召开的全球移动互联网大会（GMIC）北京 2017 大会上，李开复与霍金展开了隔空对话。霍金认为："对于人工智能的崛起，其好坏我们仍无法确定，现在人类只能竭尽所能，确保其未来发展对人类和环境有利，人类别无选择。"① 今天，作为一名在职场中生存的财务人员，已经难以想象终生服务于一家企业。择业本就是一件不可回避的事情，而智能时代的择业将伴随着更加困难的抉择。

一、智能时代财务人员的"进""退""守"

在智能时代，财务人员面对社会变革及新技术的挑战能做出的选择无外乎"进""退""守"三种模式。

"进"是一种拥抱变革的态度，虽然意识到智能时代会带来空前的挑战，但总有一些人愿意成为这场变革中的主导者和生力军，并在这场智能时代的变革中迎接挑战。

① 刘赛，刘小海．智能时代财务管理转型研究[M]．长春：吉林人民出版社，2020．

“退”是一种远离风险的态度，可能也是一种聪明的选择。如果知道自己没有办法成为“进”的人，也意识到智能时代可能会促使现在的工作内容发生改变，那么明智之举就是及早远离现在的岗位，重新规划自己的未来，找到智能时代的“避风港”。

“守”是一种以静制动的态度，在难以做出清晰判断的时候，静观其变，并在坚守中慢慢寻找自身定位。但需要注意的是，在智能时代社会快速变化的大环境下，静守未必是好的选择，即使选择观望，也应当及早做出适合自己的关于“进”“退”的选择。如果财务人员终究要在智能时代做出“进”或“退”的选择，那么影响选择的决定因素又有哪些呢？我们从以下四个方面来探讨这个问题。

（一）人工智能对财务人员所处行业及公司的影响

在进行“进”或“退”的评估时，需要关注的是财务人员所处的行业及行业内的公司在智能时代将受到怎样的影响。我们说过，智能时代带来的是一场巨变，在这场巨变中，有些行业和公司会兴起，而有些行业和公司会走向衰退。财务人员的职业发展本就依托于其所在公司的发展，当我们在谈论智能时代的进退策略时，第一件事就是对自己所在公司的未来做出判断。行业兴、公司兴，则财务兴。什么样的公司在智能时代会兴起？想要知道这个问题的答案，不妨去读读这方面的畅销书，如吴军的《智能时代》、李彦宏的《智能革命》及李开复与王咏刚的《人工智能》。

（二）人工智能对财务人员所处竞争环境的影响

人工智能的出现会改变我们所在环境的竞争格局。对有些公司来说，智能时代的到来有可能会让整个公司内部的竞争环境变得非常宽松。大家的焦点都在如何进行有效的合作上，并积极参与到智能时代的市场开拓中。公司的每一个员工都会感受到其存在的价值，自然有一个宽松的竞争环境。在这种情况下，财务人员可以考虑采用“进”的策略。而对另一些公司来说，在智能时代将面临巨大的压力，需要通过压缩成本、强化内部竞争来获得生存空间。在这样的环境中，如果不愿意忍受环境中激烈的竞争，则不妨采取“退”的策略。

（三）个人能力与智能时代要求的适合性

智能时代对财务人员的技能需求也发生了改变。智能时代的财务技能需求相比于传统需求有较大变化，如信息技术能力、建模能力、创新能力的提升等。如果财务人员期望在对智能技术大力推崇且形成了趋势性文化环境的公司内获得成功，就要对自己的存量能力和增量学习能力做出客观的评估，若能力不足，则可以采取“退”的策略。

（四）个人对人工智能风险和挑战的喜好

智能时代的财务择业与当下相比会有更多的不确定性。技术的不确定性带来商业模式的不确定性，进而带来企业和行业的不确定性，而不确定性正是风险的内涵。在这样一个充满风险和挑战的时代，财务人员选择“拥抱”还是“远离”，在很大程度上与每个人对风险和挑战的喜好有关系。并不是说喜好风险和挑战就一定是好事情，如同投资决策中的风险厌恶程度，喜好就是喜好，并不存在道义上的对错。

当结合上面四个因素进行综合评估后，或许财务人员能够对自己在智能时代的“进”和“退”做出大致的判断和选择。

二、财务人员择业的“拥抱”模型和“远离”模型

财务人员在智能时代的“进”或“退”并没有对错之分，重要的是在决定了“拥抱”或“远离”后，知道如何进行下一步的职业选择，这就是作者在这里要谈的财务人员择业的“拥抱”模型和“远离”模型，如表 2-3-1 所示。

表 2-3-1　财务人员择业的“拥抱”模型和“远离”模型

评估维度	维度说明	“拥抱”模型	“远离”模型
平台	择业对象是一个大型企业集团还是中小型公司或创业公司	选择大型企业集团有更多的接触智能技术的机会	选择中小型公司有更多的规避智能风险的机会
技术实力	在大数据、人工智能、云计算等方面是否具有技术能力方面的显著优势	选择有技术优势的公司。享受技术红利，有利于财务低成本地展开智能应用实践；技术与平台形成合力	选择非智能技术方向的公司，避免财务被动学习智能技术
行业	是否能够获得业务发展的技术红利	选择进入金融、零售、通信运营等高度需要智能技术的行业	选择对智能技术需求不强烈的传统行业
财务交易规模	是否有大规模的财务交易	选择有大规模财务交易的行业，没有财务的大数据，何谈智能化	选择财务交易规模较小的公司，靠人工解决问题

（续表）

评估维度	维度说明	“拥抱”模型	“远离”模型
待遇	简单地说：高、中、低	中等待遇可能较多，高待遇当然更好，低待遇不妨考虑下综合收益	寻求中等待遇，高待遇看运气，待遇太低果断放弃
未来发展机会	经过沉淀和积累后，能够到怎样的新的平台	有机会进入更大的公司、自行创业、进入咨询行业	相近规模的公司、小而全的公司

在这两个模型中，我们从六个维度对择业目标进行简单分析。

（一）关于评估维度

1．平台

对于平台这个维度，我们要评估的是，择业对象是一个大型企业集团还是中小型公司或创业公司。不同规模的公司能够应用智能技术的机会和概率是不同的，公司规模越大，应用智能技术的可能性就越大。

2．技术实力

在这个维度下，我们主要看一家公司在大数据、人工智能、云计算等方面是否具有技术能力方面的显著优势。具备技术能力的公司可能有两种，一种是使用这些技术来支持自身主业发展的大公司；另一种是以这些技术为核心的中小型公司或创业公司。总体来说，技术实力越强，在财务领域应用智能技术的可能性就越大。

3．行业

这里所说的行业关注的并不是行业在当前是否兴盛，更多的是要关注行业是否能够从智能革命的浪潮中获得业务发展的技术红利。一个能够获得技术红利的行业必将非常积极主动地应用智能技术。

4．财务交易规模

为什么不看公司业务规模呢？对财务来说，规模巨大的公司未必一定有大量的财务交易。而要判断智能技术在财务中应用的概率，财务交易规模的大小和财务数据量的多少才是至关重要的。

5．待遇

待遇就是付给员工的薪酬。在择业模型中什么都可以不谈，待遇是必须谈的。但是在这里，只简单地将待遇划分为高、中、低三个等级，在两个模型中我们要看的是最低容忍度。

6. 未来发展机会

未来的发展机会就是现在的福利，对择业者来说，要考虑的是现在的工作能够帮助自己未来进入怎样的公司、平台。如果未来发展机会和自己的职业规划是一致的，那么就可以作为择业模型的加分项；否则，将成为扣分项。

（二）“拥抱”模型下的选择

在“拥抱”模型下，我们对以上六个维度应当做出怎样的选择或考虑呢？

对于平台，选择大型企业集团，在财务实践中有更多的接触智能技术的机会。

对于技术实力，选择具有技术优势的公司，能够享受到技术红利，有利于财务在较低成本的情况下展开智能应用实践，也使财务智能化应用有了更早实现的可能。此外，智能技术还可以与平台形成合力，进一步推动智能技术在财务中的使用。

对于行业，选择进入金融、零售、通信运营等高度需要智能技术的行业，有可能更快地接触到智能技术。同时，这些行业对智能技术具有更好的认同度，能够营造出良好的创新氛围和环境。

对于财务交易规模，选择有大规模财务交易的行业是更好的选择。智能实践是建立在领先的数据技术之上的，没有财务的大数据，何谈智能化？

对于待遇问题，如果选择拥抱智能，也许要做出一些牺牲。较好的情况是能够获得中等待遇，如果能够获得高待遇当然更好，但是最重要的是，即使待遇偏低，我们也不妨考虑一下综合收益，即虽然在短期内待遇偏低，但有可能在未来的成长中可以得到快速弥补。在职业发展上，作者一直坚信长期利益重于短期利益。

在未来的发展中，如果选择拥抱智能，将有机会进入更大的公司，或者为自行创业积累一笔宝贵的经验和财富。当然，年轻人有这样的经历，进入咨询行业也是一种不错的选择。

（三）“远离”模型下的选择

在“远离”模型下，我们对以上六个维度又该如何选择呢？

在平台方面，核心诉求是规避智能技术造成的职业风险。因此，选择中小型公司有更多的规避智能风险的机会，这些公司轻易不会使用价格昂贵的智能技术。

从技术实力来看，需要小心的是以智能技术作为主业的中小型公司或创业公司。

对于行业，要绕开“拥抱”模型下的那些优选公司，如金融、零售行业的公司。

选择传统行业会相对安全一些。

就财务交易规模而言，规模一定要小。在这种情况下，老板想的是如何用人工去解决问题，而不是使用机器来替代人。

在待遇方面，作为择业的财务人员，应当积极寻求中等待遇职位，高待遇职位需要看运气，如果是待遇太低的职位，建议果断放弃。

未来的发展很可能是在相近规模的公司里工作，建议选择小而全的公司，一旦遇上创业潜力不错、有机会爆发成长并成功上市的公司，或许就可以实现财富自由了。至此，读者应该已经掌握了智能时代进退自如的秘技。虽然技术在进步，社会在进步，但财务人员仍然能够找到适合自己的定位。

第四节　智能时代财务人员的职业发展策略

按照目前的财务人工智能发展状况，可以推测人工智能目前主要会对企业初级和中级岗位的财务人员造成一定的冲击。本节重点针对该部分财务人员进行分析研究，深入阐述人工智能背景下财务人员的职业再规划与发展策略。

一、财务人员的职业再规划与发展策略分析

根据当前我国市场经济特点和财务人工智能发展情况，我们可以对财务机器人的发展趋势做出以下推论：第一，基础财务工作，如财务核算、审计等将会被机器人取代，相应的，该方面的从业人员将会被大量裁员；第二，财务机器人可对部分数据报告做出快速高效的应对，因此某些中层财务岗位的财务汇报也会被取代。相对而言，出现在财务管理工作中的复杂逻辑推演及财务核心工作是财务机器人无法完成的，这部分工作需要专业的从业人员依靠专业知识和经验来做出判断和制定方案。总的来说，财务人工智能的快速发展必然会对初级和中级的财会工作人员造成很大影响，对公司财务人员的布局和分配产生很大冲击。本节针对这一发展趋势，对部分财会人员进行研究，探讨在人工智能大背景下，财会人员如何制定有效的职业再规划与发展策略，力求在财务活动中占有立足之地。

（一）提高财会人员自身职业胜任能力

1. 加强人际沟通

业务人员要想在工作范围内取得较高的成就，实现制订的职业目标，仅仅拥

有扎实的专业知识储备和业务能力是不够的，还需要有良好的处理人际关系的能力。有效恰当的沟通在企业中具有极为重要的作用，在提高工作效率的同时，还可以建立良好的工作环境，维持同事之间的人际关系。此外，有效的交流沟通可以使员工明确自己的工作目标，并为此调整自己奋斗和努力的方向，实现企业内部高效的合作。有效的沟通还能显著提高公司的管理效率。上、下级之间的有效沟通可以对自身工作中存在的问题进行反思，并对出现的问题进行总结和改正，实现自我的不断提升。

2. 充分利用职业再培训

财务从业人员除从事日常业务工作外，可以利用空余时间参加专业的业务培训，通过学习考取财务职称证书，如注册会计师、注册税务师等，充分利用空余时间进行学习，争取在财务业务方面全面提升个人能力和水平，以适应时代发展需要。目前，会计相关规定不断变化，新的政策方针、制度水平、技术方法等不断得到更新，工作人员除了要完成基本的岗位职务，在新的发展环境下，面对行业的转型和快速发展，还要时刻保持对新鲜事物的敏感性，不断学习，通过多方位、多渠道的方式获取相关知识，提升职务知识的储备，强化工作技能，应对职业规则变动；制订合理的职业规划，提升业务能力，应对多变的市场环境。

业务人员对掌握的财务资源加以利用，不断学习，同时依靠全新的财务管理机制为提升个人工作能力打下基础。全面掌握业务知识能力，争取做到业务和财务的统一，建立完善的财务管理大局观并提升企业战略规划能力。业务人员在灵活运用财务专业知识的同时，还要对企业的经营范围有一定的了解，对企业特点和工作范围有合理的把控，熟悉业务运营的流程和方式，能够对企业中的资源进行整合和延伸。此外，业务人员还需要逐步提升自身的控制能力，对自身职业生涯和发展方向具有一定的判断能力，对将要开展的业务活动做全面的理解和策划。

企业中独立存在的单位，工作人员要立足全局，理性客观地对单位经营出现的所有问题进行把控。时刻关注企业财务报表，在宏观经济环境下结合本行业的发展方向和趋势，培养完善的战略眼光，从全局对出现的问题进行分析，合理化资源配置，以企业发展和规划为目标，全面提升业务规划能力，最终实现企业的战略性目标。

3. 培养独立分析能力和风险管理意识

通过对数据的统计分析可以对出现的问题进行分析，观察业务过程中出现的问题并对以后的发展方向做出合理推测，将数据转化为有效的价值资源并对企业的经营决策做出指导。财会人员经过专业培训和学习培养了一定的专业思维模式，可以利用其所掌握的财务知识储备和经验对出现的风险进行控制；还可以根据财务数据分布，推测在企业运行中可能出现的风险因素。业务人员需要根据储备的专业知识对上述风险对项目可行性的影响提出决策性意见，预先评估项目的可行性，分析可能存在的风险对企业战略目标的影响，并对企业资源进行合理化配置。

初具规模的企业已经具有了一定水平的业务活动，企业内部制定了复杂的审批流程，为了实现审批过程的高效性，管理者需要对管理需求和财务控制的关系进行合理的均衡。例如，复杂烦琐的审批过程必定会对工作效率造成影响，然而如果审批流程过于简单，那么财务管理就可能出现较大风险。因此，财务工作人员要对财务审批过程有详细的了解，并将该过程中出现的相关性部分不断优化，通过数据分析推测可能出现的财务风险，提前采取措施对出现的漏洞进行控制，从而实现高效、安全的企业审批流程。

（二）响应国家政策

1. 健全制度建设

制定合理的法律法规，鼓励财会人员向投融资岗位人才转型。许多公司的发展都涉及投融资的相关业务，财会人员因长期处理公司财务数据，故对企业运营状态具有较深的了解，可以对投融资提出一些建议。国家针对财会人员的法律法规做出适当性的修改。例如，《中华人民共和国会计法》已发布，其主要对涉及会计从业资格证书的相关条款进行了调整，对会计人员的专业能力及职业道德重新进行了要求。

随着财务规则的不断变化，政府推进了综合财务报告制度改革，同时为了满足权责发生制的具体要求，规范政府会计调整的确认、计量和相关信息的披露，全面提高会计信息的内容质量，根据《政府会计准则——基本准则》制定了《政府会计准则第 7 号——会计调整》。

2. 加强人才培养

开展大型人才培养讲座，邀请权威专家讲解知识，鼓励财会人员向企业主转型。财会人员在个人职业生涯发展中，可以利用空余时间经常访问和学习现有的财务学习平台和资源，了解财务创新性发展方向，提高自主学习的积极性，定期参加行业或相关行业的专业技能知识培训，对自身所处行业发展、热点等信息进行较深入的了解，为以后的创业奠定基础。同时财会人员需要建立良好的心理承受能力，在日常业务工作中逐步训练自身的独立思考和独立操作能力，对自身所掌握的专业知识架构有全面的了解，根据自身状况制定恰当的职业生涯规划，并通过不断努力实现自己的目标。

3. 提供资金支持

给予一定的资金支持，鼓励财会人员向职业经理人转型。上面提到财会人员因长期处理企业财务数据而对企业发展具有较深的了解，这些人员可以利用空闲时间进行工商管理（MBA）学习，结合自身情况学习和完善财务管理相关的业务知识和技巧。根据会计信息分析企业和整个行业的发展趋势，随时关注国家宏观经济发展动态；为了应对日益频繁的跨国业务，提升自身英语水平；不断更新自身专业知识，建立适合自身的知识架构，不断提升个人实力。

二、人工智能背景下财务人员的职业再规划与发展策略

随着人工智能的广泛应用，财务行业也正在面临巨大的转变。在这个新的背景下，财务人员需要具备应变能力和超前意识，以保持竞争力，并适应快速发展的技术和商业环境。一方面，财务人员要积极主动地通过多种渠道进行自我学习和参加职业发展培训，加深对新技术和工具的理解，以及了解如何将其应用于财务领域；另一方面，财务人员应深入了解职业再规划与发展的概念，以找到适合自己的路径。同时，在日常工作和生活中，财务人员应该进行自我评价，以深化对自己的认识，了解自己的强项和弱项将有助于更好地进行职业再规划与发展。基于自我评价的结果，财务人员可以明确自己的职业兴趣，并制定与自身情况相符的职业再规划方案。针对人工智能背景下财务人员面临的问题，财务人员的应对策略有以下几种。

（一）财务基础岗位向高级岗位转型

1. 向管理会计转型

在当前的智能时代，财务机器人的应用普及，以及大量财务软件的上线运行，使得传统的财务岗位面临着被削减和整合的压力，这一趋势导致市场上的财务岗位数量逐年减少，其中受到冲击最为严重的就是从事基础核算工作的财务人员。

为了不被时代发展潮流所淘汰，财务人员必须积极采取行动，以提升自身的价值并适应智能时代的财务管理需求。在这个过程中，理想的转型之路是将自身定位为管理会计。由于管理会计在提供洞察市场变化和指引决策方面具备特殊的能力，因此在智能时代，企业对管理会计的需求会不断地增加。管理会计与传统财务工作有着明显的区别。管理数据与财务数据不同，它是企业基础核算数据整合之后形成的信息，对企业战略发展具有指导意义。管理数据包含企业的基础信

息、财务数据、业务数据及相关业务信息，这些数据更贴近企业的实际业务活动和管理需求。对业务部门来说，管理数据的财务核算能够更好地反映企业在各个环节中的投入与产出关系，从而加强对成本的控制。因此，对财务人员来说，转型为管理会计是一种切实可行的选择。这不仅使财务管理的从业人员适应了智能时代的财务管理需求，还使他们成为企业中不可或缺的角色，为企业的战略决策和未来发展做出贡献。

2. 向国际财务转型

在智能时代，随着大中型企业规模的不断扩大，其业务范围和投资领域也将逐渐拓展至海外，与其他国家和地区的企业开展深入的合作。这种国际化的发展趋势为财务人员带来了新的挑战和机遇，他们不仅需要具备财务专业知识，还需要拥有广阔的国际视野，以便全面了解投资目的地的文化背景、政策法规，以及财政税收情况和相关的优惠政策等方面的信息。只有这样，他们才能从财务管理和成本控制的角度为企业的国际化发展提供必要的技术和财务支持。

同时，随着财务行业的不断国际化，财务人员需要具备更多的国际管理能力。这不仅包括丰富的专业知识，还包括高水平的商务英语沟通能力，以及对全球经济和商业环境的深刻理解。此外，他们还需要具备良好的职业判断与决策能力，以及对风险控制和管理的敏锐洞察力。为了提升自身的竞争力，英文水平较高的财务人员还可以积极参加一些有关国际税法的培训，系统地学习国际税法知识。在未来，那些具备专业财务知识和技能、熟练掌握商务英语及精通国内和国际税法的财务人员将成为广大企业更为青睐的高端人才。他们将在不断变化的国际商业环境中为企业提供稳健的财务支持，并成为企业走向国际市场的重要支撑。

（二）财务人员自觉提高职业胜任能力

1. 提升人际沟通能力

在现代职业生涯中，成功不再仅仅依赖于硬实力，也需要足够的软实力。其中，良好的人际沟通和交流能力就是至关重要的软实力之一。企业内部的良好沟通是企业发展壮大的关键因素之一，一个充满积极沟通的工作环境可以帮助员工保持友好相处的关系，减少冲突，提高团队协作的质量。此外，良好的沟通也有助于员工更好地理解目标和期望之间的差异，从而能够更好地调整自己的行为，以实现更有效的合作。对管理层而言，良好的沟通能力是提高管理效率的关键。良好的沟通能够清晰、明了地传达信息，理解员工的需求和问题，以及建立有效的反馈渠道，这可以帮助管理者更好地领导和指导团队，有助于提高组织内的工作效率，确保工作任务得以高效完成。

针对财务领域，良好的沟通能力也具有关键性的意义。财务人员需要不断与上级和同事进行交流，以确保财务数据的准确性和合规性。此外，通过与他人的沟通交流，财务人员可以了解自身的缺点和不足之处，并采取相应的行动进行自我改进。这有助于提高财务部门的绩效，促进企业的财务稳健管理。

2. 充分利用职业再培训提高自身能力

在财务管理的职业生涯中，持续学习和积累知识是十分有必要的，财务人员要积极主动地追求专业知识的提升和技能的不断完善。首先，通过积极参加财务专业培训和考取财务职称证书，财务人员可以不断丰富自己的知识体系，熟练掌握财务原理和技巧，了解财务领域的最新趋势和发展态势。这有助于财务人员保持在财务领域的竞争力，为个人职业规划提供更多的机会。其次，财务领域也经常面临着政策、制度和技术方法的不断更新和改革。因此，财务从业者必须保持不断学习的态度，可以通过参加行业研讨会、阅读专业文献、参与在线课程等方式来适应这些变化。这有助于使自身的知识和技能与时俱进，以适应变化的环境。总之，财务领域的成功不再是一次性的努力，而是一个不断学习、不断提高的过程。通过积极学习和适应变化，财务人员可以保持竞争力，实现动态的职业规划，为自己的职业生涯带来更多机会和更大成就。

3. 培养独立分析能力和风险管理意识

在当今的商业环境中，企业的发展运行越来越依赖于数据，但只有通过深入分析，才能揭示数据所包含的有用信息。财务人员必须培养独立分析能力，通过运用他们的专业知识来深入了解企业的财务状况，洞察潜在的经营风险和财务风险，以便更好地支持管理层的决策制定。此外，财务人员还需要从业务的角度来审视项目的可行性。在企业发展过程中，不同项目的风险和回报各不相同，因此需要在项目启动之前进行事前评估。通过分析企业的业务发展趋势和相应的资源配置问题，财务人员可以帮助企业确定最有利可行的项目，从而最大程度地提高投资回报率。

对大型企业来说，审批流程往往比较烦琐。在这种情况下，财务人员需要在管理需求和财务控制之间找到平衡点，如果审批流程过于复杂，会导致效率下降，但如果过于简化，可能会增加风险，因此，财务人员需要深入了解整个流程和各个系统之间的关联性，以便进行设计和优化。财务人员还需要在审批之前进行风险评估和漏洞管理，确保审批系统的有效性和安全性。

（三）财务人员主动拓展职业发展类型

1. 向投融资岗位转型

在企业的发展运行过程中，投融资业务往往扮演着至关重要的角色，这些业务不仅可以推动企业扩大规模、创新发展，甚至可以帮助企业渡过难关。在这一过程中，财务人员同样扮演着十分重要的角色，因为他们往往较为了解企业的财务状况和运营情况，这使得他们对投融资决策有一定的建议权。

财务人员可以通过多种途径提升自己在投融资领域的能力。首先，他们可以从企业财务状况、财务风险和财务绩效方面入手，深入研究金融领域的相关知识，掌握股票、债券、风险管理等方面的技能，以更好地理解资本市场和企业融资运转的规则。其次，财务人员还可以学习如何管理资金、规划预算、财务分析，以此来拓宽自己的知识面，从而更好地理解市场趋势、风险因素和投融资机会，并逐渐转变为企业投融资管理型人才。这样，他们将不仅是财务专业人才，还是投融资领域的人才，能够在企业投融资决策中提供深刻见解，协助企业实现战略目标，为企业的稳健发展和可持续成功做出贡献。

2. 向企业主转型

在财务人员的职业生涯中，不断学习和发展是取得成功的关键，尤其对于那些有志于创业或寻求更广泛职业机会的财务专业人员。财务人员在职业生涯规划与发展过程中，应该注重综合发展，积极学习创业相关知识，培养相关技能，并提高自身的心理素质，为创业或职业发展打下坚实的基础。这将有助于他们更好地应对未来的创业挑战，实现个人和职业生涯的成功。

3. 向人工智能的线下管理者转型

当前，我们生活在一个知识飞速迭代的时代，这个时代的特点是技术的快速演进和知识的不断扩展，在这个背景下，财务工作人员也需要不断适应改变和发展，以保持自身竞争力。人工智能技术的快速崛起正在改变财务行业的工作方式和需求，这对传统的财务工作提出了新的挑战。因此，财务人员需要学习并掌握人工智能相关技术，以将这些技术与他们的财务专业知识相结合。这意味着他们可以参与人工智能系统的开发和升级，以便更高效地履行财务职能。这个过程不仅有助于提高财务人员的个人竞争力，而且有助于提升整个财务部门的工作效率。

4. 尝试跨领域发展

在现代职业领域，财务人员面临着不断扩大的职业发展机会和挑战。虽然财务专业知识是他们成功的基础，但突破财务专业的局限，接受跨专业的学习和转型，可以为他们提供更广泛的职业发展空间。

财务人员通常在财务、会计和资金管理领域接受培训，但这并不意味着他们在职业生涯中只能局限于这些领域。根据个人的兴趣爱好和工作经验，他们可以选择拓展自己的职业领域，他们可以参加课程、研讨会和工作坊，以了解其他专业领域的最新趋势。这种跨专业的学习可以帮助他们了解不同领域的观点，拓宽自己的知识基础。此外，与不同领域的专业人员建立联系和交流也是非常有益的，这种交流可以增强财务人员对其他职业生涯发展方向的认知，帮助他们了解其他领域的需求和机会。

（四）财务人员应加快打造自身软实力

1. 加快成长为复合型人才

随着人工智能技术的快速发展，企业基础的财务传统工作正在被自动化和智能化技术取代，这加大了财务工作者面临失业的可能性。然而，这一挑战也为财务人员提供了机会，促使他们积极适应新时代，提高自身竞争力，以便在智能时代继续发挥关键作用。

对财务人员来说，一个有效应对失业风险的方式就是主动参与企业的经济事项决策，成长为一名复合型的人才。财务人员长期与企业的财务数据打交道，可以提供专业性的财务意见和建议，帮助决策人员在税收筹划、投资方案拟定、内部控制、风险管理、投融资决策等关键领域做出明智的决策。通过这种方式，财务人员不仅可以为企业创造更大的价值，还可以提高自己的职业竞争力。

同时，财务人员还可以通过学习，不断提升自身的资本运作和资金管理水平，以更好地应对企业的财务挑战。他们可以借助自身专业知识，从财务的角度审视企业经济事项，并为战略性业务拓展提供支持。这意味着他们不仅需要掌握更多的财经理论知识，还要将理论与实践相结合，用财务数据进行分析，总结归纳并制定适当的财务管理措施、战略性业务拓展措施和财务核算政策。

总的来说，虽然人工智能技术改变了财务工作的本质，但它也为财务人员提供了机会。通过积极参与经济事项决策，提供专业建议，以及不断提升自身的知识和技能，财务人员可以加速成长为复合型人才，适应智能时代企业的发展。同时，这种积极的角色转变有助于保持财务人员就业和职业发展的稳健性。

2. 掌握必要的大数据管理和集权化财务管理知识

随着人工智能技术的普及和应用，市场的竞争会变得日益激烈，企业主对雇佣的财务人员也会提出更多、更高的要求。传统的财务核算和账务处理已经实现了全程自动化，这意味着财务人员需要更加专注于高级任务，如财务分析和决策，同时，这些高级任务必须变得更加精准和智能。正是在这一需求的驱使下，越来越多的企业采用大数据分析作为支持决策制定的重要工具。因此，财务人员需要了解并掌握一定程度的大数据管理知识，以便能够在庞杂的基础数据中挖掘并提取出最有价值的财务信息。这些信息对于企业的发展至关重要，可以为制定财务政策和战略提供有力的支持。

在智能时代，自动化和智能化技术的兴起使其替代了许多传统的财务工作，这导致财务岗位的缩减。然而，这并不意味着财务人员将被取代，相反，他们将扮演更加集权的角色，致力于实现信息共享和财务处理的标准化和便捷化。除了扎实的财务知识，财务人员还需要不断拓宽自己的视野，以适应未来职业生涯的发展。他们需要具备更广泛的知识储备，包括但不限于科技趋势、行业发展趋势和全球经济变化。这将有助于他们更好地理解行业的发展方向，从而为企业提供更具前瞻性和战略性的财务建议。在不断提升综合运用知识的能力方面，财务人员还需要培养批判性思维和解决问题的能力，这将使他们能够更灵活地应对在日常工作中遇到的各种挑战，并更好地为企业提供全面的财务支持。最重要的是，财务人员需要将大数据等高新技术与财务工作相结合，运用财务专业思维来分析和解决问题，从而主动适应社会发展趋势，转变自身的职能，提高自身的综合素质和竞争力。

在当今竞争激烈的商业环境中，企业也必须积极参与财务人员的职业生涯规划过程，不断完善人力资源管理相关制度，以确保公司能够吸引、留住并发展高素质的财务人才。同时，与财务人员建立良好的沟通也至关重要，这有助于深入了解他们的职业发展期望。企业还需要加强对财务人员的职业指导和辅导，通过为他们提供相关培训和资源，提高他们的专业知识和技能，从而提升工作效率。此外，建立职业生涯管理体系和保障体系也是非常重要的，它们可以为财务人员提供清晰的职业发展路径和保障机制。不仅如此，企业还应将财务人员的职业生涯规划视为企业战略发展的重要组成部分，通过协调个人职业目标与组织发展目标，实现企业与个人的共同发展，有效地调动财务人员的工作积极性。同时，企业应关注财务人员的职业发展诉求。企业需要为财务人员拓展职业发展空间，满足其在不同阶段的发展需求，这样可以使他们的岗位能力和价值贡献得到更好的发挥。通过这些措施，企业可以建立一个具有高效率和战略敏感性的财务团队，从而更好地支持企业的可持续发展。

第三章　智能化财务管理理论与实践

本章对智能化财务管理理论与实践进行介绍，主要从以下四个方面展开，分别是智能化的内涵与机制、智能化财务管理的新逻辑、财务分析智能化的技术实现与应用、财务决策支持系统的智能化。

第一节　智能化的内涵与机制

一、智能化的内涵

智能化对大部分事物来说，尚且属于新型概念，因此学界对这个 20 世纪末 21 世纪初出现的产物还没能达成统一的定义。人们对智能化的定义众说纷纭，仅仅浏览谷歌软件的数据库就能查到几十个不同的智能化定义。综合这些定义，大多数人将其视为一项技术。然而智能化是时代发展中变化的过程，它包含一定的时间概念。“化”就有演变、成为之类的意思，智能化也就是让人类的工具、技术变得“更聪明”的过程。广义的智能化，是人类从动物界分离出来并不断进化的漫长历史过程，包括直立行走，扩大视野；学会用火，增进大脑的发展；语言体系的形成，加强人类的互动和协作，推动抽象思维；工具的应用，强化四肢和大脑……

现在我们讨论的智能化，是基于人工智能应用越来越广泛的背景，因而它是一个时间概念，具有人工智能的要素和人类智能的本质。由于无论是人类智能，还是人工智能，都在不断进化发展，因而智能化是一个永无止境的过程。

根据以上分析，作者认为，智能化是在产品、工具或工作系统中协同应用人类智能和人工智能，以提升其功效的过程。

智能化的物质体现包括各种智能化产品和智能化工作系统。目前，智能化产品种类繁多，如智能手机、智能冰箱、智能电视机、自动驾驶汽车等。智能化工作系统包括智能家居、智能电网、云翻译系统、反导系统等。

智能化的目的是提升产品、工具或工作系统的功效。例如，智能冰箱可以节能；智能汽车可以寻找最佳路线和自动驾驶；智能电网可以解决分布式能源的统一调配和最佳利用等。

智能化最主要的特点是让技术与工具在应用方面变得更加智能，智能化既不是对网络技术的开发，也不是对人大脑的研究与应用，而是将人工智能与人类智能相结合，使工具与技术变得更加人本化，更加适应人类经济、科技与社会活动的方法过程。

智能化是发挥人类智能和人工智能各自特长的过程。人类智能是智能发展的源泉，人工智能虽然在某些方面还不能取代人类智能，但在分析计算等方面可以超越人类智能。

个人智能是人类智能的基础，经过整合和互相激励，组织智能无论在内容方面，还是在水平方面都可以超越个人智能。对于高度复杂的产品和工作系统，还需要在更大范围内开发利用社会智能，才能获得预期的功效。

在这里，智能化需要区分若干相关概念。

智能化与计算机化有着很大的区别。计算机化指的是在人类实际应用的各种工作中引入计算机，其主要属于工具的改变与变化。并且计算机是人类发明的一种处理信息的工具，人类在利用计算机工具处理信息时，主要依靠的依旧是人类的智慧，计算机化只是在工作的过程中起到一定的帮助。

智能化不等同于知识化。知识化指的是将工作的内容化为知识，使得以后的工作或其他人在进行工作时可以查阅相关知识并加以利用。知识化依旧需要大量的人类智慧，并无法取代人类自身的知识力量。此外，知识化也指社会的发展，社会中各种生产方式将从以往的能源或人力型转变为知识型，这要求人们掌握足够的知识，否则很难胜任相应的工作，比如，如果一个人完全不会使用计算机，那么他便无法胜任程序员等工作，此类工作依旧需要使用大量的人类智慧。而智能化则是在生产方式中，使生产工具采用一定的人类智慧，帮助其提升工作效率，这是生产方式的巨大变化。

智能化是独特的，不同于机械化和自动化。机械化的主要目的是代替人类的体力劳动，将本来由人类进行的工作用机器代替，如小麦收割机的使用。自动化也是为了相同的目的，即可以不用人类的参与就可以自动完成一定的内容。它们的目的是代替人类的肢体与体力，并无法代替人类的智力。自动化也好，机械化也好，它们在无人类参与的情况下很难根据具体的情况对工作方式、方法等内容做出调整，而智能化则是代替人类智慧，根据执行的内容使自己的工作方式与方法进行改变。总的来说，机械化与自动化的作用仅仅能代替人类的体力，而智能化不仅能代替人类的体力，更重要的是代替人类的智力。

二、智能化的机制

智能化可以大大提高产品、工具和工作系统的功效，以及劳动生产率，因而人们力图加快智能化的发展进程。

（一）个人智能开发机制

虽然智能化的发展离不开人类的社会功能与人类的组织能力，但是智能化的发展基础依旧是建立在类比人类个人智慧的个人智能之上的。IBM（国际商业机器）公司领导“蓝色基因”计划的科学家达门德·莫哈说：“人类大脑具有一种惊人的将跨意识的多重含义信息整合的能力，它可以毫不费力地创建时间、空间和物体的种类，以及得出感官数据的相互关系。大脑可以完成各种无与伦比的技艺，令现在的计算机望尘莫及。”①

个人智能最直接的开发途径就是教育培训。其中，较为典型的例子便是日本的松下电器企业，松下电器非常重视对企业员工的创造性培养，因此，该企业中许多员工都富有创意，员工将创意利用到工作内容中不断进行发明创造，使其生产出的创意产品数不胜数。

（二）知识管理机制

隐性知识是指在实际中运用的知识。通过对知识的管理，隐性知识可以转化为显性知识，使更多人学习参考。人类在古代就非常重视教育，教育是知识传播的重要途径与方法。人们通过对知识的传播，让更多人了解了世界的本质，提高了社会生产力，并促进了人类社会的发展。通过互联网，知识可以得到更为广泛和快速的传播，因此，对知识的管理越发重要。

在美国，有人做了开发知识管理系统的实验，通过此系统可以使全球各地的员工分享他们的知识，系统收集这些知识，并根据需要将收集到的知识应用在新产品的开发上面，此项实验的结果相当成功，使新产品的利润与以前相比大大提高。由于广泛知识的应用也为客人带来了更快的应答与服务，因此为客人响应并解决相关问题的时间从数周直接缩短为几小时。

---

① 韩军喜，吴复晓，赫丛喜．智能化财务管理与经济发展[M]．长春：吉林人民出版社，2021.

（三）社会智能协同机制

在现代社会，一个人或一个公司很难完成全部的任务，讲究的是分工合作与协同。智能化产品也不例外，一个智能化产品仅靠某一个公司是很难完成开发的，其不仅需要多个公司的力量，而且需要结合社会的知识与力量。因此，智能化的社会需要各种力量的协同发展。

（四）智能的工具化机制

智能化少不了物质性，人类的智慧是非物质性的，但智能化要求一定要将人类的智慧化作物质性的工具、产品等。物质性是智能化的一大要求。通过物质性的工具可以收集、储存、利用人类的智慧，比如，通过终端收集智慧可以帮助专家系统大大提高其工作效率。这种物化的工具不会受到人类生理的各种不便的限制，只要为其提供相应的资源与能量它们就能为人类工作，它们可以储存、利用更多的信息，且不会受到心情、情绪的影响，甚至可以表现出超越人类智慧的现象。

随着人类科技社会的不断发展，人类对智能设备的开发也越来越成熟。在1996年，智能信息系统处理事务的能力就已经非常强大了，这一年，拥有32个微处理器的深蓝计算机在国际象棋大赛中挑战了当时的世界冠军卡斯帕罗夫，虽然深蓝计算机最终以2：4的比分输掉了比赛，但是其性能已经能在与世界最顶尖的棋手的比赛中拿下两分。随着技术的不断改进，设计师在深蓝计算机中插入了更多的国际优秀棋手的对局，此时深蓝计算机已经能达到每秒计算上亿步的程度了。仅在次年，深蓝计算机在再次挑战卡斯帕罗夫时就已经以3.5：2.5的成绩战胜了世界冠军。这代表人工智能系统已经拥有以人类顶级的智力处理事件的能力了。

现在人工智能系统通过模仿人类大脑的结构，并以人类数据作为样本，已经可以听得懂声音并拥有记忆了，同时其自身学习能力也在不断增强。在1990年之后，各公司不断开发出新的电脑神经软件，让系统更加智能化。现在这种电脑神经软件已经经常被用于机场或一些公共场所出入口的爆炸物排查工作。人工智能机械正在不断地向前发展，甚至有人曾做出预言，若干年后人工智能机械的能力将会超越人类。

（五）人机协同机制

任何人类发展的功能、道具，最终都离不开人。所以智能化与人类协同发展才是智能化的最终宿命，比如，人类创造出计算机，而计算机又可以作为工具更好地为人类进行发明创造。各个行业的工作者都可利用计算机进行检索、计算、应用、绘图等，这些功能涉及各个领域，大大代替了人类以前的许多工具。因此，无论是之前的计算机还是现在的智能化，都离不开与人类的协同发展。

以专家系统的开发为例，基于规则的专家系统结构包括知识库、数据库、推理引擎、解释设备和用户界面。知识库、数据库、推理引擎、解释设备、用户界面是由某领域的专家（或专家团队）、知识工程师、程序员、项目经理乃至终端用户协力开发的。用户提出对专家系统的要求，专家负责提供相关领域各种情景和解决方案的理论知识和经验；知识工程师负责设计、构建、测试专家系统，弄清楚专家解决问题的事实和规则，以及专家表达的方法，选择特定的开发软件或专家系统框架，或选择编程语言以解决知识的编码，之后负责专家系统的测试、修改并将系统集成到工作平台；程序员负责编程，用计算机能接受的语言描述专家知识；项目经理负责项目的组织协调。而专家系统的开发及应用，还需要与计算机一些组件相配套，如允许专家系统融合外部数据文件和用常用语言编写的程序的外部接口、知识库编码器、测试工具及输入输出设备。

第二节　智能化财务管理的新逻辑

一、财务组织与认知的新逻辑

智能时代的到来改变了财务组织、财务人的认知，以及财务信息技术，但更重要的是改变了财务逻辑，逻辑层次的改变才是最终的改变。当我们面对智能时代，苦苦寻觅该做些什么的时候，不妨一起来思考下智能时代的新逻辑。

（一）管控：局部与全面

现代财务管理的限制极多，许多财务管理受到业务板块、公司之间、机构之间各层级的层层加码，使得财务管理的协同变得极为困难。在智能化发展的现代，我们很难让人力直接参与到末端的掌控中，因此我们对集团整体财务的掌控只能从数据入手，上述提到的障碍使得数据管理的困难不断增加。现代财务管理利用计算机、网络设备、智能化设备等使财务管理透明化、集中化，现代技术的介入使得财务管理对数据之间的边界越来越模糊，让数据的消失成为未来有可能发生的事。当我们打破这些障碍与壁垒时，一定会迎来以智能机械进行全面财务管理的新时代。

（二）组织：刚与柔

现代财务管理需要拥有严格的管理制度，这要求组织内部的财务管理有专业的分工与专业性，只有这样大家才能各司其职，以自己擅长的专业管理相应的部分。现代管理将这种严格的管理称为刚性管理，它需要组织的管理者通过严格的判断，下达正确的命令并对命令的执行做出监控。而智能化财务管理则要求创新与互动，其引入柔性管理组织，强调调动员工的个人主动性。管理主体的领导者并不会发出强硬的管理命令，而是以企业文化与组织内部的价值观调动员工的积极性，让员工发挥自己的创造能力，各司其职，共同发展企业的财务管理。

（三）知识：纵与横

现代财务管理对财务人员的要求首先是专业的纵深能力。由于财务管理本身涉及会计、税务、预算、成本等多个领域，很多财务人员常年围绕一个纵深领域从事工作，因此形成了自身在某一领域很深的专业能力。但在智能时代，财务管理的视野将被极大地打开，人工智能能够辅助强化财务人员的知识深度，这要求财务人员更多需要的是具有横向宽度、能够进行跨专业领域协同创新的新知识体系。这便是智能时代知识的新逻辑。

（四）观念：被动与主动

对于当前的财务管理与组织管理，大部分人并没有发挥自身的主观能动性，依旧处于被动听从命令的阶段。而现代化的财务管理则要求人们以主动且严格的态度对问题进行处理。财务管理工作往往不会有太多抛头露面的机会，经常是在办公室内，且交流较少，这种环境造就了当前许多人认为做好自己的事，遇到问题就按照流程上报或自行解决的态度，这样的态度便是我们说的被动观念。受到这样环境与观念的影响，很多人无法发挥自身的财务管理创造性，使得财务管理资源无法扩充。在智能时代，财务管理观念需要从被动变为主动，强调财务管理人员主动发现问题和主动进行管理的能力。新时代的逻辑要求工作人员率先转变观念，只有这样才能更好地发挥员工的创造性，使财务管理向着现代化进程发展。

二、财务管理技术的新逻辑

财务管理技术对整个财务系统来说就像人体中的血管，是构建整个财务系统的基础，因此我们要转变财务管理技术的认知与发展方向，使其更好地为财务管理发挥积极的作用。引入现代化技术的财务管理系统能使财务管理焕发出更新的生命力。以下将从数据、计算、记录、流程、互联五个方面对此进行相应的介绍。

（一）数据：小与大

根据技术的用语，传统的技术是以数据的结构化为基础的，这种建立在结构化之上的数据计算处理模式我们一般称为“小数据”。对大部分的财务管理技术人员来说，处理“小数据”是他们已经非常擅长的工作。传统的财务管理工作大多是基于“小数据”进行的，这充分说明了“小数据”的重要性，它是我们构建财务管理技术的底层逻辑，是不可或缺的内容，即使在数据化、智能化的现代财务管理中，也不能忽视“小数据”的重要作用。但是时代在发展，传统的“小数据”无论是在处理速度还是在处理范围上都已经无法满足时代的需要了，因此，我们要将财务管理系统的“小数据”与“大数据”结合。“大数据”的财务管理技术可以帮助管理人员处理大量海量的数据，为财务管理带来更新的发展，它的处理速度之快甚至令人感叹。因此，我们要采取“大数据”与“小数据”结合的方式，对财务管理进行具体分析与处理，使其成为财务管理技术新的时代逻辑。

（二）计算：本地与云端

对于数据的存储，传统模式是进行本地存储，将获得的数据全部存在本地无论是对于用户还是管理者都是一个极为便利的方式，因为这样他们可以随时调取数据。这种方式极为方便，同时保证了数据有一定的安全性，使得数据没有那么容易被损害。但是随着时代的发展及各种数据技术，如大数据技术的应用，产生的数据越来越大，使得传统的本地存储所需的空间越来越大，以至于本地存储很难满足人们的需求。这种变化在智能化开始之前，并不是那么重要的事情，因为当时大多计算机的数据计算能力相对较弱，即使有这么多的数据也很难处理。然而，随着智能化的发展，计算机的数据计算能力越来越强，本地存储方式必然无法满足需求，因此将数据存入云端便是最好的选择。由此看来，云端存储将会成为智能化发展时代的必然，而云端也将会成为数据管理的新逻辑。

（三）记录：集中与分布

为了便于管理，对传统财务信息的记录大多采用集中的方式，这样可以产生有逻辑、数据量小的财务管理，使得管理极为便捷。然而这种集中式管理也存在一些问题。首先，很难保证数据的安全；其次，对数据的处理量也很难达到现代管理的要求。但是随着智能时代的到来，区块链技术的应用使得财务信息的记录方式可以大大得到改变。现在，通过现代技术的应用，财务信息的记录可以采用分布式的记录方式，这样去中心化的优势在于记录可以产生在各个地点、各个计算机中，通过网络将其集中到一起，期间还可以过滤掉许多无用的数据，使数据便于查询。这使得分布式的记录方法成为智能时代财务管理的新逻辑。

（四）流程：稳健与敏捷

对社会上的绝大多数活动来说，为了保障活动的稳健进行，固定的流程是必不可少的，财务管理的传统模式也同样如此，这样的优点在于流程固定，使得工作很稳健，出现错误的概率被大大降低，并且对工作人员并不要求过多的创造性，他们只需要跟着流程来，这使得用人成本有所降低。但是这样的稳定流程已经跟不上时代的发展速度了，同时它也存在一些问题，如工作效率过低、没有敏捷性，使得用户的体验感较差。现代智能化财务管理要求有稳定性的同时拥有一定的敏捷性，只有高速且稳定的处理方式才能满足现代管理需求，同时，这样的敏捷性发展可以帮助管理人员更快速地发展并提升其主动性。因此，敏捷性是现代财务管理流程的新逻辑。

（五）互联：数联与物联

在传统的财务管理模式中，管理人员每天都要关注庞大的数字，仿佛财务管理就是在与数字打交道，这样的处理方式我们一般称为数联。在数联的要求下，管理流程会被数字化，即通过处理数字的方法对财务进行管理。但是这样的方式很难与现实产生直接联系，过于抽象，使得管理往往无法与实际相结合。因此，现代的智能化财务管理要求在数联的基础上加入物联。人们因此开展物联网，无论是货物、人员还是财务，都可以将其加入物联网，在物联网中事物之间产生联系，随时监控、管理它们的动向，并在此基础上将其数字化，进行传统的数字化管理，使财务管理人员能更注重管理与现实之间的联系。值得注意的是，物联与数联并不是两个相互排斥的概念，我们在管理的过程中要将二者相结合，在数联的基础上加入物联，让财务管理更加便捷。因此，物联与数联的结合将会成为智能时代财务管理的新逻辑。

三、财务管理实践的新逻辑

管理实践相当于财务主体的四肢。四肢敏捷能够帮助财务主体变得更加刚劲有力。财务管理实践的逻辑转变，能够让我们在实践工作中引入不同的视角，通过另一种模式对现有的实践进行转换和升级。我们从绩效、预算、管理、控本、业财、共享、财资七个方面来看财务管理实践的新逻辑。

（一）绩效：因果与相关

在传统的财务管理中绩效管理通常会预先设定因果，通过设定 KPI 和目标值来监控业务部门的执行情况。当 KPI 的结果发生偏离时，一定要找到其原因，再进一步寻求解决措施。这就是典型的因果分析法，也是当下主流的绩效管理思维。但在智能时代，大数据并不强调因果关系，而是更关注相关性。这为经营分析打开了另一扇窗。基于大数据分析，我们从数据角度寻找影响 KPI 偏离的因素，并获得其影响方向，直接对这些因素进行干预管理，不用解释为什么，也不用必须向业务部门说明其中的逻辑。这便是智能时代绩效的新逻辑。

（二）预算：经验与数配

传统的预算编制或资源配置往往基于经验，即使采用复杂的作业预算概念，其中的业务动因也大多是基于经验形成的。传统的预算甚至可以概括成经验，它往往没有那么多的理论依据，只是管理人员的主观判断，虽然这种主观判断是基于实际情况做出的，但是并没有将理论与之结合，因此难免产生过大的偏差或错误估计。而且，在与他人进行沟通的过程中很难直接说服对方接受此类经验。但是新时代智能化的发展使预算可以与大数据处理相结合，形成新的数配计算方式。大数据可以将项目与数据库内成千上万的数据进行对比与分析，从中找出合理的预算，甚至能够找出热点投资方向，为用户提供更为合理的财务运用方向，并为财务做到更为合理的配置，我们将这种方式称为数配。数配随着智能化的发展必然会成为智能时代预算的新逻辑。

（三）管理：多维与全维

传统财务管理的核心部分是维度，而维度往往又是很多财务管理人员的痛苦来源。在传统模式中，财务管理已经很重视管理的多方面性，从多维角度进行管理，即使这样，在管理设计中，大家对维度仍然极其谨慎，要减少一切不必要的维度以提高运行效率。而在智能时代，无论是算理还是数据处理模式都将可能有更大的提升空间。尽管在当下还没有看到技术突破至理想的状况，但相信在不远的将来，维度的组合计算将不再是业务设计的约束，全维管理财务将成为可能。这便是智能时代管理的新逻辑。

（四）控本：后行与前置

传统的成本管控往往是在成本发生后进行的事后追踪。即使往前推进一步，做到设计阶段的成本管理，这样的成本管理方式在现阶段也是必要的，是能够发挥作用的。但是现代智能化管理系统的引入使得成本被划分得更为细致，如成本可以被分为原材料成本、运费等。这样细致的划分可以促使财务管理更加细致与合理，并且这种划分方式还会向前端延伸，如各种服务业，让前端与财务之间的多重壁垒效果渐渐消失，使成本费用置于业务当中。这便是智能时代控本的新逻辑。

（五）业财：分裂与融合

对传统的财务管理来说，很难兼顾财务管理与前端业务之间的联系，因为二者本身就相隔很远，人员之间也很少有往来，所以二者之间的交流主要通过数据传播的方式完成对接。这样的方式可以带来便利，并且在传递过程中层级分明，不易出错。但是随着现代财务管理的发展，财务管理都在细分，甚至各个单位内部的各个系统、部门也在产生自己的财务管理，虽然这是时代的要求，但也会带来诸多的问题。如财务管理与前端业务部门之间的对接会变得更为困难，前端人员很可能不知道要和哪个部门对接，造成管理混乱，甚至造成业务之间的分裂，使得管理之间的整合过于麻烦。随着智能时代的发展，财务引擎处理各个前端业务的能力不断加强，在大企业中即使各个部门之间的财务管理是分裂的，但依旧可以依靠强大的管理系统将它们进行融合，并将融合后的整体财务管理成功与前端服务对接。这样便形成了在分裂的财务管理基础上达成整体的财务管理融合。因此智能时代的财务管理融合模式将会是新逻辑。

（六）共享：人工与智控

即使时代在发展，财务管理中也引进了各种机械化、数字化、计算机化的工具，但是传统的财务管理依旧属于劳动密集型的产业方式，大多数的财务管理依旧需要人来对此进行处理，引进的新式工具只能起到辅助作用，减少人们一定的体力消耗。这种方式为我国的财务管理发展带来了许多好处并解决了诸多问题，但是随着时代的发展，这种方式也会显现出来一些弊端，比如，这种管理方式一旦出现错误便会牵一发而动全身，造成很大的错误，从而又要消耗更多的财力与人力。因此，在智能化发展的今日，更多的智控技术被引入财务管理。在现代财务管理中，人工智能与共享模式必然会超越并取代传统的人工方式，将大量的劳动密集型产业转化为知识密集型产业。且依托人工智能，可以实现在智能作业时开展更加丰富的智能风控。智控便是智能时代共享的新逻辑。

（七）财资：平面与立体

在传统的财资管理系统中更多的是平面化的财资管理，所谓的平面化是指将财资管理的重点放在账户管理、资金结算、资金划拨、资金对账等交易性处理流程上。这也是很多国内企业目前资金管理水平的基本状况。但是随着智能时代的到来，对资金的管理模式与技术水平都在不断地增强，使管理资金更加细化，形成立体化的财务管理方式。其主要表现在两个方面：一方面，财资的交易处理方式由简单模式向复杂的数控模式转变，使得资金带有更高的流动性，为发展带来更多的活力，并且能够合理地管控风险；另一方面，财资管理由企业内部资金管理模式向供应链金融模式转变，构建多维度立体的财资管理体系。这便是智能时代财资的新逻辑。

第三节　财务分析智能化的技术实现与应用

一、财务分析智能化的技术实现

一般的决策支持软件通常隐含至少一个假设，即“其他条件不变”。这个假设条件的存在，虽然使软件编写变得容易可行，但却使软件运行成果和企业的实际情况相距甚远。财务分析的智能化应该借助计算机技术，将企业的实际数据和决策模型动态链接起来，使过去的“其他条件不变”假设变成“其他条件已知并随经营状况的变化而变化”，这一改变使分析模型和软件的运行建立在企业实际数据，以及数据与分析模型、分析方法、动态链接的基础之上，实现有效的人机互动，使财务人员摆脱手工分析，使计算机替代人脑进行分析判断，自动生成图文并茂的财务分析报告，真正实现快速决策和准确决策。

智能化财务分析系统从外部通过建立接口导入数据之后，将数据存储到数据库中，供用户和系统调用。用户通过选择分析指标、分析报告内容来驱动分析模块，执行分析推理过程。在分析推理过程中，要使用知识库中效应模块的分析模型和分析经验，某些分析判断还需要借助分析参数。分析推理运算先生成分析结果文字、图形和表格，再根据用户定义的报告输出内容和格式，最后经过报告生成器生成分析报告。

智能化财务分析系统根据企业的财务报表数据，自动生成一个分析和评价企业经营和财务状况的图文并茂的报告。用户可以借助该系统，设计撰写一份自己所需的财务分析报告，从而省去大量重复性的数据查找、指标计算、图表制作和报告文字撰写等工作。系统主要实现的智能化的功能有形成自动化导入财务数据与报告；同时自动分析各个时间段的分析报告，如年度分析报告、月度分析报告等；同时对不同阶段的分析报告进行对比分析，分析出不同阶段之间发展的异同；具体数据化分析内容，生成具体的数字、图表分析报告，同时用户可以制定分析的指标与内容，并设置语音功能，省去了制作演讲方面的报告的时间；生成针对不同级别的分析报告，对管理生成整体的分析报告，对工作人员生成适合其工作性质的具体的分析报告；支持用户对报告进行编辑与修改。

我们应该相信，发展的最佳方法是对管理的发展，对此我们应当首先采用符合时代的管理技术与方法，因此我们要对财务管理实行智能化发展。从发展趋势上来说，财务的智能化是时代的必然要求，智能化财务分析系统的推广和运用，将使财务部门的分析工作更加高效和准确，并为企业的科学决策提供准确的、科学化的财务依据。智能化财务分析系统把专家学者的知识和科学方法用计算机软件记录下来，让企业直接使用，使企业在工业化、信息化发展的同时，走向智能化道路。

二、财务分析智能化的应用

（一）在企业中的应用

企业经营者、董事会成员、监事会成员、证券投资人员、银行信贷管理人员、企业财务管理部门、集团公司成员、政府机构、会计师事务所、管理咨询机构均是智能化财务分析系统的使用者。

传统财务管理系统虽然解决了自动记账、出表和一些财务数据的汇总统计工作，但其仅是一种简单机械操作的替代，对预提的财务分析来说，只能采用人工的方式进行分析。因此一到关键的时间节点，如年、月的末期，财务管理人员便会相当繁忙，不停地奔波于数据的整理，财务表的绘制，财务报告的分析等工作内容。而这样的人工处理方式仅能编写单一需求的财务报告。

其实，对同一企业的同一份财务报表，不同的报表使用者会得出不同的结论，因为他们的立场不同，对企业关心的角度也不同。智能化财务分析系统不仅功能强大，而且使用极其便捷，对于同一个用户，它能以不同的身份与角度进行多方位的财务分析与比较，生成对比分析报告，从而能使企业管理更上一层楼。管理者可以根据对比分析报告分析出问题并制定相关政策，使企业的工作效率不断提升，这就体现出了智能化财务分析系统的辅助效果。

系统直接从企业的财务管理信息系统中抽取数据，同时支持 Excel 报表的导入功能。当财务报表数据被导入其中时，智能化财务分析系统会在极短的时间内生成一个结果全面，包括分析对比、图表甚至语音解读的完整分析报告，这份报告涵盖内容非常广泛，包括总体收入、各部门收入甚至个人收入，以及内外部交易差额、税、成本与利润，并通过这些内容对资金的状况进行分析，以此反映企业的整体及发展状况。

当用户将原始数据导入系统后，系统可以自动调用同比增减数、增减变化率、完成预算百分比等数据，生成自定义分析报告或表格，并能够实现各类财务指标的定义和计算，形成完整的财务指标体系。系统自动判断并选取影响收入利润变化的前几个原因，同时运用因素分析法分析销售量、销售单价对收入的影响。系统还可以从市场、产品、客户等多个角度分析收入、利润的完成情况，并对所分析的内容与预算、上年同期进行对比分析。

用户可任意组合更改分析报告的内容顺序、表格样式和图的表现形式等，同时系统设计了灵活的数据接口和人机对话窗口以适应不同分析的需要，支持 Word、PPT、HTTP 文档格式；用户可自由增加企业希望分析的项目，自定义分析的文字模板、图形模板、表格模板等；用户可针对不同分析报告的需求者，定义不同的报告模板，分别提交给上级部门、单位领导和不同需求的分析人员。

系统设置了财务分析工作中常用的基本模板，同时支持自定义。通过生成报告管理功能，用户可将已建立的文字、图形、表格等分析模板组合成一个新的图文并茂的大模块，并将这个新组建的报告模块提交给相关人员审批。通过报告管理功能，用户可将经审核批准的报告模块组合成一篇完整的报告，并对这个报告模板进行管理，将已经组合完整的报告通过“生成报告”功能，生成 Word 和 PPT 文档格式。用户可根据需要任意组合文字、图表，以适应不同分析的需要。

系统采用 B/S（浏览器／服务器）架构，支持网络运行，数据共享，便于安装、实施和维护，还具有操作易用性、权限分配合理性等特点。用户通过网页浏览方式在各用户权限范围内操作系统。整个系统可实现轻松升级，只需打开服务器安装升级程序即可完成。

（二）在金融领域的应用

银行信贷部的工作既繁忙又责任重大，因为许多不良贷款项目可能会用假报表蒙骗信贷员。在银行信贷部门推广使用智能财务分析方法之后，信贷部经理的梦想变成了现实，只要一得到贷款企业的财务报表，利用智能化财务分析系统就可以立刻得到具有专业水平的财务分析报告，这不仅大大提高了工作效率，也减少了因信贷人员知识结构或主观随意性对贷款者基本财务报表分析的误差。运用该系统可弥补信贷人员专业知识的不足，提高银行信贷资产的质量。

智能化财务分析系统同样可以作为投资者的参谋，有了它，投资者就可以轻松便利地对上市企业的财务状况和经营成果迅速做出深入全面的分析判断。它是投资者手中的显微镜，因为它善于发现问题和揭示隐含在抽象数字背后的规律，激发人们进一步调查产生问题的原因。投资者在智能财务分析网站只要搜索某上市公司的股票号码，就可以立即得到该公司的近期财务分析报告，由于这种分析报告既不是上市公司自己“粉饰”过的，更不是券商“包装”过的，而是计算机根据财务分析专业知识，站在第三者的中立立场做出的，因此更具有特别的意义。

总之，财务分析的智能化提升了计算机财务管理系统的目标，丰富了计算机财务管理系统的功能，使得财务管理系统生成整体的系统性结构，提高了财务管理模型的价值与效果，与人力管理产生了质的区别。

第四节　财务决策支持系统的智能化

一、人工智能下财务决策支持系统构建的必要性及可行性

（一）人工智能下财务决策支持系统构建的必要性

1. 现有系统缺陷

（1）现有系统财务决策支持的智能化程度不高

现有系统主要通过提供信息的方式辅助财务决策，这使得其在实际上主要发挥了计算器功能，无法直接为管理者提供决策建议。同时，现有系统中存储的公式、决策模型等难以更新，对财务决策的支持局限于常见的杜邦分析等财务分析功能，这使得其输出结果缺乏针对性，尤其是在面对非结构化的财务决策问题时，往往不能提供决策者真正需要的分析结果或决策方案。另外，数据作为财务决策

的基础，其质量高低对财务决策的准确性至关重要，但现有系统难以判别其所收集数据的真实性、可靠性，这使得决策者要始终保持警惕，防范数据失真对财务决策的影响，因而对现有系统的依赖程度有限。

（2）现有系统的决策支持成本较高

由于现有系统的支持效果与通用性无法兼得，因此为了保证决策质量，多数现有系统都是针对某一种财务决策进行设计的，难以解决其他财务决策问题。同时，财务决策支持系统的构建成本通常较高，不可能对所有问题构建对应系统，因此决策支持成本较高，适用范围较小。

（3）现有系统财务决策支持的及时性不足

由于原始数据格式不统一，在运用现有系统进行财务决策前，需要依赖人工对这些数据进行整理、汇总和重新输入，这使得数据准备时间过长，影响了财务决策制定效率，并且现有系统无法自主在海量信息中筛选出决策有用信息，因此存在提供的决策信息过多且缺乏针对性的问题，决策者筛选决策有用信息的过程不仅降低了决策效率，还可能由于无关信息的干扰而影响财务决策质量。同时，由于人机交互机制不够完善，计算机与决策者沟通不畅，使得财务决策支持的效率和效果都大打折扣。

2. 新系统优势

（1）新系统智能化程度显著提高

新系统中的财务分析、预测和决策模型不再是固化的。新系统对这些模型的智能优化可以分为两个方面，一方面是对现有模型的优化，即在现有模型的基础上采取增加行业影响因素、宏观影响因素等变量，或改用拟合效果更好的非线性数量关系等方式提高其分析、预测和决策的质量；另一方面是对新模型的构建，即通过对数据之间隐含的数量关系、相关关系或因果关系的深度挖掘，构建出新的财务决策模型，从而更好地以提供财务决策备选方案的方式辅助财务决策。

另外，在决策有用信息的质量方面，一方面，新系统的应用在绝大范围内实现了计算机对业务及财务数据的自动收集、整理和分析，这尽可能减少了人为因素对数据质量的影响，同时大大提高了财务决策制定的及时性；另一方面，在涉及会计估计这类在一定程度上依赖于财务人员的专业能力，且具有一定主观性的业务中，新系统通过更广泛的市场数据收集和估计模型优化，来提高会计估计的客观性、准确性和合理性，进而保证会计信息的质量。

（2）新系统财务决策支持效果优化

在决策有用信息方面，与现有系统相比，新系统更加注重对企业外部决策有用信息的收集和整理，以便为财务决策提供覆盖企业内外、涵盖多个维度的高质量决策有用信息。同时，集团及分（子）公司数据被及时收集、整理并存储于数据仓库中，形成了多维度的决策有用信息。这使得各分（子）公司不再是信息孤岛，集团管理层可以随时查阅其业务及财务数据，保证了集团层面财务决策支持的效果。在财务分析、预测和决策模型方面，模型智能优化的实现使新系统可以为不同企业及企业中不同层次的管理者提供具有针对性的财务分析和预测结果，并制定出符合其个性化决策需求的财务决策方案，从而优化财务决策支持效果。

另外，新系统可以帮助决策者有效减少非理性决策。通过广泛收集企业内部和外部数据、财务和非财务数据、微观和宏观数据，并以海量数据为基础进行财务分析和财务预测，可以帮助决策者突破人类固有的信息处理和认知能力限制，避免由于心理或环境影响做出非理性决策，从而找到约束条件下的最优财务决策方案。

（3）新系统的决策支持成本较低

新系统收集的海量信息可以实现一次收集多次使用，在应对不同的决策目标时，不需要重新收集数据，甚至重新构建财务决策支持系统，这大大降低了单次决策支持的成本，同时，新系统可以自动做出简单常规决策，从而降低人力成本。此外，由于财务决策支持成本的下降，中低层管理者也可以应用新系统进行财务决策，从而扩大了财务决策支持系统的适用范围。财务决策支持范围的扩大有利于提高企业整体财务决策客观化、科学化水平，提高财务决策质量，保证企业的健康长远发展。

（二）人工智能下财务决策支持系统构建的可行性

近年来人工智能在决策领域的应用逐渐成熟，各大财务软件研发企业都纷纷推出智能财务决策支持系统，尽管其“智能”主要体现在财务数据自动收集整理和各类财务报告自动生成方面，但仍能反映出将人工智能应用于财务决策的大趋势，以下从经济方面和技术方面分别对新系统构建的可行性进行分析。

1.经济方面可行性

新系统的构建成本包括前期系统建设和训练成本，以及后期维护和人才培训费用等支出，具体成本水平因企业在构建新系统前的业务和财务信息化程度，以及员工素质不同而存在差异。当前大数据技术已经逐渐成熟，其应用成本也在逐渐下降，同时人工智能技术在持续快速发展，未来其应用成本也会逐渐降低，因而新系统的构建成本会呈下降趋势。而新系统的运用可以优化财务决策流程，减少决策者的非理性决策，同时可以促使全体员工广泛参与财务决策，形成群体决策的氛围，提高决策执行的积极性，并能够对财务决策执行过程进行实时监督和反馈，从而有效提高企业财务决策的质量和执行效果，为企业未来带来更大的经济收益。另外，财务决策失误，尤其是战略层面的失误，给企业带来的损失往往是巨大的，新系统的应用可以有效减少或避免财务决策失误的发生，从而降低决策失误的机会成本。因此，新系统的构建在经济方面是可行的。

2. 技术方面可行性

（1）文字识别与大数据技术保证决策有用信息的质量

借助文字识别技术，新系统可以自动收集含有预设关键词的各类公开信息，这些信息经过数据清洗和数据挖掘后被分类存储于数据仓库中。数据仓库中存储的企业内外财务与非财务信息支持对企业财务状况、行业因素及宏观经济影响等的分析，为管理者提供全面且多维度的决策信息。而在进行财务决策支持时，通过自动识别决策目标中的关键词，可以根据不同的决策目标，有针对性地提取数据仓库中的各类信息，从而为决策者提供高质量的决策有用信息，减少决策者进行信息筛选的工作量，降低非决策有用信息对决策者的干扰。

（2）数据挖掘与深度神经网络算法保证财务分析与决策模型的优化

借助数据挖掘及深度神经网络算法，新系统可以寻找海量数据之间的逻辑关系，发现被忽视的影响变量，甚至归纳出新的财务分析或决策模型。计算机强大的数据处理能力使模型不再需要被简化，从而提高了模型的准确性。对数据之间逻辑关系的挖掘减少了对人工经验的使用，提高了财务分析及预测结果的客观性和可靠性。以销售量预测为例，新系统通过对历史销售数据、竞争者数据、市场数据及宏观数据的分析，可以得到相对精确的销量预测模型，对产品销量做出更加准确的预测。销售量预测是许多财务预测和决策的起点，其预测质量的提高必然对财务决策质量的提高带来积极影响。

（3）自主学习和深度学习算法保证财务决策的生成

借助自主学习和深度学习算法，通过对计算机的训练，可以使新系统获得财务决策制定模型，并能够随着系统应用次数的增多，对模型不断进行优化，以保证财务决策质量。当前市场上已经出现了一些智能投顾应用，即普通的个人投资者可以通过一款应用了人工智能技术的手机应用进行投资咨询，该应用根据用户设置的风险偏好等特征帮助其选择合适的理财产品。这其实就是一次投资决策方案的制定，尽管企业的财务决策更加复杂，但仍可借鉴其思路。

二、人工智能下财务决策支持系统机制的构建

（一）新系统的功能与结构

财务决策支持系统的构建分为三个部分，分别是数据层、分析层和交互层。

数据层的职能是对数据的最基本收集与处理，这是数据分析的第一步。数据层的职责主要包括对数据的收集和清理，并从中挖掘出可能存在价值的信息。它以数据传输技术为基础，结合自身的语言模块，对数据库中的各种财务信息及网上公开公布的政策、税率、市场与法律等方面的信息进行综合收集，多方面、多角度地对数据进行挖掘，形成多维财务数据信息，并将其分类。数据层的处理结果为之后的分析打下了良好的数据基础。

数据层之后是分析层，分析层主要的功能便是对财务数据进行分析，并从分析得到的结果中进行财务的预测，从而帮助管理者进行决策。任何企业的发展政策都要基于财务分析的结果。分析层的内容极其丰富，它由知识库、方法库、模型库及智能化财务分析系统构成。知识库即储存知识信息的模块，包括各种财务知识及财务管理中的各种基本规律；方法库是储存分析管理方法的模块，包括各种分析数据的方法，以及将分析结果进行处理、预测和决策的方法；模型库包括处理数据的模型，数据分析要根据一定的模型来进行，并以此来对系统进行构建。分析层利用知识库、方法库和模型库对数据进行处理分析，并根据结果更新、建立新的知识、方法和模型。分析层支持人工与系统之间的交互，管理人员可以对分析层发送指令，系统根据管理人员的需求进行相应的分析。智能化财务分析系统是对库内容数据调取后应用的内容，其中包括深度计算的推理机，这些推理机会根据内容确定活动需要的数据，同时对财务关系进行画像生成，并对财务情况做出预测和帮助管理人员进行决策。

所谓的“画像”是指通过分析得到的以数字为表达模式的对数据内容的全面描述。比如，利用分析层对企业的整体偏好进行刻画，同时对企业的财务情况、资金情况、人员情况等客观事实进行综合分析，便可得出这个企业的具体爱好结果，这个结果被称为刻画。若只针对企业的外部环境，可结合法律、政策、税收及市场情况等数据对企业的外部环境进行刻画，生成企业外部环境画像。生成出的各种画像不仅可以分析出具体的结果，而且可以得出高度概括的数据，并在之后的处理中利用这些数据对原始数据进行分析，以增强分析系统的学习与算法，实现画像刻画的“与时俱进”。做到在财务管理分析的过程中不仅能得到结果，更能做出预测与帮助管理者进行决策。在整体的决策处理过程中，如果出现刻画

出不断重复且要求性较低的数据，那么可以通过机器自动处理的方式形成自动化处理，帮助企业提高财务关系效果与效率，达到更高的财务决策反应的适应度。这样当企业在财务管理与决策较差的时间阶段，如节假日或是下班后的时间节点，系统可以帮助企业进行财务分析、预测与决策，并根据结果进行之后的具体分析，以便维持管理、决策适应度较低时间段的工作效率。

同时，智能化财务分析系统支持人机交互，用户可以根据自己的需求对智能化财务分析系统提出要求，使人工智能分析系统与企业需要的企业画像，外部画像与预测、决策相匹配。例如，一个企业正准备进行金融资产的投资决策，如果智能化财务分析系统可以帮助企业得出投资目标的画像，并以此分析出此目标的经营状况与财务状况良好、风险性较低的结果，同时分析此项目的外部环境画像，得出政策、法律与市场均支持此项目，那么便可以得出投资此项目的成功率较高、风险性较低的结论，帮助企业制定投资的决策。智能化财务分析系统还可以根据深度分析，得到企业与资金的各种匹配方式，从中得到最佳投资方式。

除此之外，如果我们能在财务管理的执行过程当中，不断更新智能化财务分析系统，提升其分析能力，便能得到智能化财务分析系统的成长，使其帮助刻画出更加清晰、准确的画像，为企业决策提供基本的数据支持，从而帮助企业成功做出更好的结果。

交互层的作用是建立系统与决策者之间的纽带，交互层是人机交互的关键，它支持语音识别系统，并装有语言处理技术。当智能化财务分析系统在处理财务管理时，通过交互层使管理者的管理目标传达到智能化财务分析系统，使智能化财务分析系统做出决策，形成分析报告、财务预测，以及综合以上信息形成财务决策规划。

（二）新系统信息化决策驱动机理

股东是财务管理的最终决策者和承担者，但是在传统的财务管理过程中很容易因为信息的不流通导致股东无法发现管理上的漏洞和缺陷，因此造成自身的财产损失。高管是企业的实际管理者，对公司的运营与决策起到决定性的作用，但是高管管理的范围很广，也会因为对信息了解的不全面导致决策出现片面或不清晰的状况。人工智能的管理介入便可以帮助他们解决信息的流通问题，使信息决策富有多面性、全面性，以便其最终做出正确的决策。

智能化财务分析系统会根据大数据的应用与互联网的帮助，获得财务管理的信息、供应链信息、市场信息、政策信息、法律法规信息，以及人们对相关内容的反应信息等。它通过这些海量的信息可以做到数据的结构化、半结构化和非结构化的综合应用。展示这些信息可以帮助管理者和决策者从多方面了解自身企业的状况及外部环境，但是这些信息往往无法直接利用，需要对数据进行清洗和挖掘之后，才能正常应用于财务管理。例如，以某产品为例，我们在对该产品进行多维决策时，可以从产品型号、产品市场、产品质量、产品销售等多个方面关注产品信息，以获得此产品在某地的实际销售情况。通过对这些多维信息的获取可以帮助企业更快地做出决策，以增长企业的能力，如销售能力、成长能力、风险承担能力等。人工智能可以通过更加灵活多变的方法与指标帮助决策，相比于固化的财务管理与财务决策，在人工智能的参与下这些活动能变得更加准确与适当。

在完成对决策有用信息进行的财务分析、财务预测与财务决策工作后，可以使用财务分析方法进行深度运算，得到企业的债务偿还能力、运营能力、向外拓展能力等高级能力。

（三）新系统决策模型的构建

在获取财务管理基本分析的前提下，以大数据为前提的决策支持条件可以对各种决策行为如筹资决策、投资决策、成本决策、股利分配决策及特殊决策进行分析与决定。其中，系统中最为重要的模块为财务分析模块与财务预测模块，这两个模块的使用频率非常高，几乎在任何分析、预测与决策任务中都会使用，因此这两个模块成为最主要的数据决策支持模块。

1. 筹资决策

在进行筹资决策时要用到之前财务管理分析形成的分析数据，通过财务管理获得的企业画像、外部环境画像等可以分析出企业财务决策目标的筹资期限、筹资数量、筹资方法及筹资后果等。借助深度算法对企业的筹资综合能力进行分析，提取相关筹资信息，如企业的偿还能力、抗压能力、面对市场风险的能力等；对于外部环境的提取有利率、政策、法律等，并以此帮助企业的管理者与决策者做出最正确的筹资决策。

2. 投资决策

对于投资决策，最重要的仍是企业画像与外部环境画像以及从中提取到的对投资决策有帮助的信息。投资的项目不同，对企业的投资决策分析也会大有不同，其中，主要考虑到的有企业的债务偿还能力、企业的运营能力，以及企业的结构能力等；对于外部环境，主要考虑市场、税率、法律法规；对外企业还要考虑到汇率及当地政策等影响因素。根据提取的信息进行大数据分析，使得这些数据变成对投资决策起到重要影响的综合性数据，最终形成定制的企业产品画像、资金金融画像等，并以此为基础获得企业投资的回报率、回报效果等内容，从而帮助企业的管理者和决策者进行投资决策。

3. 成本决策

成本决策的目标不同，会使得对企业画像分析的过程与内容不同。面对不同的成本决策，人工智能分析系统可以根据企业获取的数据进行进一步的钻研，获取诸如企业人力成本、生产经营花销成本的成本规模与构成画像，以此对企业的成本信息做出更清晰、更全面的了解与理解。通过这些内容，确定企业产品服务的数量、规模及质量等，并根据这些数量、规模与质量目标等，对产品的成本进行预估与分析，为管理者与经营者进行成本决策提供帮助。

4. 股利分配决策

人工智能分析系统能帮助企业的管理者进行股利分配决策，当其面对企业的画像等结构数据时，可以根据从外部获取的信息及深度钻研企业画像和外部画像得出的深度信息，对股利分配决策进行分析。其中，深度信息包括股东画像、股东的经营偏好、股东的收入等。人工智能分析系统还能根据股利分配决策的目标对企业能力、法律、市场等外部因素进行深度关注，分析投资后获取利益的不同股利分配方式之间的优缺点，并将优缺点应用到股利分配决策当中，在保证各股东基本利益的情况下，为企业的股利分配做出最正确的决策。

5. 特殊决策模型的定制

人工智能分析系统的功能强大，它不仅有最基本的决策分析系统，如上述的筹资决策、投资决策、成本决策和股利分配决策，而且包含可自定义的特殊决策服务，帮助决策者与管理者进行各种想进行的分析。在面对自定义的特殊决策时，系统并不会凭空产生解决方法，而是首先根据深度学习的算法，对之前类似的案例与经验进行分析、学习，产生需要的画像，在此过程中管理者可以根据自己的要求对产生画像的内容、特点等进行定义与取舍。然后根据管理者提出的目标进行深度学习分析，提取画像中的信息，构建出解决问题的模型，最后对这些信息进行深度分析与预测，从而帮助决策者完成决策。这样便完成了特殊决策模型的构建，同时该模型也会被保存下来，并将相关素材进行存留，为下次遇到类似问题时提供模型上的参考。

（四）新系统的工作原理

只有当系统获取充足的财务管理信息、企业外部环境信息及其他信息之后，再进行综合式分析，才能对财务决策做出正确的判断。例如，当开发投资一个新产品时，系统需要收集的信息就包括机会成本、变动成本等成本信息，选择合适的产品定价，并估算产品形成之后的利润及利润形式，同时结合企业的资金现状、风险承担能力、市场需求及宏观政策等方面对此进行产品利润估算。此时，新产品的财务管理支持系统的运行方式便是按照“决策有用信息—财务决策方法与模型—财务决策”的方式进行的。

1. 决策有用信息的获取

对决策来说，首先要获取有用的信息，这是进行决策的基础。无用的信息量庞大，如果在信息的获取过程中出现过多的无用信息，那么不仅不会起到任何的决策帮助，甚至会对决策产生实质性地干扰。因此，我们在信息的获取、收集中应当保持有用信息的提取表。世界上的信息很多，这正是建立大数据分析的想法基础，我们要利用分析系统在其中提取和鉴别有用信息并加以利用。当然，对信息的鉴别不仅要分辨出有用信息，还要考虑信息的全面性，如果某一方面的信息过多，那么某些重复的信息可能会从有用信息变为无用信息。当我们获取有用信息之后，便可以利用分析系统对相关信息进一步加工。当面对的信息是非结构化数据时，可以利用语言系统对其进行加工生成结构信息，并提取实体信息加以利用。最后整合这些信息之间的关系，并将其进行分类，以便之后的利用。

2. 财务决策方法与模型的建立

在整个财务决策过程中，财务决策方法与模型的建立是极为重要的。首先，财务决策方法与模型是财务管理信息与财务决策之间的纽带，财务管理信息必须通过财务决策方法与模型的建立后，才能生成财务决策。其次，财务分析方法与模型是决定财务决策是否成功的决定性因素，如果财务决策方法与模型选择的不正确，那么即使有着再好的有用信息也无法生成合理的财务决策。这样的关系体现了财务决策方法与模型的建立决定财务决策与财务管理信息之间的因果关系。

想要达成合理的财务决策方法与模型，我们可以对新的分析系统进行“训练”。对系统输入正确有用的财务管理信息，并让其通过现存的方法与模型对信息进行分析与计算，同时生成财务决策。如果生成的财务决策符合我们对系统的要求，那么我们可以对生成此决策的神经网络进行增加权重的操作；如果生成的财务决策不符合我们对系统的要求，那么我们可以对生成此决策的神经网络进行减少权重的操作。通过增加或减少权重的操作我们可以使新的财务分析系统得到训练，在进行多次训练后，新系统就可以根据权重的大小在遇到相似问题时采用合适的操作方法与模型。新生成的财务决策方法与模型与之前的方法与模型有着很大的区别，之前的财务决策方法与模型有固定的特点，但是新生成的方法与模型可以在实践中通过不断改变权重优化自己，使方法与模型更加适配实际要求。除此之外，通过反复实践得到的方法与模型更为复杂，有着更强大的分析能力。通过该方法与模型生成的财务决策也会有更好的质量。

3. 财务决策的生成

新系统如果接收到财务决策的目标，那么便会打开财务决策支持程序，调取财务决策分析模型，将输入的财务管理数据与其中的财务决策分析模型相结合，达成正确的财务决策信息，最终生成可参考的财务决策。

三、人工智能下财务决策支持系统实施路径的构建

（一）实施环境的构建

财务分析系统的运行需要一定的环境，它在适合其运行的环境中运行，才能保障财务决策分析结果的正确性。其中，环境包括支持系统和外界的法律法规。除此之外，为了保障系统的运转还需要物质基础和维护运行的人力基础。在环境方面，企业要明确管理的权限和责任，为新系统的使用和运行构建合理的环境支持。

1. 支持系统的构建

（1）基础业务和财务系统的构建

首先，将企业原先的财务系统进行融合与构建，计算机处理数据要比人工处理数据更加可靠，所以通过企业原有的财务和业务系统构建的新系统要比人为构建的新系统覆盖范围更广、处理速度更快、处理质量更高。因此，基础业务和财务系统的构建是极为重要的，原有的财务和业务系统覆盖的范围越广，新生成的财务系统的覆盖范围和自动化程度也会越广泛，使新的决策与分析质量越高。其次，基础业务和财务系统可以帮助新系统进行数据的初步处理与导入，大大节约了数据导入的时间，并提高了工作的总体效率。因此，我们想要完成新系统的构建首先要对基础业务和财务系统进行构建。

（2）数据库的构建

数据库是存储数据的重要空间，是数据处理整体过程的基础条件，没有数据库，就无法收集庞大的数据。在财务分析新系统的构建中，数据库中的数据是经过清洗、加工、识别之后的归类数据。在数据库中存储着众多归类数据，以此来帮助新系统的财务决策分析，也可以说，数据库是财务决策分析的基础存储。数

据库的构建需要大量的存储空间，因此构建的费用一般较高，一部分大型企业可以自己构建数据库，这样可以保障信息的安全性，但是会有数据库信息拓展不便利的缺点。当然，一般企业最好的选择是云端数据库，这种云端数据库有专门的运营商负责运行和维护，企业租用数据库并向其支付一定的管理费用，这样的好处是可以为企业省去构建数据库的庞大资金，且帮助企业节约时间成本。虽然云端数据库存在一定的安全风险性，但近些年随着运营商的技术升级，云端数据库的安全性也在不断提升。

(3) 相关人才系统的构建

对一个企业来说，新的财务系统的构建是该企业内部财务的重要部分，它不仅要求改变传统的决策方法与习惯，还会对企业的方方面面起到影响，甚至影响企业内部的每一个人。新系统构建之后，企业应该关注到员工的变化与适应度，并对员工在心理上、技能上进行一定的培训，使员工更便捷地适应企业财务分析系统的变化。同时，企业对相关财务管理人员进行培训使其能够正确使用企业的新财务分析系统，以使新系统在最短的时间内发挥其本应拥有的效果。新系统的构建会带来极大的便利，新系统必然会带来强大的功能，从而代替一些人工岗位，一些基层工作人员可能会因为新系统的构建失去工作价值，对此，企业的管理者应当加大对员工的培训，使其更加适应新环境变化下的企业，并提升其能力，尤其是专业技能与管理技能，以帮助其转型，为企业带来更多的效益与价值。

2. 相关制度支持

(1) 授权制度

由于系统的变换，其功能与作用必然会发生变化，新系统也会带来更为广泛的分析覆盖范围，其中很可能就包含各种级别部门，甚至是分（子）公司的业务和财务数据。这样大范围的变化很有可能会涉及公司的各种数据，甚至是公司内部的各种机密，所以在财务分析系统中必须构建强大的授权制度，保障一些需要一定级别才能查看的信息不会被无关人士查看，同时，防止权限的外流或扩大也是公司应当考虑的。在新系统构建完毕后，其权限内容主要包括各种财务数据的查看权限、财务数据的修改权限和财务决策的决定权限。权限的设定要与其职务相匹配，不能设定过高的权限以免妨碍他人工作或泄露公司的机密；也不能设定过低的权限以免使员工无法顺利完成工作。对高管来说，系统权限也应当进行区分，财务相关部门的高管与非相关部门的高管的权限一般应当不一致，集团的高管与分（子）公司的高管的权限一般也应当不同，这样才能保证信息掌握在应当掌握相关内容的人的手中，以此保障公司的健康合理发展。分（子）公司的高管应当限制其对公司一部分信息的获取，以确保公司信息不会泄露，中层管理者应当获取其部门相关的信息，以确保能为部门的发展提供保障；而基层工作者应当获取与其工作内容相关的信息，其他信息应当设有权限，防止无关人员获取。

同时公司应当严格限制财务修改权限，使其严格掌控在相关人员的手中。财务数据的修改权限事关重大，甚至关乎公司的生死存亡，绝对不许人员任意进行修改，如果想要进行人为的修改，必须按流程进行审批与报备，只有经过合理合规的审批报备程序的修改意见，才能获取权限并进行人为修改。

(2) 追责制度

对企业来说，无论怎样的人工智能都无法完全代替人类的劳动，尤其是现有的财务分析系统，其只能为公司的决策者提供一定的帮助，让其获取更清晰明了的信息，在决策过程中降低错误发生的概率，但是最终进行决策的依旧是决策者本身，辅助的财务分析系统是无法帮助其纠正已经做出的错误决定的。所以如果公司出现错误的决定，起因不应当归于新的财务分析系统，而应归于具体的决策者。当出现错误的决定时，应当对决策的决定者追究相关责任，造成公司严重损失的可以通过合法途径使其赔偿公司损失。同时，除依靠法律外，公司也可制定相关的追责制度，以便在发生问题时可以正确追责，但是公司规定的追责制度不得与现行的法律法规与政策相冲突。当决策发生错误并造成后果时，除了对决策的决定者追责，还应当追查决策监督者的责任，应当查明监督者是否履行其监督义务，是否在工作中起到监督作用，若没有则可对其进行追责。

（二）财务决策的具体定制路径

1. 常规财务决策

财务决策的常规决策主要是指在日常工作中不重要或经常发生的财务决策，如仓库的选址、产品购入的数量、采购的商家选择等。这类决策大多为结构化决策，相对来说很好解决，通过对新系统的不断训练，新系统很容易掌握这类常规财务决策的解决办法。此类决策的主导者一般为部门管理者或基层人员，但这并不意味着常规决策不需要监督，相关负责人也要定期对常规财务决策进行指导、抽查，保证常规财务决策的正常运转。

2. 复杂财务决策

复杂财务决策是重要的、不出现在日常工作内容当中的财务决策，因此它也被称为特殊财务决策。这类决策虽然不会出现在日常工作中，但是往往极为重要，有的甚至会成为公司的战略部署。这类决策主要由公司的中高层领导或董事会成员负责。复杂财务决策可以分为新系统已经训练过的财务决策和没有经过训练的财务决策。对于经过训练的复杂财务决策，在设置权重的时候可以适当增加权重，即无论是增加还是减少都应当比常规决策的权重数值要大。一是因为复杂财务决策出现的频率不高，无法像常规财务决策那样经常出现，过小的且频率不高的权重改变很可能无法起到“训练”效果；二是因为更高的权重能体现出复杂财务决策的重要性。当系统面对没有经过训练的决策时，也并不是完全无法解决。财务分析系统会根据自己已有的经验与信息，结合自身的决策分析方法与模型做出自己的推测。当决策者获得这些推测后，与自己想要的正确决策方法进行比对，如果与自身想要的结果相同，那么可以给予其一个较大数值的权重；如果与自身想要的结果不符，那么应当对其进行修正输入，即保留正确的部分并将错误的部分进行修改，也可借助语言系统与财务分析系统进行沟通，这样不断重复直到形成自己满意的结果。在这个过程中系统也会进行主动的学习，以增长系统的经验，并提高自身解决问题的能力。

新系统的相关功能不仅会记录常规财务决策，也会对复杂财务决策进行记录。管理人员应当对两种财务决策的结果进行权重设定，对符合要求的决策增加权重，对不符合要求的决策减少权重，以此保障系统对决策能力的不断修正，使其选择正确的方法与模型，增强财务分析系统的分析能力。其中，要特别注意极其不符合要求的决策结果，要分析成因并特别设立权重。

（三）财务决策评价原则与系统持续完善路径

1. 财务决策评价原则

（1）财务决策目标匹配原则

任何有意义的财务活动都需要目标，财务决策也是如此，因此在进行财务决策时应当注重目标的选择，对不同的财务决策应当选择不同的财务决策目标。具体到公司内部，对于高层的管理者，应当从整体方面进行财务决策，在制定目标时应当考虑全面，综合公司的各种要素制定出符合公司实际的目标；对于底层决策者，应当考虑自身管辖范围内的具体目标，可以使目标与工作内容具体结合起来，形成具体的行动方式方法。对于高层次的目标，财务决策应当覆盖更广的范围，以起到示范作用；对于低层次目标，财务决策应当考虑具体实际的问题，并依照高级目标制定符合高级目标的低级决策目标。

（2）财务决策方案可行原则

在制定财务决策时，还要考虑决策的可行性，如果制定出不符合实际的决策内容，即使再合理的决策也无法执行，最终导致决策成为一纸空文。在制定财务决策时应当考虑公司是否有相关资源执行决策的内容。除了公司内部的因素，还应当在制定财务决策时考虑外部要素是否满足执行要求，如制定的决策是否违法、是否违反道德与社会公德等。财务决策方案可行原则在财务决策的制定中极为重要，首先，它要求决策的制定者对实施决策的过程十分清晰，因为财务问题往往较为复杂，所以决策者需要正确判断出该决策的执行是否有一定困难；其次，它还要求决策者有强大的能力，财务决策往往影响重大，考验决策者的决策能否不出现重大失误。

（3）财务决策过程合规原则

财务决策过程合规原则要求必须按照公司的规定进行决策，财务决策是一个非常重要的内容，如果出错很有可能引发重大的问题与错误。所以在进行决策时要按照公司规定的流程，不能任意省略其中的步骤，否则有可能造成隐患。

（4）执行效果达标原则

执行效果达标原则要求做出的决策要正确、合理地被执行，此原则也可以作为检验决策合理性的方法。财务决策在实行过程中能否达到预期的效果是对决策的检验，也是对公司未来发展的重要影响因素，所以在做出财务决策后一定要对其执行过程进行监督，并且在执行过程中便可对其进行评定，若不达标则可及时地进行战略上的调整，以使其朝着正确的方向进行。在决策执行完毕后，要进行最后的评估，查看财务决策的执行效果是否达标。其中，评定效果达标的依据有很多，常用的有财务决策制定之前的效果、行业内容及对等公司的状况、公司主要竞争对手的状况、与预期相比的效果等。在对执行效果是否达标问题的研究过程中还可以采纳公司基层员工的意见，他们的反馈也是做出财务政策是否达标的主要依据，因为基层员工是财务决策的直接执行者，他们往往能比管理者更清晰地看出政策的优缺点，如果忽略他们的意见，那么很容易限制公司的发展。

（5）财务决策过程的成本收益原则

财务决策应当保障公司的付出与收益，在进行财务决策时如果掌握的信息更多、更全面，那么制定出的决策往往会拥有很高的质量，决策考虑的范围也会更广。当运用新系统进行财务决策后，如果财务决策无法弥补做出决策的成本，无法为公司带来效益，那么即使这个决策极为优秀，它也是不成功的。因此，财务决策过程的成本收益原则要求在进行财务决策时应当考虑不同方向决策的收益，并对收益进行预估，在实行完毕后将财务决策的收益与预计的决策收益进行对比，如果实际收益高于或大约等于预估收益，那么说明新系统制定出的决策是成功的；

如果实际收益远低于预估收益，那么说明决策的制定是失败的，需要在新系统的权重上进行修改。

2. 系统持续完善路径

在新系统构建完毕之后，应当对财务决策进行相应的评估，除了遵循上述原则，系统还要不断完善自身的决策分析路径。比如，当公司决定进行一定的财务决策时，首先要评估此财务决策是否符合财务决策目标匹配原则、财务决策方案可行原则和财务决策过程合规原则，若符合这三条原则，则相关决策可以被执行。在执行过程中新系统应当不断收集数据，并结合工作人员的意见对系统的分析路径不断优化。在决策完成后，还可以对决策行为进行多次评估，这种在决策执行完成之后的评估可以根据在决策进行当中遇到的问题和相应的解决办法进行更具体的评估，以保证系统的持续路径完善，以便以后的决策更加合理正确。

（四）人机协同实现机理

决策者是决策的主体，无论如何最终的决定是由决策者本身做出的，而财务分析系统只是帮助其进行决策，并不能代替其进行决策。因此为了减少决策带来的问题与错误，应当实施财务分析系统与决策者相结合的决策管理方式。财务分析系统的根本目的依然是帮助决策者做出更好地决策，因此应当实施人机协同的决策方式，让财务分析系统辅助决策者进行决策。

1. 财务决策目标的提出与分析

财务决策是由财务决策者提出的，财务决策的关键是财务决策的目标，只有财务决策的目标确定下来后，才能让财务决策产生巨大的动力。当新系统得到决策目标时，会根据此目标对相关信息进行分析。如果决策目标是系统熟悉的，那么它会根据之前的训练做出相应的反应；如果决策目标是新系统没有遇到过的，那么可能会出现分析结果无法达到决策目标的情况，这种情况应当使新系统进行多次分析，并且发挥决策者的主观能动性，进行最终的财务决策。

2. 财务决策方案的制定与反馈

财务决策方案的制定与反馈是由新系统主导进行的。通过财务决策目标与财务计划的其他要素的结合，系统对相关内容进行分析并给出财务决策的具体可行内容与反馈结果。决策者根据复杂的财务执行内容进行查阅与批准，系统在面对不完全的信息时有可能会给出不准确甚至是错误的财务决策。因此决策者自身也应当参与到财务决策方案的制定与反馈过程中。

3. 财务决策方案的审定与修通

财务决策方案的审定与修通很难通过决策者或新系统单独完成，往往需要决策者与新系统进行人机结合，在二者的配合中完成财务决策方案的审定与修通。系统可以根据决策内容的数据分析或挖掘相关原始数据，决策者根据这些数据对决策进行分析与评价，并根据决策的内容与预计后果判定其是否与财务决策目标相符，做出审定。如果认为财务决策存在一定的问题，则应当对其进行修通，以便提高财务决策的正确程度。

4. 总结与评价

财务决策的总结与评价主要通过新系统进行，对于最终通过审定与修通的财决策，系统要对其进行再度分析，分析已经确定的决策是否符合预期与目标，并将分析数据呈现给决策者。若决策出现一定的问题，则系统应当提醒决策者。财务决策的总结是对整体财务决策过程进行总体归纳，这可以全面地对财务决策进行观察，判断其是否存在问题并帮助决策者总结经验。新系统也可以通过总结对自己的学习能力进行更新，不断帮助决策者做出更合适的决策分析。

第四章　智能化财务的变革与创新

本章对智能化财务的变革与创新进行介绍，主要从以下四个方面进行，分别是智能化财务组织简化、智能化财务管理策略、智能化战略财务创新、智能化专业财务创新。

第一节　智能化财务组织简化

财务组织如同生物一样，有着自身发展和进化的规律。在不同的历史时期，财务组织是与当时的社会、经济及技术环境相匹配的。时至今日，财务组织的发展进入了与智能时代环境相适配的时期。

我国的财务发展可以从中华人民共和国成立后开始谈起。应该说，在几十年的历程中，财务整体还是在发生着改变的，这种改变也是和整个中国社会的进步相匹配的。我们不妨把这个进化历程划分为四个阶段：入门阶段（财务一体阶段)、初级阶段（专业分离阶段)、中级阶段（战略、专业、共享、业财四分离阶段)、高级阶段（外延扩展阶段)。如同社会的发展一样，第一个阶段历时漫长，而后续几个阶段则在短短的时间内陡然加速，实现迅猛的发展。下面我们逐一介绍。

一、入门阶段：财务一体阶段

从中华人民共和国成立到 20 世纪 70 年代末，财务与会计并没有那么显著的分离，即所谓的财务一体。事实上，在这个过程中，会计对处于计划经济时期的中国来说是更为重要的。而在这个阶段，财务管理实际上更多的是服务于内部控制和成本管理。一方面，要保证不出现经济问题，需要针对资金和资产的安全投入必要的管理；另一方面，需要从降低成本上获取管理业绩。在这个阶段，不少企业的成本管理都是有可圈可点之处的。在入门阶段，财务管理更多地被视作会计的一个构成分支。

二、初级阶段：专业分离阶段

所谓合久必分，经历了近 30 年的财务一体后，随着改革开放的到来，企业的经营目标发生了很大改变。随着市场经济得到确立，企业更多地关注自身的经营结果，也就是怎么赚钱的事情。在这个背景下，财务的地位发生了一些改变，从一个单纯“管家婆”的身份，转变为一个“对内能当好家，对外能做参谋”的新身份。同时，财务组织也发生了变化，一个典型的特征是在 20 世纪 80 年代的十年中，财务管理作为一门独立的学科被分离出来，而企业也逐渐完成了财务管理部和会计部的分设。这样的好处是专业的人可以做专业的事情。在财务管理范畴中也逐步涵盖了越来越多的东西，如预算管理、成本管理、绩效管理等，会计则涵盖了核算、报告、税务等内容。在此阶段的后期，另一个专业领域也被不少大公司分离出来，即资金管理。很多企业在财务管理部和会计部以外还设置了资金部。

从上面的变化可以看到，基于专业的分离趋势在财务组织中开始出现，我们把这个阶段叫作专业分离阶段。

三、中级阶段：战略、专业、共享、业财四分离阶段

从 20 世纪 90 年代到 2015 年，这个阶段是财务领域快速创新、积极变革的阶段，可以说这个阶段还是很有技术含量的。实际上，战略、专业、共享、业财四分离这个概念最早是咨询公司从国外引入并流行起来的。图 4–1–1 所示为传统阶段到四分离阶段的职能转变。从图中可以看出财务组织的变化，左图中基础作业比重很大，右图中管理支持比重很大。正是在这种思想的引导下，国内很多企业开展了财务共享服务中心及业财一体化的建设，而这两大工程带来的直接影响就是将基础作业分离到了财务共享服务中心，业务财务队伍成为财务组织的一个很重要的配置。

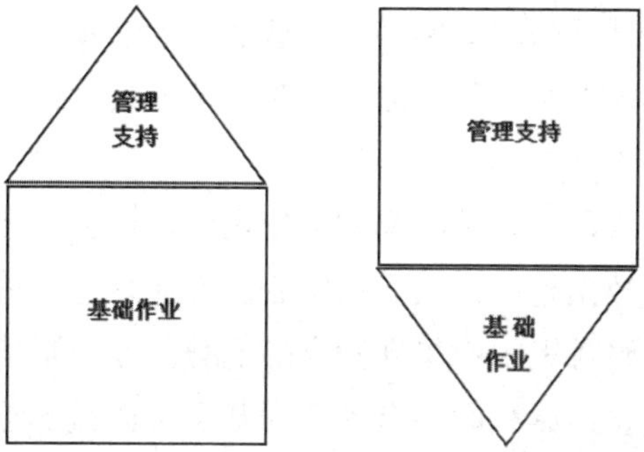

图 4–1–1　传统阶段到四分离阶段的职能转变

在行业流行的说法中还有一个三分离的概念，这个概念没有将专业财务与战略财务分离，而是统称为战略财务。战略财务主要聚焦集团或总部的经营分析、考核、预算、成本管理等领域，专业财务则聚焦会计报告、税务、资金等内容。财务共享是会计运营的大工厂，而业务财务则是承接战略财务和专业财务在业务部门落地的地面部队。

图 4–1–2 所示为战略、专业、共享、业财四分离阶段。该阶段的出现使财务的格局上升了一个层次。应该说，目前国内大中型企业的财务建设基本上是按照这种模式进行的，并且取得了不错的成效。

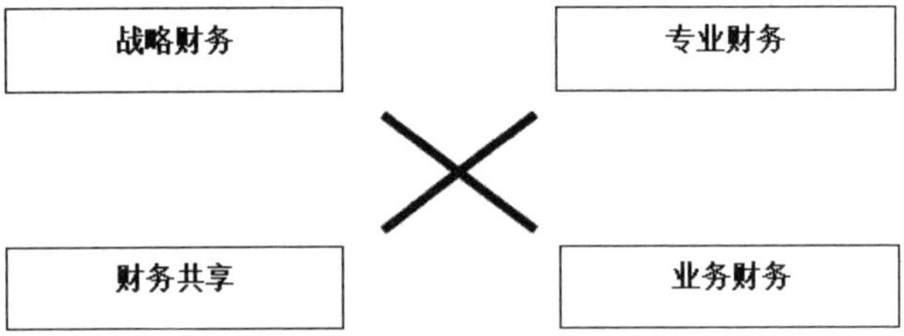

图 4–1–2 战略、专业、共享、业财四分离阶段

四、高级阶段：外延扩展阶段

高级阶段的财务组织可以说是财务发展到一定阶段闲不住了，所以开始“折腾”起来，这也是与当下技术与概念日新月异的社会环境相匹配的。从这个角度来看，财务人员并没有想象中的那么保守，反而具有一定的自我突破的决心。高级阶段在前面四分离阶段的基础上进一步扩展了财务工作内涵的外延，故称为外延扩展阶段。

到了高级阶段，就需要有创新能力了。从 2016 年开始，整个社会的技术进步也在加速，到了移动互联网后期，人工智能开始起步，大数据概念普及，套装软件厂商开始迫不及待地布局云服务。作为财务人员，仅仅抱着旁观的态度显然是不够的。

在高级阶段，战略财务开始研究如何使用大数据来进行经营分析，有些公司在财务体系中分化出数据管理部或数据中心。专业财务对管理会计的重视日趋加强，管理会计团队在财务组织中呈现独立的趋势。业务财务就更加多元化了，并且在不同的公司做法也不尽相同，有的公司基于价值链配置业务财务，有的公司则基于渠道配置业务财务。而财务共享服务中心在步入成熟期后，开始向深度服务或对外服务转型，如构建企业商旅服务中心、承接服务外包业务、提供数据支持服务等，同时，基于机器作业的智能化应用也在财务共享服务中心出现。而另一项工作——财务信息化，在财务组织中也日趋重要，少数企业已经成立独立的财务信息化部门，随着智能时代的到来，财务信息化部门将进一步成立财务智能化团队，该团队负责推动整个财务组织在智能化道路上前行。

从组织形态上说，原先的层级性组织正出现矩阵式、网状或柔性组织的特征，不少企业要求财务团队既专业，又有极强的可扩展性，从而应对企业在发展过程中对人力多样化和差异化的需求。

第二节　智能化财务管理策略

当财务组织的发展进入到高级阶段后，需要面对更为复杂的灵活性及更为迫切的创新需求。传统的财务组织应对这一特点会面临极大的压力。而即将介绍的柔性财务管理正是为此准备的，我们来了解它是什么，它又将怎样影响和改变财务的现行管理模式。

传统的财务管理是一种刚性管理模式，而智能时代的财务管理需要具有更多的柔性。首先让我们来深入理解什么是管理的“刚与柔”，然后来谈谈应该从哪些方面构建财务管理的柔性。

一、深入理解管理的“刚与柔”

从字面上理解“刚”与“柔”并不困难。对于“刚”的概念，最具代表性的当数美国管理学家泰勒的科学管理理论，关于这套理论不少学校的管理学课程都有过介绍。泰勒的科学管理思想包括作业管理、组织管理和管理哲学三个核心内容。其中，作业管理强调的是如何通过科学的工作方法、培训方法和激励方法来提升劳动生产率。而在组织管理中则区分计划和执行职能，提出了职能管理的概念。在管理哲学中强调科学管理带来的心理革命。随后很多管理思想的发展都延续了科学管理中的风格。

当然，传统管理的刚性并不局限在科学管理这一个领域，在现实的管理工作中到处都有刚性的影子。比如，组织中森严的管理层级、制度中可能隐藏的简单条例、流程中缺少变通的执行方式、信息系统中难以改变的架构等，这些都在时刻影响着企业的发展。而在财务领域，这种刚性的影响同样不可小觑。

当然，我们不能简单地去否定刚性，在过去的管理阶段中，刚性管理有其存在的自身价值。我们要做的是研究其刚性度是否合适，是否会“过刚而折”。如果到了折断的临界点，就应适当地引入柔性管理，达到刚柔相济。

那么，柔性管理又是怎样的呢？作者的理解是，柔性管理和行为科学体系是一脉相承的。霍桑实验是行为科学体系建立的重要基础实验，在这个实验中，人们发现员工可能并不是泰勒所假设的“经济人”，而是“社会人”。这个观点的转变，彻底将泰勒把人当作机器的管理思想转向了关注人的主观能动性。

同样，柔性管理的概念也不仅仅是对人的管理模式的改变，而是体现了一种敏捷、弹性、可扩展的精神，可以广泛地应用在战略管理、组织管理、绩效管理、团队和人员管理、信息系统、流程管理、运营管理等多个方面。“上善若水，水善利万物而不争”，姑且把这当作柔性管理的一种境界吧！

从本质上来说，柔性管理是一种对“稳定和变化”同时进行管理的新战略，它以思维方式从线性到非线性的转变为前提，强调管理跳跃和变化、速度和反应、灵敏与弹性，它注重平等和尊重、创造和直觉、主动和企业精神、远见和价值控制，它依据信息共享、虚拟整合、竞争性合作、差异性互补等实现知识由隐到显的转换，为企业创造与获取竞争优势。[①] 这是对柔性管理的一种较为感性的理解。

二、智能时代财务实现柔性管理的路径

当我们了解了柔性管理的概念后，不禁思考，在智能时代到来的大背景下，财务应当实现怎样的柔性管理呢？

谈到财务管理，在非常长的时期内，大家似乎都更愿意使用刚性思维来对待。一方面，财务本身在不断进行所谓严谨、管控、规则化的自我暗示；另一方面，财务相关工作对财务人员的限制极强，他们总是面对各种规则与账单，这对其工作有极大的限制，虽然这是遵守规则的必然要求，但长期在这种环境中工作无疑会对财务人员的创造性造成束缚与影响。而随着智能化财务时代的到来，很多之前烦琐且使财务人员乏味的机械式工作可以由系统来代替，如复杂且数据繁多的计算。这样可以帮助财务人员更新自己的观念，提高自身的创造性。这无论是对提升财务人员的能力还是简化烦琐的财务工作都是一种促进。

（一）柔性的财务组织架构

图 4-2-1 所示为传统财务组织内的树桩结构层次。在集团顶级的是集团

① 安应民．企业柔性管理 获取竞争优势的工具[M]．北京：人民出版社，2008．

CFO，他统筹掌管着整个公司财务，之后下属分支为各个部门，其中，与财务相关的部门主要包括财务部与资金部。财务部主要制定财务决策与进行财务分析，资金部则主要负责提供资金。财务部又可以分为会计报告室、税务室与预算室三个部分。而集团分（子）公司的主要层级结构为分（子）公司 CFO，下属财务部、资金部与其他部门，财务部也包括会计报告室、税务室和预算室。最底层的分支机构则为财务部总经理，其下属分支有会计报告岗、税务岗、预算岗和资金岗。

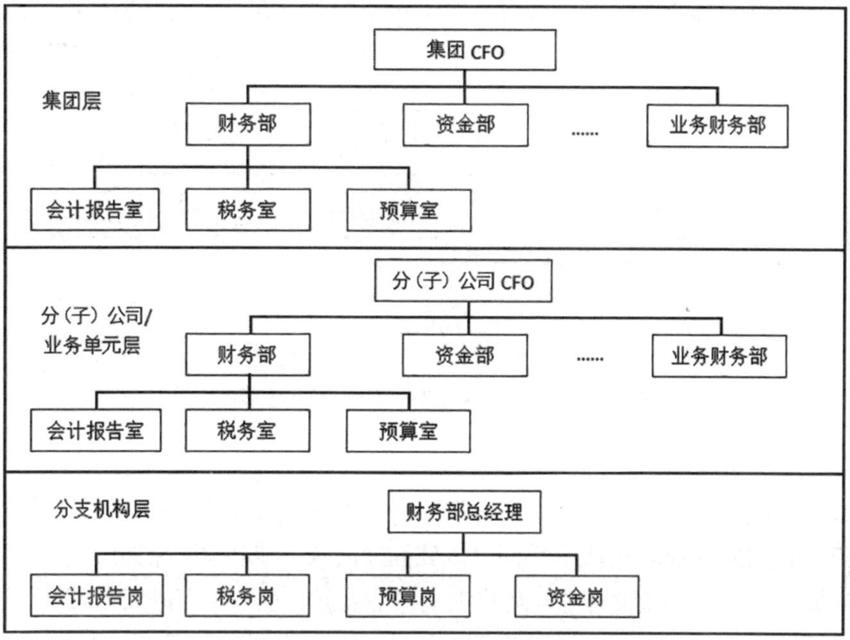

图 4-2-1 传统财务组织内的树桩结构层次

这种组织的一大优势便是层级分明，不仅适合命令的传达而且责权分明，易于找出问题。但这种方式的问题在于如果出现同一层级的内部分歧则会很难处理。这种组织结构往往也被称为“烟囱式”结构。此外，还存在另一种刚性。尽管我们说横向协同有问题，但在任何一个层级又有统一的负责人（CFO 或财务经理），这些横向负责人又会造成跨层级之间的协同出现问题，使原本垂直的刚性管理又遇到横向的钢板。而财务负责人与其横向业务领导紧密的汇报关系更加剧了这种横向钢板带来的阻力。

因此，在组织体系中建立柔性，打破横纵钢板交织的牢笼，将带来更大的管理价值。那么，如何打造柔性组织呢？在作者看来，可以根据以下三个可能性展开探讨。

1. 尝试扁平化的组织形态

对于一个法人主体，往往管理层级数量有多个，比如，链条“CFO—财务各部门总经理—部门副总经理—室经理—员工”便出现了五个层级。我们在条件允许的情况下，可以考虑适当简化一下层级的数量与构成，这样不仅可以避免同层级间带来的沟通弊端，也可以帮助组织提高运行效率。自上而下减少了一个层级的组织如图 4-2-2 所示。在这个例子中，虽然保留了室经理的专业级别和待遇，但员工直接受副总经理管理，从而简化了管理职责，有利于提高整个组织的管理柔性。

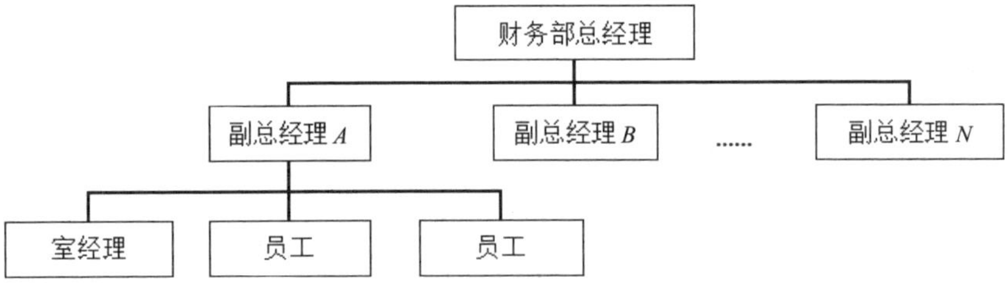

图 4-2-2　自下而上减少了一个层级的组织

2. 积极应用团队结构的组织

合理的团队设置可以提高工作效率，如果形成良好的配合还会达到意想不到的效果。在财务管理的实践中我们可以建立暂时或长期的团队使员工之间相互配合，完成工作。团队的设置可以是跨级别组合设置，也可以形成同级别团队设置。当形成团队组织后还要注意对团队进行综合管理，协调各方面的利益，在发生利益冲突时可以做到让出其中一部分的利益以满足整体利益。但一定要协调配合，如果团队协调不好，很可能会造成反向效果。

3. 探索流程型的组织

我们还可以从流程上对财务管理进行创新，在流程上的突破也有可能打破组织之间的壁垒。这种组织的流程改进往往出现在财务共享中心中，但是流程改进也可以出现在其他组织中，比如，将本位于后端的服务移动到前端，或者将本不存在的预算、分析等流程加入其中等。

（二）柔性的财务组织文化

在面对刚性的财务组织文化时，若觉得其不合理之处过多，则可以引入柔性的财务组织文化，这种柔性的结构会更有包容性且灵活变通，对财务管理有很大好处。其内容主要包括团队文化、偶发文化和市场文化。

若建立财务管理组织的柔性文化，则应当更加注重组织的层级建设，虽然柔性文化的灵活性与包容性都很强，但会给层级的稳定性与控制难度等带来问题，解决这类问题的最佳办法就是增强层级的稳定性建设。

1. 团队文化

在这种文化类型下的组织类似于一个家庭，团队文化鼓励家庭成员之间相互合作，通过共识相互传递正向能量，带动组织凝聚力的提升，从而发挥出更好的组织效用。对财务来说，这种文化往往可以在一些关键时刻去建立，如在年报期间、财务系统建设期间都很容易构建起这样的团队文化。

2. 偶发文化

这是一种注重灵活性的冒险文化，强调的是创造力的构建，以及对外部环境变化的快速响应。它鼓励员工尝试使用新方法甚至冒险去完成工作。这种文化在部分财务领域并不适合，如会计核算、报告、税务、资金结算等，这些追求安全性的领域并不能让冒险文化成为主导。但是在一些需要突破创新的领域，如创新型财务流程和系统的建立、融资等领域还是需要具备一定的创新能力的。因此，偶发文化可以作为财务组织文化的补充。

3. 市场文化

这是一种鼓励内部竞争的文化，它对效益的关注超出了对员工的满意度，这种文化形态更像一种商业行为。对于财务领域，财务共享服务中心最容易形成这样的文化氛围。适度的市场文化在标准化的财务作业领域能够有效地提高员工的工作效率，这也是我们前面所谈到的另一种刚性，但不宜过度，否则将在财务共享运营层面造成过于刚性的影响。反而在非财务共享领域更需要加强对市场文化的引入，以驱动财务管理人员爆发出更强的战斗力和狼性。

从以上分析可以看到，未来柔性的财务组织文化应当在层级文化的基础上更多地引入团队文化和市场文化，并将偶发文化作为必要的补充，形成丰富、立体的柔性财务组织文化体系。

（三）柔性的财务战略管控

柔性管理在财务领域的另一个应用是财务的战略管控。谈到战略管控，不少公司的做法是通过协商后制订战略目标，但一旦制订后就很少进行动态调整，造成了战略管控的刚性。在预算管理上也存在类似问题，预算缺乏灵活的调整，难以适应市场环境的变化，带来资源配置的刚性。因此，柔性的财务战略管控可以从绩效目标管理和全面预算管理两个视角来提升其管理柔性。

首先是绩效目标管理。在传统的目标管理中，财务部门主要根据公司战略进行目标设定、下达及跟踪考核。在这个过程中，目标需经过管理层、业务单位及财务的沟通协商后进行制订，但往往季度、半年甚至全年都不进行调整。同时目标的制订往往只关注于自身进步，以财务目标为中心，可以将这种模式简单地归纳为仅和自己相比。这是一种带有刚性色彩的目标管理。

在柔性管理思想下，对目标的制订和考核应当更多地关注其他的维度，除了和自己比，还需要考虑和市场及竞争对手比。通常，要设置具有挑战性的目标可以考虑要求业务部门的绩效超出市场的平均水平，并且超出主要竞争对手的水平。当然，这是针对在行业中本身位于第一梯队的公司来说的，不同梯队的财务可以设定差异化的目标，但核心在于视角的打开和柔性化。另外，目标设定后不能一成不变，应当在全年中不断调整，不仅是固定时间节点的调整，市场中重大事件的发生、竞争格局或竞争环境的突然改变等也都应当进行即时调整。在目标管理上，应当兼顾财务目标与非财务目标，并具有更为主动的战略敏感性。

其次是全面预算管理。传统的全面预算管理往往以年度为周期，基于年度循环来进行资源配置。部分公司将年度预算简单地除以 12 分配到每个月中。在资源配置的过程中，往往并不适用于全面的预算编制动因，使预算编制结果与业务实际缺乏关联性。而在预算编制完成后，又较少展开预算调整，使预算和实际情况的偏离越来越严重。

在柔性管理模式下，资源配置应当具备更加细化的时间颗粒和维度颗粒，充分考虑到不同时间周期内业务经营的实际特点，进行差异化资源配置，同时结合更多的业务实际，向作业预算的方向进行深化和努力。当然，柔性资源配置的背后还有成本和效率的约束。在当前相对刚性的资源配置模式下，很多公司的预算要到 3 月或 4 月才能完成，且在编制过程中沟通成本高昂。而向柔性管理的迈进可能会增加更多的成本。

（四）柔性的财务共享运营

对于传统的财务共享服务运营模式，其主要的中介是制度，其中的工作人员要以制度为基准约束自身的行为，并按照制度进行工作执行。这种运营模式采用刚性运营思维，该运营思维可以帮助公司形成稳定的业务结构，并进行统一管理。在大规模作业时，还可以形成批量化与流程化的工作结构，易于整体的调控，但是在工作中也容易造成灵活性不强的后果。因此，在财务管理的过程中还可以进行柔性的财务共享运营，这种运营方式不仅强调统一性和标准化，而且存在包容性和灵活变通性，同时减少员工的培训次数。

可以看到，刚性运营能够享受规模效应、效率提升带来的成本优势。但在实践中，越来越多的企业管理者对财务共享服务中心的要求不断提高，他们希望财务共享服务中心能够有更多的灵活性，并能够应对更为多样和复杂的业务场景。而这本身也是财务共享服务中心的管理者所不断追求的。

刚性运营与柔性运营的对比如表 4-2-1 所示。对柔性运营思维的应用，能够很好地应对日益提高的管理要求。在柔性运营模式下，需求可以具有不稳定性、多样性和不可预测性。在运营过程中，柔性运营以范围经济为基础，进行大批量多样化生产，解决差异性和柔性的自动化处理。质量控制方式将从事后测试向前期过程中的质量环境建设和质量控制转变。对员工来说，需要从原来的一专一能转变为一专多能，当业务需求发生变化时，能够灵活地进行资源调配。

表 4-2-1　刚性运营与柔性运营的对比

项目	刚性运营	柔性运营
市场情况	需求的稳定性、统一性和可预测性	需求的不稳定性、多样性和不可预测性
生产过程	以规模经济为基础	以范围经济为基础
	同类产品大批量生产	大批量多样化生产
	统一性和标准化	差异化和柔性的自动化
	生产结束后进行质量测试	在生产过程中实施质量控制
	员工完成单一任务	员工完成多种工作，专业化程度高
	减少工作差异、没有或很少有在职培训	长期在职培训

财务共享服务中心的刚性是与生俱来的，也是不可或缺的，这是其安身立命之本。但财务共享服务中心的管理者必须意识到未来的趋势是刚柔并济的，柔性运营的思维和能力已经到了启动建设的时候。可以说，如果刚性思维是一条线，那么柔性思维就是线上流程的差异化处理方式。

（五）柔性的财务信息系统

对财务管理来说，还有非常重要的一点，就是需要将财务信息系统的刚性束缚打破，构建柔性的财务信息系统。

由于中国的信息化发展历程过于迅速，对很多公司来说，在还没有反应过来的时候，技术已经更新，而管理又出现了新的要求，因此财务信息化的建设都是在不断打补丁的过程中完成的。这样的系统建设路径使多数公司的财务信息系统缺少规划，也根本谈不上柔性。对这些公司来说，一个很大的问题就在于当业务需求发生改变时，现有的信息系统调整困难，甚至大量复杂的后台业务逻辑无人清楚，使新需求可能带来的影响无法清晰评估，最终导致系统无法改动。

因此，在这种情况下，财务信息系统的刚性具有极大的危害性。要改变这种局面事实上并不容易，需要从以下几个方面共同努力。

首先，改变信息系统建设的观念和节奏，从打补丁的建设方式改变为先做规划和架构设计再开工的建设方式。有些公司在系统建设的前期舍不得投入资金展开规划设计，导致产生高昂的后期返工和维护成本。在柔性管理思路下，建议在系统建设前期充分调研需求，多看市场成熟产品，必要时引入专业人士或咨询公司来进行架构和需求设计。打好地基的投入虽然看起来是刚性，但最终给公司未来带来的是更多的柔性。

其次，在财务信息系统的架构设计中充分考虑产品化的思路。有的公司认为业务没那么复杂，没必要搞所谓的产品化、可配置化，IT 人员只要用代码把规则写出来，流程跑通就可以。但实际情况是，这些公司从一开始就给自己戴上了沉重的刚性枷锁。有不少公司实际上都是在自己也没有想到的情况下快速发展膨胀起来的，这个时候除了倒推重来，真的很难找到更好的方法。当然，对一些初创型公司来说，如果自身没有充足的资金进行复杂的系统开发和建设，不妨考虑选择第三方产品，甚至是云计算产品，在低成本模式下保留自身的柔性。

对于那些已经带上刚性枷锁的公司，这条路已经走得很远了，要想改变并不容易。找到合适的时机，对系统进行一次全面的再造是由刚入柔的可能方式。这种契机往往出现在公司经营业绩很好，能够投入充足预算的时期，如果结合技术的大发展、大进步，则更容易实现柔性管理。

我们在上述内容中讨论了管理的“刚与柔”，并探讨了财务需要考虑引入柔性管理思想的五种场景。在智能时代，适度加强企业的柔性管理能力有益于企业的健康发展，而最佳的境界是做到刚柔并济，发挥刚与柔的和谐之美。

第三节　智能化战略财务创新

一、智能时代战略财务框架详解及智能增强

智能时代战略财务管理的各项工作内容都会受到新技术的影响，包括直接的技术影响，以及智能技术改变整个社会、经济形态后带来的间接影响。在这里，我们基于 CFO 基础能力框架进行详细讲解，并进一步谈一谈战略财务在智能时代会发生怎样的改变。

（一）战略与业务

1. 框架详解

战略与业务框架详解如表 4-3-1 所示。

表 4-3-1　战略与业务框架详解

项目	说明
战略解读	能够深度理解公司的战略目标，并清晰、准确地解读公司管理层达成的战略共识，预判公司战略将对整个企业带来的影响
财务与战略配合	能够将财务管理与公司战略目标的达成路径相匹配，明确公司战略目标对财务资源的需求及对财务管理的要求，实现财务工作对战略的有效配合与支持
公司资源及计划的管理参与	深度参与到公司经营计划的制订与管理过程中，能够站在财务视角评价业务部门经营计划设置的合理性，使经营计划与财务能力更加匹配
财务资源配置管理	能够根据战略目标的达成路径与经营计划有效地进行资源配置管理，对资源的投向和投入产出效率、效果进行管理
与业务单元的沟通	能够站在一定的战略高度上展开财务与业务部门的对话，通过充分的沟通建立业财的协同能力

2. 智能增强

智能时代的到来将对企业的经营产生重大影响，各行各业在这个过程中都或多或少会被智能化所改变，或许会成为智能服务的提供商，或许会成为智能技术研发的参与者，又或许会在当前的业务模式中引入智能化工具，创新商业模式，提升竞争力。无论如何，智能化对企业未来的经营将会产生重要影响。部分公司

会在战略层面进行调整，也有一些公司会进行战术层面的适配。

战略财务要能够敏锐地跟上企业战略和经营变化的步伐，主动对公司战略或战术的改变提供支持，而非被动响应。在这场智能化变革中，战略财务的积极参与能够让公司赢得主动，更好地体现财务对公司战略和经营决策支持的价值。被动响应将使财务无法与业务站在同一对话层次上，从而导致业务部门自行构建或弥补战略财务能力的不足。这一现象在信息化时代已经有大量的案例。

（二）财务控制机制

1. 框架详解

财务控制机制框架详解如表 4-3-2 所示。

表 4-3-2　财务控制机制框架详解

项目	说明
财务与会计制度管理	完善的财务与会计制度体系是企业财务控制机制的基础，企业需要建立多层次的、立体的科学制度体系框架，以及制度发布、修订、废止的完整管理循环和管理机制
内部控制	建立内部控制体系，基于内部控制框架展开相关管理工作，关注控制流程的完整性、控制措施的有效性等问题。从财务视角更多地关注财务组织、制度、流程、信息系统相关领域的内控体系建设
内部审计与稽核	以财务制度及合规要求为依据，采用多种方式获取审计与稽核线索，展开相关的线索调查，发现风险事件或案件。取证并形成结论后，给予相应的处理

2. 智能增强

首先，智能化对财务的影响是全面的，财务的管理模式、流程体系、系统支持方式都会发生一定的改变。作为财务管理的支持保障，财务制度体系也必然受到影响，在制度体系层面，应当结合智能化对财务系统、流程带来的影响进行必要的完善和调整。其次，内部控制方式会因智能化发生改变。智能技术能够加强内部控制能力，可以在内部控制体系中引入更多的智能化工具。更重要的是因为智能化的到来，内部控制环境会发生重大改变，更多的财务管理工作将基于大数据和人工智能的模式。对这些看不见的流程或财务管理工作，如何实施内部控制将成为新的课题。

对于内部审计与稽核，智能化的影响最直接。在智能时代，人工智能将取代大量的财务操作人力，依靠算法的机器处理将取代依靠人的行为的业务处理，审计的范畴将从传统的审计向算法审计和 IT 审计转变。而在审计与稽核的手段上，基于大数据的远程稽核将成为主流模式。同时，企业依靠大数据监控，能够更早地发现风险线索，由传统审计的事后追责向事前预防转变。

（三）价值管理

1. 框架详解

价值管理框架详解如表 4-3-3 所示。

表 4-3-3 价值管理框架详解

项目	说明
产权管理	能够从产权建立、变动、退出的各个环节对产权进行全过程管理，建立清晰的产权地图，通过对产权的优化实现对财务报告、风险管理、融资能力等各方面的优化
营运资本管理	能够对企业经营过程中的流动资产与流动负债进行管理，从而合理地确定营运资金量，在满足经营需求的情况下，合理地节约营运资金，提高资金周转率，保障短期偿债能力
现金流量管理	能够以现金流量作为管理的重心，兼顾收益，围绕企业经营活动、投资活动和筹资活动构建现金管理体系，对当前或未来一定时期内的现金流动，在数量和时间安排方面进行预测与计划、执行与控制、信息传递与报告及分析与评价
经济附加值管理	能够在清晰计量债务成本和股本成本的基础上计算经济附加值，公司每年创造的经济附加值等于税后净营业利润与全部资本成本的差额。在企业绩效评价中引入经济附加值，能更加客观地反映企业的价值创造能力，驱动管理者关注利润创造过程中的资本投入成本，提升资本使用效率
新业务价值管理	对于特定行业，如寿险行业会高度关注新业务价值，在考核中引入新业务价值管理，能够更好地反映寿险业务的长期性特征，避免管理层的短期行为和代理问题，并驱动长期资源配置和战略决策方向
并购价值管理	能够帮助企业在并购过程中清晰地评估并购企业价值，进行财务和税务尽职调查，通过优化资本资产结构、合理设计股利分配方案等方法，帮助企业实现并购后整体价值的提升，优化被并购企业进行财务管理的能力，提升并购价值

2. 智能增强

对于新业务价值管理，大数据是智能增强的技术核心。在大数据之上辅以机器学习，能够挖掘出更多的智能增强场景。

对于产权管理，基于规则的初级人工智能及大数据技术能够辅助进行产权风险管理，帮助我们在风险出现的早期更加及时地识别和防范风险。

对于营运资本管理和现金流量管理，大数据可以帮助我们发现更多管理线索，而且大数据结合机器学习，能够为企业经营提供更强大的预测能力。可靠的经营预测将在营运资本和现金流量预测方面带来价值。

在并购价值管理中，借助大数据的相关性分析，能够发现更多可能提升并购价值的线索。这些线索有可能在最终的并购价值创造中发挥重要作用。

（四）经营分析与绩效管理

1．框架详解

经营分析与绩效管理框架详解如表 4-3-4 所示。

表 4-3-4　经营分析与绩效管理框架详解

项目	说明
KPI 体系搭建	能够根据企业的经营目标，结合业务特点，设置有清晰导向作用的 KPI 体系。KPI 体系应当构建由根指标、衍生指标组成的指标树并定义指标口径，明确指标的维度和计算方法，以及目标值的设定逻辑。KPI 体系应当有可靠的日常管理和维护机制
经营分析报告	能够提供有决策支持价值的经营分析报告，形成经营分析报告的层次化体系、报告的日常管理和归档体制，针对报告中的问题能够有效地展开深入的专题分析，形成既有广度又有深度的经营分析能力
绩效考核制度搭建及奖惩执行	构建绩效考核制度，将 KPI 和经营分析报告的运用与绩效考核形成有机整体。绩效考核制度能够与业务目标的达成紧密结合，并能够切实影响业务部门的经营行为，使其成为企业战略落地的重要驱动工具。绩效考核应与管理者的晋升、奖金等形成紧密联系
投入产出管理	能够对企业经营过程中的各类日常或项目化投入建立起投入产出的评价机制。将投入产出率作为资源投入的重要财务评价指标，建立清晰的投入产出模型，并予以执行运用
市场对标管理	能够对企业的核心经营情况展开市场对标，进行与市场同口径平均水平的对比评价，定义和识别关键竞争对手，并与竞争对手就关键经营指标进行对标。对标结果可用于 KPI 的目标值设定
重大关键项目管理	能够对重大财务投资项目进行全生命周期的专项管理，对项目的四算（概算、预算、核算、决算）及项目的投产、关键阶段的 KPI 等进行全面的财务评价和财务管理

2．智能增强

智能增强是指通过智能化对分析视角与分析工具两方面的内容进行增强。在分析视角方面可以表现为打破传统的分析局限性，在分析过程中以因果关系为主导，分析数据之间的关系，从而得出更加具体、有意义的分析结果。

而在分析工具方面，大数据和云计算的结合应用将使经营分析获得更加灵活和丰富的分析能力。二者的结合能够为经营分析提供更加强大的数据采集、数据捕获和数据处理能力，使经营分析的边界大大得到延展。同时，大数据的非结构化数据的处理能力能够帮助企业经营分析更好地对市场上与企业相关的热点信息进行处理，将新闻、微信、微博等社会化媒体的信息纳入经营分析的视野。

（五）全面预算管理

1. 框架详解

全面预算管理框架详解如表 4-3-5 所示。

表 4-3-5　全面预算管理框架详解

项目	说明
经营计划管理	能够驱动业务部门在预算编制前进行经营计划编制，并对经营计划进行审视和评价，同时推动业务部门进行经营计划优化和完善
预算编制管理	在经营计划管理的基础上，联同财务与业务部门共同进行预算编制，能够根据企业的实际情况选择不同的预算编制方法和预算编制周期，支持多维度的预算编制，并提供系统化的支持和灵活高效的预算调整
预算预测	能够对未来的经营情况进行预测模拟，基于拟配置的预算资源，对未来的资产负债损益情况进行预测，并能够基于不同的资源配置进行敏感性分析，同时能够支持对管理口径和法人口径的预算预测
预算执行与控制管理	能够对预算的执行情况进行有效的过程管理，针对不同的预算维度实施执行控制，将预算执行结果及时地反映给预算账户管理人，并能够进行及时的预算过程执行分析。针对特定类型的预算，如项目预算等，能够提供更为复杂的执行和控制管理，如预算动支、兑现等
预算分析	能够进行多层次的预算分析，预算分析能够覆盖多维度、多时间周期。能够针对不同周期，提供事后分析和实时分析的支持，形成预算分析报告，并对预算分析异常事项展开专项分析
预算组织管理	能够建立健全预算组织，预算组织应该涵盖管理层与执行层、财务与业务，并根据需要灵活地构建实体组织与虚拟组织。能够有完善的预算组织机制，涵盖职责、管控关系、架构和岗位、运作机制等
预算流程管理	能够建立完善的预算流程，在预算管理生命周期的不同阶段针对各项预算的相关工作建立标准业务流程，推动流程有效执行，并实施监控
预算系统管理	能够建立有效支持预算编制、预算执行与控制、预算分析等预算管理工作的信息系统，实现预算编制所需要的参考数据与预算执行数据的有效对接。能够建立完善、有效的预算系统管理和维护机制

2. 智能增强

首先，在经营计划、预算编制过程中，智能化技术能够发挥重要作用。由于经营计划和预算编制是资源配置的过程，因此资源配置的方向、权重是否合理是预算编制结果能否发挥价值的重要评价标准。大数据分析能够帮助验证业务部门在资源投向上的真实性，并展开更为清晰的资源投向和业绩达成的相关性分析，从而使财务有能力对资源配置投向进行评价。

其次，在预算预测的过程中，智能化技术能够基于大数据、机器学习等方法构建更为复杂和完善的预测模型，并展开大量复杂场景下的敏感性分析。这使预算预测的可靠性和对未来不确定性的预判能力都能够得到更大的提升。而现在，让人更加期待的模拟技术正在出现，引入人工智能的虚拟商业生态系统能够让未来的预测建立在与真实社会相仿的现实模拟环境中。比如，在拟真的环境中投放广告、设置不同的预算投入、模拟用户的真实反映、评价预算的投入效果等都可以在未来的某天成为现实。

最后，在初级人工智能阶段，预算的执行与控制能够基于所植入的更加复杂的规则来进行。在机器学习下，预算的执行与控制模型或算法能够基于所设定的控制目标，由人工智能来进行持续的完善。而在传统模式下，由于人力所限，无论是对控制规则的设计还是对控制过程的管理都被约束在一定的范围内。基于机器学习的预算执行与控制能够提供更丰富的控制逻辑，在不同的场景下选择差异化且更合适的控制机制，实现预算的柔性管控。

二、元数据和大数据

传统的经营分析是建立在有约束的技术条件下的，对财务人员的经营分析技术有着较高的要求，即使信息系统能够提供支撑，但在传统的财务信息化环境中，经营分析结果对业务的决策支持能力也始终存在局限性。

（一）经营分析的概念框架

1. 数据基础

对传统的经营分析或财务分析来说，数据是基础，经营分析人员通过各种渠道获取各种各样的数据来展开分析。如果企业中已经建立了数据仓库和数据集市，那么，恭喜这些经营分析的幸运儿，在这样的地基上盖房子还是比较靠谱的。而如果数据分散在大量独立的系统中，甚至是各层级、各类人员的 Excel 表中，那么就要小心了，用沙子打地基，盖起来的房子就可想而知了。

在经营分析体系中，要构建一个好的数据地基需要企业对数据仓库、数据集市有清晰的规划和设计，对数据的定义、标准、来源和采集有清晰的业务逻辑。当然，数据仓库和数据集市都是数据的载体，要想避免数据垃圾的产生，系统本身的数据质量需要有所保障，而这种数据质量的保障能力来自前端业务流程和信息系统的有效搭建与管理。

站在财务的角度，还必须提到三套数据，它们是经营分析的重要数据基础。一套来自事前，我们称为“预算”；一套来自发生后的记载，我们称为“核算”；还有一套来自事后的深加工，我们称为“管理会计”。将这三套数据与经营分析进行有效对接，对提升经营分析质量有很大的帮助。

2. 指标体系

在经营分析框架中，指标体系就相当于房子的砖和瓦。那么，什么是指标呢？指标是一种衡量目标的单位或方法。当我们进行经营分析时，会围绕企业的经营目标设定一些衡量标准，通过这些衡量标准能够评价经营结果是否达到了所设定的目标，从而帮助我们进一步提升企业经营管理能力，这就是经营指标。

对于经营指标，美国的关键绩效指标权威专家戴维·帕门特将它进一步划分为成果指标和绩效指标。引入成果指标的概念是因为许多评价指标是几个团队输入成果的总和。这些指标虽然在衡量各个团队共同的工作效果时很有用，但不能帮助管理层准确地定位和解决问题，管理层很难准确地查明哪个团队出了成绩，哪个团队未履行职责。而绩效指标却能够解决这个问题，并能更加精准地定位问题。例如，一个没有进行多维度切分的利润指标在其看来就是典型的成果指标，因为该利润指标并没有反映出为利润做出贡献的各个团队的绩效情况。而在实践中，我们似乎很少进行这样的区分，往往笼统地使用关键绩效指标来进行指标体系的搭建。

对一个指标体系来说，可以引入基础指标和衍生指标的概念。基础指标是难以拆分和细分的指标，而衍生指标则是基础指标的运算组合。通过优先搭建和系统化基础指标体系，再扩展衍生指标体系，能够帮助我们快速地搭建一个复杂的指标体系。此外，对于指标，通常会使用“指标树”的形态来进行展示。这也是构建指标之间逻辑的一种方式。

3. 报表展示

在构建好经营分析的指标体系后，就可以搭建房子的主体了，但要使这些指标对经营发生作用，仅仅盖个毛坯房是不够的，还需要进行精装修。这个装修的过程，我们可以理解为报表构建和展示的过程。好的装修可以让业主住得舒服，好的报表展示可以让管理者能够清晰、快速地抓住重点，发现问题并解决问题。

实际上，报表就是将各种指标的不同层级维度交叉组合起来进行应用的产物。因此，在搭建报表体系时，我们要先了解清楚业主，也就是经营管理者到底需要看到什么。在明确需求后，选取能够说明问题的指标，并匹配和管理对象相关的维度信息后进行组合展示。此外，在报表的指标组合中，我们还需要经常用到使用说明来解释指标，通过这样的方式来搭建报表是靠谱的。相应地，也有不少不靠谱的经营分析报表，其在搭建时完全没有指标和维度的概念，也没有关注经营管理者的需求，这样搭建出来的报表如果有充分的经验支持，可能还具有一定的价值，否则带来的往往则是信息垃圾。

有了报表以后，经营分析报告也就容易出具了。但要注意的是，简单罗列报表的报告是初级水平的报告，能够看透数字的表象，深入数字背后分析深层次问题的报告，才是有附加价值的报告。

4. 维护机制

当我们把整个房子都收拾好后，还需要有一个靠谱的物业。经营分析这个房子的管理和维护并不是那么简单和容易的，无论是数据、指标的维护，还是报告过程和归档的管理，都需要有一套相对可靠的机制。

在通常情况下，企业会有经营分析部门，这个部门既有战略的职责，又有财务的职责。因此，即使在不同公司，这个部门的归属也并不相同，甚至还发生过不少变迁。要建立起一套维护机制，首先需要有数据维护和管理团队来解决地基的问题，然后需要有指标管理团队来进行指标的日常增、删、改的维护，还需要有报表团队来进行常规报表和临时报表的编制及发布，最后还需要有绩效管理团队来深入展开经营分析，并进行绩效的考核管理。在整个过程中，无论是组织、人员流程、制度还是系统，都是不可或缺的，它们共同构成了这套体系的维护机制。

当具备了以上这些条件后，经营分析框架就能够构建起来了。实际上，今天很多从事分析工作的朋友尚未在认知上构建起这一套框架体系，这对提升经营分析和决策支持能力会带来局限和束缚。下面我们还要在这套可以称为既传统又主流的经营分析框架的基础上，进一步深挖经营分析的本质和未来，即元数据和大数据。

（二）元数据经营分析的本质

从定义上说，元数据可以理解为“数据的数据”。实际上，应用元数据的场景非常多，如图书馆的藏书信息卡、在线视频应用里的视频描述、网络中的网页地址等都可以用元数据来表达。元数据具有以下特点。

首先，元数据是结构化的。如何理解呢？其实在智能时代，人们都非常热衷于谈论非结构化数据，但忽视了这些非结构化数据在技术层面是怎样被应用起来的。简单地说，一张图片是非结构化数据，但这张图片是可以被元数据这种结构化数据所描述的，这就给我们借助元数据来理解和应用非结构化数据提供了可能。

其次，元数据是与对象相关的数据。如果将一张照片作为对象，那么描述这张照片的元数据与该照片具有相关性，但需要注意，潜在的用户不必先完整地认识对象的存在和特征，也就是说，可以使用盲人摸象的方式，借助元数据慢慢去了解对象。就像一张照片，我们可能第一次获得的元数据是 EXIF(图片文件格式)信息，即从摄影的角度获取这张照片的信息，而进一步我们可以了解与这张照片内容相关的其他元数据，从而从另一个角度获取照片信息。

此外，元数据不仅能够对信息对象进行描述，还能够描述资源的使用环境、管理、加工、保存、使用等方面的信息。还以照片为例，元数据可以告诉我们这是不是一张网络图片，存储在什么样的服务器上等信息。

最后，元数据的“数据”表现为符号或事实，是进行各种统计、计算、科学研究、技术设计所依据的数值，或者说是各种信息。当然，我们也可以将文字理解为某种形式的编码数字。

元数据是经营分析的关键。首先，我们可以看到，构成经营分析的地基是数据，而元数据作为数据的数据，能够用结构化的方法帮助我们描述和标准化基础数据。构建数据仓库过程中的数据字典从某种意义上讲就是元数据。清晰的数据字典能够让我们更加有效地管理数据仓库，而从经营分析管理需求的角度来说，我们希望所有进入经营分析体系的数据都能够使用元数据进行充分的结构化描述。

其次，在砖瓦的层次——指标体系上，元数据也发挥着重要作用。就像我们前面所说的，指标的结果最终会反映在数值上，针对这个数值我们用指标名称、编码、指标的维度、维度值等对这个数值（数据）进行了描述，这种描述就是元数据。因此我们认识到，指标体系是在经营分析层次中架构在基础数据之上的第二类重要的元数据。

最后，我们再回到经营分析的中心点——经营活动上。我们为什么要做经营分析呢？实际上是要对经营活动展开多种视角的评价，评价的标准是经营活动是否达到了我们在开展经营活动之初所设定的目标，而 KPI 正是我们多视角评价经营活动的结构化描述，它也可以理解为经营活动评价的元数据。

（三）大数据与经营分析

在传统的经营分析模式下，我们需要找到用于评价经营活动的元数据，也就是指标体系与经营结果之间的关系。通常情况下，如果我们看到指标体系与经营结果具有显著的因果关系，那么就会把这样的指标考虑纳入 KPI 来进行管理。但问题在于，这些指标的定义和发现往往是基于经营分析及因果分析得到的，这种逻辑上的强绑定关系具有一定的局限性。

实际上，影响经营分析结果的不仅是存在显著因果关系的因素，而且是存在虽然相关但无法解释显著因果关系的因素，这在传统模式下是难以解决的。

大数据的出现让我们有可能打破思维的约束。基于大数据技术，我们能够从因果关系突破到相关关系。通过大数据分析，我们能够发现一些没有显著因果关系的因素同样对经营活动产生了显著影响，这些因素被称为相关性因素。将这些因素纳入关键绩效指标，能够帮助我们实现提升经营活动成果的目的。指标用于评价经营活动，同时有非因果关系的因素在影响这些指标，这构成了第二层次的相关关系。我们发现原先搭建的经营分析的元数据世界发生了延展，各个层级的元数据都有一些非因果关系，而相关的新元数据的出现，使我们能够更加真实地架构经营分析框架，并有效指导经营结果的改善。当然，在技术层面上，财务人员无须思考元数据和大数据该如何结合的问题。

三、大数据资源配置

（一）预算管理就是资源配置

预算实际上是一种对企业资源的配置方式。当股东做出目标后，其他单位为了达成目标便应当对目标进行相应的资源配置，相关资源配置的主要决定与股东和经营者有关。资源本质上属于股东，业务单位作为经营者向股东承诺经营目标，股东向经营者承诺支持其实现经营目标所需要的资源。当然，当经营目标达成后，还有相应的绩效激励，这又是另一层次的契约关系。因此，在企业进行预算管理的过程中，预算编制的核心是提出股东和经营者都能够接受的资源配置方案，也就是在经营目标承诺和资源承诺上找到平衡。

那么，预算要考虑哪些资源分配的问题呢？企业经营无外乎人、财、物三件事情，资源配置也可以理解为人力配置、财务配置和资产配置。合理地配置人力、财务及资产资源，是企业战略目标得以实现的重要保障。

（二）资源配置的难题

1. 契约双方的信任问题

和所有的契约关系相似，资源配置同样要解决资源所有者和资源使用者之间的信任问题。资源所有者追求的是资源投入产出结果的最大化。因此，在投入资源时会高度关注产出的结果，并要求获得资源接收方的绩效承诺。同样，对资源使用者来说，也需要在承诺绩效目标后获得必要且及时到位的资源支持，避免在资源不足的情况下进行经营，最后为不良绩效结果担责。当然，对资源所有者来说，最常见的还是担心经营单位存在道德风险，如经营者是否会通过虚构经营目标或过度承诺以获取资源来满足其短期利益目标等。

2. 资源配置的标准问题

应该采用怎样的标准来进行资源配置呢？在实际的预算过程中，资源配置标准的形成并不容易，太多的因素会挑战所设定的标准。而一旦无法形成相对清晰的标准，资源配置的过程往往就会成为一个谈判的过程，很容易陷入缺少逻辑的拉锯战中。简单的标准可以根据目标，基于比例模型直接给出资源承诺；复杂的标准则需要明确经营目标达成的各项驱动因素，并为每项因素细分动因，最终从经营计划的角度来设立资源配置标准。

3. 资源配置的效率问题

资源配置的效率一直是企业预算管理活动中很头疼的一件事情。在预算的全过程中存在太多的博弈。很多公司从九、十月份开始启动预算编制工作，直到来年的三、四月才能完成预算的定稿。在月度的资源配置活动中，如果缺乏高效的系统支持，那么很多公司根本难以做到精细化的月度资源配置管理。在这种情况下，月度预算往往成为年度预算下简单的“按月分解”。

4. 资源配置的效果检验问题

当完成资源配置后，资源所有者和资源使用者就会从讨价还价的博弈循环进入承诺兑现的博弈循环。在这个过程中，对管理者来说，最困难的是如何验证资源投放的效果和达成情况。尽管我们说最终的经营绩效指标能够反映经营单位的绩效达成情况，但在过程中基于任务、项目等设立的资源配置标准往往很难立刻通过财务或数字验证其实现的效果，而此时又经常需要启动基于此次项目任务进一步延展的后续资源投入，这对管理者来说需要面对是否进行“前款未清借后款”的管理决策。

（三）热点与相关性

在契约双方的信任关系方面，一些公司试图通过签订绩效承诺书来保障契约关系；在资源配置标准方面，一些公司通过设定模型的方法来总结提炼预算标准；在资源配置效率方面，一些公司通过建立预算编制系统来优化编制流程；在资源配置效果检验方面，一些公司选择刚性的“以收定支”。但是这样的行为模式已经出现了瓶颈，而大数据则为此带来了一定突破。

1. 热点驱动资源投放

热点驱动资源投放表现为追寻热点，哪里有资源、有热点、有流量就对其进行投放资源，这对于以往的传统资源投放模式是很难实现的，并且实现起来极易造成错误。因为传统的资源投放模式没有数据支持，只能从管理者的直观感受中判断此事件是否有热点。而智能时代拥有大数据的支持便可以对此进行精准预判。

（1）制定经营战略

和传统的预算编制模式一致，在编制预算之前，必须明确企业的战略导向，这从根本上决定了要不要投放资源、在哪里投放资源和怎么投放资源。当然，在这个层面上战略很可能是相对宏观的，它更多的是在未来一段时间内大的经营方向和经营策略，我们无法直接基于公司的战略来展开更为清晰的预算，也就是资源配置工作。

（2）分析战略热点

如果要想更好地衔接战略与资源配置，那么就必须更清晰和细化地拆解战略，也就是形成战略热点。当然，这里所说的热点和后面要谈到的基于大数据分析的热点是有所不同的，战略需要依靠企业的管理经营者对企业所设定的战略目标进行细分，从管理逻辑层面定位战略在落地时需要重点关注的目标。例如，当企业将智能化发展作为核心战略时，需要在技术、产品、客户、渠道等多个方面来发现其战略热点，如在产品方面定位为无人驾驶技术；在客户方面定位为女性出行者；在渠道方面定位为自营门店等，这些热点将为后续的资源配置起到大方向的支撑作用。

（3）基于大数据发现经营热点

有了战略热点后，我们仍无法有效地从管理角度进行资源配置。实际上，经营单位在战略热点明确后，就已经对需要做什么、大概需要多少资源有了一个初步的概念。很多时候，经营者就会基于这样的一个概念开始和管理层“讲故事”了。在传统模式下，我们对这样的故事通常只能选择“信”或“不信”。当然，如果故事中间的逻辑线索相对清晰，那么可能更容易获得管理者的信任，并获得资源，而如果在这个时候引入大数据分析，那么可能会对传统的资源配置模式有所改变。

在被动模型下，需要经营单位基于战略热点进行经营热点的主动设计，模型要做的事情是基于企业内外部大数据，对经营热点与战略热点的关联热度进行分析。在主动模型下，以战略热点为出发点，基于内外部大数据，发现与战略热点分层次关联的市场热点，将关联度高的市场热点纳入经营热点，也作为资源配置的对象。

（4）基于经营热点进行资源投放

通过主动与被动模型下的热点分析，我们能够建立起以战略热点为圆心的经营热点辐射地图，并以这个地图的辐射半径为标尺展开资源配置，接近圆心的经营热点需要投放更多的资源。在确定具体资源投放额时，我们可以根据战略热点构建资源池，将资源先投放到战略热点资源池中，再以经营热点为项目，向战略资源池申请资源。在资源申请的审批过程中，我们可以引入热度评估，优先将资源投放到高热度的项目中，从而避免发生先到先得、抢资源的情况。

（5）资源的兑现使用

资源兑现就是契约双方基于预算事项实际发生的费用。在实践中有两种兑现方式，一种是先把钱花出去，目标是否达成后续再验证；另一种是用之前的存量资源先把事情干了，根据目标的达成情况再批准可以获得多少可用资源来完成后面的事情。实际上，这两种方式都存在一定的问题。前者建立在管理者对执行者信任的基础上，而一旦承诺的经营目标没有达成，就会损害管理者的利益；后者的根本逻辑是管理者并不信任执行者，要求其先拿自己的资源干事情，事情完成后再回来报账，这种方式对执行者来说并不公平。当我们引入经营热点作为资源投放依据后，信任问题得到了一定的缓解，使用第一种方式进行资源兑现就会变得可行且合理。

2. 资源投向和业绩达成的相关性分析

大数据除了在预算编制阶段能够发挥重要作用，在预算分析阶段也能够有所建树。在传统预算分析下，我们很难去评价每个类似于项目经营计划、经营方案和经营结果之间的达成关系。在通常情况下，对于一个经营单位，如果它的业绩不错，超出了预先设定的考核目标，那么大家就会觉得它花费的所有资源都是值得的；反之，如果考核目标没有达成，那么它花费的所有资源可能都会受到质疑。

但实际情况是，用掉的资源有些对经营目标起到了正向作用，有些则起到了负面作用。无论最后考核结果如何，这种正负作用都是存在的，只是说谁的作用更大一些罢了。

通过大数据建立分析模型并通过方法的引入对模型进行分析，得出各个资源与事实之间的关系，并将关系量化，形成具体分析结果。在这种情况下，我们能够更好地积累经验，更加有效地评价绩效，并优化未来的资源投放策略。当然，以上关于大数据在资源配置方面的应用还停留在设想阶段，有待实践和进一步验证。但无论如何，智能时代的资源配置是有可能迈出这一步的，只是时机和力度的问题。

第四节　智能化专业财务创新

一、智能时代专业财务框架详解及智能增强

专业财务可以说是财务框架几个模块中发展最成熟的部分，是企业财务管理的基础。也就是说，没有战略财务、业务财务和财务共享服务都是可以的，但如果没有专业财务将会导致整个财务体系无法运转。当然，成熟的背后也意味着更大的提升空间。下面我们遵循讲述战略财务框架的逻辑，先对专业财务的框架内容展开详细的解释，然后分别对每个模块如何进行智能增强进行探讨和说明。

（一）会计与报告管理

1. 框架详解

会计与报告管理框架详解如表 4-4-1 所示。

表 4-4-1　会计与报告管理框架详解

项目	说明
财务交易处理及相关程序	这是财务的基本职能，能够基于准则要求完成财务交易的核算处理，也就是通常所说的财务核算。对于会计与报告管理模块，更多的是要对财务交易处理设置相关的制度规范，而更为具体的交易处理流程则可以由财务共享服务中心来协同完成
往来管理、关联交易管理	能够对企业内部往来及企业关联交易实施有效的管理。实现往来交易在具体流程中及时、可靠的双向记录，同时及时进行往来清理，发现并及时处理和解决风险；关联交易则需在法人层面建立双边有效的交易记录机制和核对机制。同时，在复杂的集团中，还需要进行关联交易单位的信息管理，辅助业务单位识别交易对手是否为关联交易对象

（续表）

项目	说明
财务报告与合并	能够有效地编制和报送各级核算单位的财务报表，高效完成合并报表处理，基于单体财务报表及合并报表出具财务报告，建立有序的财务报告与合并的过程管理，持续提升报告及合并效率
财务核算相关系统	能够建立可靠且高性能的财务核算信息系统以支持交易记录、报表编制及财务合并等财务工作。应关注原始交易信息与业务交易记录、明细财务交易记录、汇总财务交易记录记载的一致性。对于关联交易复杂的企业，可以考虑构建关联交易系统
信息披露	信息披露主要是指以招股说明书、上市公告书、定期报告和临时报告等形式，把公司及与公司相关的信息向投资者和社会公众公开的行为。信息披露需关注披露质量、披露时效等问题。通常情况下，信息披露由董事会、办公室负责，但财务在其中也起着重要的支持和协同作用
审计流程及管理	能够规范地选择审计师，与审计师共同建立高效的审计流程，协同公司各级财务部门、财务共享服务中心参与审计配合工作，持续提升审计效率，优化审计周期

2. 智能增强

会计与报告管理在传统的财务电算化、财务信息化过程中一直是重要的建设领域。在早期，财务的各项信息化工作也都是从这个领域开展的。但是由于多数企业在一开始就建立了核算系统，而且该系统成为后续建设的各类财务系统的对接对象，因此财务核算系统往往在建成后很长时间内难以发生质变。

智能时代的到来，对各类财务信息系统都提出了改变的要求，同样对会计与报告管理领域有影响，给这个传统领域的信息化提升带来了契机。

首先，业财系统的高度集成将对财务交易处理的自动化和一致性带来重要帮助，但是不同的业务系统均进行财务规则的转换将带来较大的管理复杂性。统一财务引擎的出现，帮助我们将财务规则的转换架构在一套灵活、可配置的系统组件之上。不同业务系统的输入将可以基于同一平台完成规则转换和凭证制证，进一步提升财务交易处理的可靠性。

其次，基于机器学习技术，能够考虑实现智能报告。将财务报告交给人工智能来处理并非不可能，现在的人工智能写出的市场研究报告，已经让人难以区分其背后是资深研究员还是机器。而区块链技术基于分布式账簿所带来的高可靠性，能够帮助我们解决传统业财对接模式下的业务交易记录与财务记录不一致的问题。同时，对于内部往来和关联交易，区块链技术同样能够发挥作用。基于各交易方所构建的分布式账簿，能够将交易同时记载在交易各方，降低其被篡改的可能性，这对解决内部往来和关联交易的核对、加强一致性有着重要作用。

（二）税务管理

1. 框架详解

税务管理框架详解如表 4-4-2 所示。

表 4-4-2 税务管理框架详解

项目	说明
税务政策研究	能够及时地跟进税务政策的动态，清晰准确地解读政策，并根据税务政策的变化及时在企业内部做出相应的政策反应。针对潜在的税务政策风险，能够及早进行监管沟通和防范处理
税务关系管理	能够与税务监管部门建立有效的沟通和对话机制，在合法、合规的基础上与税务部门维持良好的关系，并在企业发生重大涉税事项后，能够获得相对公平的沟通和协商机会
税务检查配合与风险防范	能够在合理尺度下有效配合税务部门的各项检查，及时汇总各级机构的检查动态，做好检查前的准备工作，积极进行自我税务风险排查，实现税务风险的事先管理
税务数据管理	能够有效管理企业中的各类系统化及非系统化的税务数据，建立清晰的数据管理体系，并充分利用税务数据展开各种税务分析。对税务数据的有效利用能够帮助企业优化税务成本，提前发现和管控税务风险
税务系统管理	能够实现税种系统覆盖的全面，如增值税、所得税、印花税等；功能的全面，应涵盖所得税纳税调整、税务报表编制、预交申报、折旧摊销、资产损失处理、境外所得税抵免管理等功能；管理的全面，如能够支持税务分析、税务风险管理、税费预测、税务检查支持、税务政策管理等需求；接口的全面，如能够打通企业内部系统之间的接口，实现和监管系统的对接；行业的全面，如能够适配不同行业的特殊管理需求
营改增及电子发票／特定时期的特殊事项	针对特定时期所发生的税务管理的特殊事项，能够及时、有效地应对，如曾经的营改增和正在进行的电子发票等对税务管理都会带来重大影响，企业需要能够提前设计方案并安排系统配套支持等

2. 智能增强

对税务管理的智能化支持来说，监管单位——税务部门更早地采取了行动，“金税三期”“千户计划”的背后都是大数据的影子。对于税务部门，其数据具有先天的不对称优势，使其有条件先于企业展开税务的大数据应用。而基于企业间的数据分析，也使税务稽查能力得到了大幅提升。在大数据应用上，税务部门也在试图从其可控的税务数据以外获得更为广泛的社会数据，并应用在税务监管中。

对于企业，需要借鉴监管部门的管理思路，基于企业自身的数据，以及可获取的社会化数据，在一定程度内对企业内部应用大数据开展税务风险的预先排查。当然，受到数据基础的限制，企业与监管部门相比可能会有所不足。

实际上，与监管部门之间发票数据的对接、电子发票的应用，对于提升企业内部基于流程的报账处理、操作风险管理都可能更具价值。例如，增值税专用发票及普通发票数据的对接能够帮助企业简化发票真伪查验、发票认证的流程；对电子发票的应用能够大大降低企业的开票成本，也方便了对进项税报销的处理。

（三）资金管理

1. 框架详解

资金管理框架详解如表 4-4-3 所示。

表 4-4-3　资金管理框架详解

项目	说明
资金收付管理	能够实现高效且安全的资金收付管理，有效支持资金的收支交易处理、交易后的核算处理、收支失败等异常管理；进行准确的资金收支相关的业财、银企核对；有效控制重复支付等资金支付风险；支持多种形态的资金收支，如银行通道、第三方收付通道等
资金计划管理	能够及时且可靠地预测资金计划，基于资金计划有效地进行头寸管理和资金调度处理。在有条件的情况下可进行滚动资金计划预测。能够对资金计划的申请、调整等过程的管理提供支持
债券融资管理	基于发行债券的方式实现直接融资。财务应当能够统筹债券融资的管理过程与券商进行融资意向沟通、发行准备、审核并上市。能够配合债券融资进行有效的风险评级规划和事前管理
股权融资管理	股权融资是指企业的股东愿意让出部分企业所有权，通过企业增资引进新的股东的融资方式，总股本同时增加。财务能够进行股权融资的沟通、准备、审核配合及发行管理
混合融资管理	混合型融资方式是指既带有权益融资特征又带有债务特征的特殊融资方式，如可转债、认股权证等。财务能够进行混合融资的沟通、准备、审核配合及发行管理
司库管理	司库从大的类别上包括交易管理、资产负债管理和流动性管理、风险管理三个支柱。司库职能在一定层面与其他资金管理职能存在交集
外汇管理	能够有效地管理外汇账户、外汇境外及跨境收支、外汇头寸，把控外汇风险，有效应对外汇监管

（续表）

项目	说明
银行关系管理	能够有效管理企业与银行间的关系，与合作银行形成良性协作机制。基于良好的合作关系，企业能够以最具竞争力的价格获取优质的信贷和非信贷服务。能够有效选择合适的合作银行，以专业化的态度进行关系管理
资金系统管理	能够构建完善的资金管理系统，包含资金收支管理、账户管理、票据管理、银企对账、风险管理、流动性管理和资金计划管理等一系列功能。资金系统应当实现高度的安全性
流动性风险管理	流动性风险管理是指应避免在某一特定时期的业务中产生的资金流量缺口风险。需要及时考虑在自身财务状况恶化时，以及被交易对手要求提前终止安排或提高信用安排时所需要的融资来源。对于金融企业，流动性风险管理尤为重要，而对于其他行业，现金流风险也是需要重点关注的
投资管理	基于企业资金进行有效的投资，如直接投资、证券投资、项目投资等。企业财务应能够进行投资规划，管理投资收益，控制投资风险

2．智能增强

在资金管理领域，智能化所带来的影响集中表现在增强资金交易的安全性和一致性，提高跨境外汇交易的效率、降低成本，以及增强资金规划和流动性风险管理预测的能力等方面。

首先，对资金管理影响比较重要的智能技术是区块链技术。基于区块链原理的交易记账能够有效提升资金交易的安全性和效率，并能够解决资金结算中的交易核对和一致性问题。

其次，大数据技术的应用能够帮助我们更好地展开资金计划管理。企业通过自身数据的积累，以及对企业构成资金需求影响的风险数据的监控，能够更弹性地展开资金计划预测，并实现资金计划的动态滚动预测。

二、智能风控

对专业财务来说，业务人员舞弊和渗漏风险管理一直是重中之重。然而，在传统的财务管理模式下，想要做到这一点在客观上存在较大难度。一方面，渗漏和发现渗漏就如同一场猫捉老鼠的游戏，总是不得不面对财务与业务的各种博弈升级；另一方面，要想做好这件事情，财务在反渗漏的斗争中不得不消耗大量的人力和精力。好在随着智能时代的到来，财务反渗漏有了新的转机。依托智能技术，我们有可能在与渗漏行为的博弈中占据更加主动的位置，同时能够让智能技术在一定程度上替代人力，智能风控能让我们更容易地抓住财务渗漏的尾巴。

（一）财务渗漏

对财务来说，在面对风险时有两种典型的情况。一种情况是在复杂的财务流程中存在大量的财务运营工作，这些工作容易发生因工作疏忽或技能熟练度不足所导致的各种各样的差错。对于这些差错，我们并不把它们理解为一种渗漏行为，而倾向于定位为财务的质量问题。另一种情况就是财务渗漏，也可以理解为公司员工出现道德问题，从而发生的舞弊欺诈事件，这些事件会直接或间接地造成公司的财务损失。这种行为往往隐藏在大量的常规业务中，如员工的费用报销、零星采购等。因该行为相当于一个容器出现了破损而漏下了沙子，故被称为财务渗漏行为。

对于财务渗漏，最典型的关键词是“虚构”，那么我们会面临哪些虚构事项呢？

1. 虚构经济事实

在财务渗漏事件中，虚构经济事实被认为是非常严重的，可以被形容为“捏造事实”“无中生有”。通常情况下，参与欺诈的人没有任何实际业务的支撑，而是利用虚假的经济事实进行欺骗。那些具备高超智商的人常常会编织出一套貌似有说服力的逻辑证据链，以此来欺骗公司，并从中非法地获取资金。当然，在套取资金后，有些人会将这些资金当作小金库，用于特殊用途或员工的补充福利，而另一些人则会直接装入自己的腰包。

2. 虚构原始凭证

相较于全然编造的事实，虚构原始凭证的情节相对较轻。有时候，员工可能会自费支付一些费用，但由于原始证明文件丢失或未经事先审核或其他情况，员工可能无法提供支持其正常报销所需的原始证明文件，从而导致报销流程的延误或无法报销。在这种情况下，员工可能会采用欺诈性手段，如虚构原始凭证或伪造审批签名，以完成报销。尽管虚构原始凭证的动机比虚构经济事实的恶劣性稍微低一些，但它仍被视为财务渗漏行为。

3. 虚构业务金额

就实际而言，还有一些混杂的情况比较难以察觉，我们简单称其为虚构业务金额。在经济行为中，支出是不可避免的一件事，这是其核心事实。例如，员工确实进行了出差，但在实际报销时出现了虚构业务金额的情况。具体来说，员工将住宿天数从 5 天改为了 10 天，并将每天 500 元的费用上涨至每天 1000 元，这实际上就造成了业务金额的虚构。这种将不同的元素混合在一起的行为也可以被视为一种财务渗漏行为，相对来说比较常见。

（二）进化中的财务渗漏

我们把渗漏的发展分为基础进化、惯性进化、关联进化和突变进化四个阶段。

1. 基础进化阶段

在财务渗漏的最原始阶段，业务人员的渗漏行为往往是偶然的。比如，在一次报销中填写了错误的信息，而财务人员并没有发现。这个阶段我们称为财务渗漏的基础进化阶段。

2. 惯性进化阶段

当有了可以犯错误的机会后，总有一些人会把这种偶然行为转化为一种惯性行为。有少部分人会尝试利用财务控制中的一些漏洞习惯性地占一些小便宜，甚至慢慢演变成主观故意的恶劣欺诈行为，但这种行为还是被控制在了个体单位内。这个阶段我们称为财务渗漏的惯性进化阶段。

3. 关联进化阶段

再往后，贪婪是很容易被放大的。由于个体渗漏的成功率是建立在后续控制环节失效的基础上的，因此很多时候并不那么容易成功。把最重要的控制环节——主管领导纳入自己的渗漏计划里往往能够迅速获得更大的成功机会。由于业务真实性的控制已经失效，只要后续能够伪造证据，就很容易完成渗漏。这种现象增加了渗漏的频率，我们称这个阶段为财务渗漏的关联进化阶段。

4. 突变进化阶段

关联进化阶段的渗漏还是有一定的限制的，毕竟要想获取各种支持证据并不容易，虽然渗漏频率增加了，但尚未造成金额的放大。但如同生物的进化，总有一些个体会发生基因突变，形成具有显著差异的物种。在渗漏的进化之路上，总有一些不满足当前阶段的渗漏者会扩大他们的小圈子，通过将支持财务开支的证据链条上更多的环节纳入“渗漏俱乐部”，实现了端到端的渗漏能力，不求频率高，只求金额大。我们将这个阶段称为财务渗漏的突变进化阶段。

（三）财务反渗漏的进化与面对的难题

1. 数据分析的资源有限

靠财务人员用 Excel 或简单的 BI（商务智能）工具确实能解决不少问题，但是在面对报销海量高频数据时，这些数据分析资源还是远远不够的。由于反渗漏的数据分析是一种线索发现的分析，和常规的数据报表是不一样的，因此要求我们通过大量的数据和分析尝试来发现线索。

2. 复杂逻辑难以设计

在进行财务反渗漏的过程中，依靠逻辑来发现线索本身就是一件很困难的事情。实际上，逻辑的设计类似于数据建模的过程，要想有效地发现复杂渗漏的线索，模型就必须要构建得足够复杂。然而，人脑处理逻辑的复杂性是有限制的，当逻辑层次超出了人们的理解范围后，就很难再依靠人的认知能力来进行逻辑分析发现渗漏线索了。因此，如何突破人的逻辑局限，找到不易发现的隐藏逻辑或复杂逻辑，成为财务人员反渗漏的重要挑战之一。

3. 关联渗漏无能为力

在反渗漏的战斗中，财务人员最无能为力的场景就是面对关联渗漏。关联渗漏是指舞弊的行为被分散在不同的单据、时间甚至不同的分（子）公司中。在这种情况下，财务人员的分析发现能力很难跨越单据、时间和分（子）公司这些天然的屏障，这也成为很多渗漏者的舞弊乐园。

不难看到，财务在反渗漏的进化中是迟滞于渗漏进化的，特别是在过去很长一段时间内，技术手段的无法突破成为最大的挑战。值得庆幸的是，在智能时代，这一状况有望改变。

（四）智能时代反渗漏技术的智能进化

随着智能时代的到来，我们在应对待进化的反渗漏问题方面取得了重大突破。财务部门现在有足够的能力运用大数据和机器学习技术，在防止资金流失方面开展一系列操作。下面，我们将探讨智能风控的三种类型：基于规则模型与监督学习模型的智能风控；基于非监督学习模型的智能风控；基于SNA(社会网络分析)模型的智能风控。这些方式可以大大提升反渗漏效果。

1. 基于规则模型与监督学习模型的智能风控

事实上，基于规则模型的反渗漏与我们以上所谈到的基于数据和逻辑的反渗漏的思路是一致的。核心差别在于基于规则模型的反渗漏能够用信息系统运行复杂的规则模型，而不用靠人进行分析。

很多人会陷入一个误区，认为人工智能的到来，要用复杂的思维去取代简单的规则处理。实际上，正确的做法是尽最大的可能在应用人工智能技术之前采用规则处理，基于规则模型的系统处理的成本更低且高效。但是，在当前的技术条件下，采用规则处理有两个难点，一个是支持规则处理的数据不足；另一个是规则本身的设计困难且复杂。

智能技术的出现恰巧在这两个方面提供了支持。大数据技术的出现，让我们能够管理更庞杂的非结构化数据。这些越来越大的数据让我们有机会应用更复杂的规则模型来发现渗漏线索。在今天，我们既可以使用 OCR、众包等多种形式获得大量与经济事项相关的数据进行管理，也可以从社会网络中获取与供应商、员工相关的大量信息来发现潜在的渗漏线索。

另外，机器学习中的监督学习模型能够帮助我们将大量人工审核方法转化为机器规则，从而实现自动化的规则反渗漏审核。

在基于监督学习的机器学习模式下，我们可以将长期以来基于人工反渗漏作业的单据作为学习训练的基础，通过对单据的特征进行数据化，并对这些单据是否存在渗漏情况打上标签。监督学习模型能够利用大量具备特征和标签的训练题进一步提炼规则。这些新的规则植入系统后，作用于新发生的业务单据，分析其是否存在渗漏的可能，这将有助于解决“规则建立困难”的问题。

2. 基于非监督学习模型的智能风控

另一种帮助我们找到渗漏线索的方法是利用机器学习中的非监督学习模型。从某种意义上讲，非监督学习可以理解为机器对大量数据进行自主聚类分析的过程。机器系统并不关心数据本身的含义，它将数据按照特征的相似性进行分类。在这种情况下，我们不难想象，对大多数“正常”的单据来说，它们会具有相似性，能够被非监督学习模型归集到非常相似的大圆圈里；而那些可能存在渗漏行为的“不正常”单据，则有可能出现在特定区域的小圆圈中。通过这样的可视化分析，能够帮助我们进一步将渗漏调查的对象聚焦在这些另类的小群体单据中。

正是基于这种思维导向，非监督学习在技术上的支持让我们有可能突破数据和逻辑分析的局限，找到在传统模式下看不到的渗漏风险。

3. 基于 SNA 模型的智能风控

正如以上所说，人的思维能力很难发现跨越时间和空间的关联性。在大数据技术的支持下，通过构建社会网络的方式来发现渗漏风险，这成为解决关联渗漏的创新思路。

社会网络是指利用企业内部财务相关经济事项的各个关联主体之间的相互关系构建的一个关系网络。在这个网络中包含公司的员工、员工的审批领导、供应商、供应商的股东、供应商与公司内的其他关联人等。通过筛查社会网络中可能发生渗漏行为的主体规律特征来识别利用传统反渗漏技术难以发现的渗漏行为。在社会网络模型中，集成了筛选、统计、时间还原、风险节点关系分析、可视化关联分析等模型，能够更加快捷、有效地帮助财务反渗漏分析师发现潜在的渗漏风险。

在实际应用中，我们可以以报销单据为核心向外扩展，通过员工、审批人、供应商等多个要素之间的关联关系，跨越空间和时间构建网络。在这个网络中，我们试图寻找所谓的“黑节点”。“黑节点”是指通过其他技术方式发现的有问题的单据、人或供应商。一旦出现了“黑节点”，我们就有理由怀疑在这个网络中存在其他的“被污染节点”。这种从网络和“黑节点”视角出发的渗漏发现方法往往能够以点带面地发现问题，并且将深度隐藏在空间和时间掩体后的渗漏行为挖掘出来。

第五章　智能化财务的建设思路

本章对智能化财务的建设思路进行介绍，主要从以下五个方面展开，分别是智能化财务建设的总体规划、智能化财务建设的业务流程设计、智能化财务建设的财务组织规划、智能化财务建设的制度体系设计、智能化财务建设的运营管理设计。

第一节　智能化财务建设的总体规划

随着数字经济的快速崛起，会计行业正在迎来转型升级的良机，而智能财务已经成为引领新经济发展的热点和趋势。随着智能财务技术的不断进步和完善，企业价值的增值和减值风险得到了更加有效的保障和防范，市场需求和企业战略管理也促进了智能财务的发展。

一、智能化驱动财务转型

（一）智能化带来的财务管理模式转型

互联网、大数据、云技术、人工智能等新技术的应用和发展，不仅在技术层面全面支持了财务管理的升级转型，也从思维模式层面对企业财务管理的转型提出了更高要求。

1. 集团管控向全局视角转变

长期以来，财务管控一直是企业集团面临的难题和挑战。在管理机制和传统信息结构的约束下，要实现数据在集团层面的高度集中是非常困难的，通常数据都分散储存在不同的管理主体中，这也造成了集团在横向、纵向的信息壁垒。

从横向来看，企业集团内的各业务板块及板块下的分（子）公司之间存在信息壁垒，通常信息以烟囱状的形态存在。但这样会造成不同分（子）公司之间信息可比性差，财务结果的可比性也会存在问题，难以清晰地评价各公司间的协同财务效果。从纵向来看，企业集团和分（子）公司、专业板块总部与下级机构间也都存在信息壁垒，集团难以看清分（子）公司内部的经营情况，而专业板块总部也可能会与下级机构间存在信息不对称和不透明的情况。

进入智能时代，在大数据、云计算等智能技术的支持下能够有条件实现对数据进行更广范围的集中化管理，通过建立数据中心，可以有效帮助打破企业集团内部的横向和纵向信息壁垒，从而有可能进一步打破管理视角信息穿透的障碍，实现集团财务全局管控的新模式。这对企业集团财务转型来说，具有非常重要的突破意义。

2. 集团流程管理向敏捷化转变

企业集团财务信息化迈向智能化进程的本质就是流程再造的过程，对很多企业来说，在管理制度化、制度流程化、流程系统化的过程中，实现了流程与系统的紧密结合。比如，费用控制和预算管理等系统的出现就很好地诠释了这种改变，在传统费用管理模式下，先由员工填写纸质单据交由领导审批，再到财务人员记账付款；而在费用控制系统下，信息流转由原来依托纸质单据转为实物流和信息流双线程流转的模式，整个流程全面线上化，预算管理系统建立后，使得原来在核算完成后的控制转变为事中控制，强调过程管理，大大提升了整个预算流程的效率。但不论是费用控制系统还是预算管理系统等信息系统自动化的流程再造，确切地说，都是一套新的固化流程，是人工向自动化升级后的管理思维的固化。进入智能时代，流程与系统的结合还将发生进一步的升级和跃迁，从固化转向敏捷化。

在智能化阶段，系统能够更为灵活地根据管理模板设定流程流转的路径和复杂度。如针对不同的风险程度，系统可灵活地决策单据是否需要更高级别的领导或专业财务人员进一步审批、审核。再如在管理决策的过程中，依据不同的紧急程度，系统可以灵活判定并决策发出不同的后续信息反馈流程。换句话说，这里的流程不再是固化的模式而是灵活可变的，在目标管理下更具弹性和敏捷，这也意味着管理开始向机器决策赋予更大程度的授权。

3. 集团财务运营向自动化、智能化转变

在智能化过程中，企业集团财务运营向自动化和智能化的转变还是相对容易实现的。此前，大量财务信息系统的建设已经为实现财务运营自动化发挥了重要作用。通过简单的会计引擎，有效地实现从人工记账到自动化记账的转变。

企业集团实现财务运营领域的智能化的前提条件是要实现所有财务作业输入信息的数字化。而随着电子发票、电子合同的应用和普及，也将从源头上实现数字化，进而通过建立相关规则和模型，把财务人员的思考、分析、判断等动作进行系统化，推动实现复杂财务运营业务的自动化、智能化发展。在实践应用中，财务共享中心就是实施财务运营智能化的重要组织，当然，在企业各级机构的经营过程中也同样存在大量的财务运营自动化和智能化的机会。随着智能技术的进一步发展和应用，未来也将释放更多人力，财务运营更智能。

（二）智能化带来的组织革新

财务的智能化不仅带来财务管理模式的改变，也在驱动着财务的组织形态发生改变。

1. 财务组织的智能化外延扩展

在上一阶段，很多集团企业构建了包括战略财务、专业财务、业务财务和共享财务这四分类的组织结构模式来支撑企业的财务转型。实践表明，这一组织结构模式很好地帮助企业实现了从传统财务模式向现代财务模式的转变。随着智能化的发展，很显然这一组织形态还将进一步演进以适应智能经济时代的发展。其中最为典型的组织结构演进模式是在这四分类组织架构模式的基础上进一步衍生出具有外延扩展特点的创新组织，更好地助推企业财务向智能化转型。

首先是数据中心的出现。在传统的组织结构中，由于数据存在集中度不足和一定的壁垒问题，很难满足大数据发展的需要。建立数据中心不仅能够从组织上保障数据的集中化管理，还能有效实现对数据获取、加工、存储、维护和提供等活动的全过程管理，为后续对数据的发展和应用提供重要支撑。此外，数据中心应该是能够跨越财务、业务、信息技术等能力边界的，因此要求其具有一定的复合技术能力。

其次是数据应用团队的出现。构建数据中心是对基础数据进行管理，再在此基础上进行数据应用。其中，最为典型的数据应用团队就是管理会计团队，通过对基础财务数据的进一步分析和应用，构建基于管理会计的考核体系等。在数据及智能技术的基础上，结合企业财务管理的实际应用场景，从而实现更高、更好的智能化价值。

最后是财务智能化团队的建立。不管从理论上还是从应用上来说，财务智能化和传统的财务信息化差异还是非常大的。因此对企业来说，将传统的财务信息化队伍向智能化升级显得非常必要和迫切。其中，对财务智能化团队的职能要求在两方面相对比较重要：一方面是构建场景能力，财务智能化团队要承担业务需求分析，能够帮助各业务团队去发现和挖掘智能化的应用需求；另一方面是技术实现能力，财务智能化团队能够有效地将业务需求转化为技术需求，推动技术部实现对业务需求的落地。

很显然，相比于传统财务组织形式，智能化背景下的财务组织将更多地以数据和场景为核心，推动智能化的外延扩展。

2. 财务组织从刚性向柔性转变

迈入智能时代后，财务组织的另一个变化也值得我们去关注，即财务组织呈现出从刚性向柔性转变的特点。

传统的企业管理更多强调的是刚性，如森严的管理层级、简单的制度、固化的流程、信息系统中难以改变的架构等。随着智能化的发展，企业管理特别是财务管理释放出了强烈的改变信号，同时赋予我们一个改变的机遇。原本需要“刚性”完成的工作将更多地通过人工智能来完成，如财务核算、资金结算等，同时，财务人员也将释放出更多的精力，这将有助于我们重构创造力和柔性管理能力。在智能时代，财务组织的柔性主要表现为组织结构的柔性和财务文化的柔性这两方面。

①组织结构的柔性。在传统财务组织中，最为常见的组织结构就是极具刚性的层级式结构，很显然这种组织结构不利于发挥创造性。而组织结构的柔性则要求财务组织减少层级，建立扁平化的组织结构，并且在目标管理下更多地使用团队的架构方式，从而更好地适应智能化发展的要求。

②财务文化的柔性。严谨一直是传统财务组织的主旋律和显著特征，但智能化要求充分发挥技术想象力和场景创新力。很显然，二者是不匹配的，甚至是相违背的，因此，改变财务组织文化也变得非常有必要，特别要鼓励协作和创新型的文化，以促使财务组织文化向柔性转变。这里要注意，适度地引入市场文化，推动财务工作适度的以市场化方式参与到公司的经营中，同样有助于建立柔性文化。

（三）智能化带来的团队和人员能力升级

迈入智能时代，财务转型不仅会直接影响企业的运营模式和组织形式，财务团队和人员的能力升级也会面临更高的要求和挑战。这种挑战不仅有来自同行业的竞争，还有智能化技术迅速发展和应用所带来的压力。随着智能化的发展，传统的会计信息作用在下降，财务管理升级迫在眉睫。当前的智能财务已经逐步升级成为一种新型的财务管理模式，即一种通过人和机器的有机合作消除复杂的财务管理活动，并不断向外延伸、扩大，甚至可以部分替代人类财务专家的活动。

因此，智能化所带来的团队和人员能力的升级主要体现在以下两方面。

1. 财务人员的创新能力升级

很显然，相比于传统财务时代，智能时代对财务人员的创新要求更高，且创新的压力来自各方面。

首先，智能化会在现在及未来相当长的一段时间内，带来整个社会经济的重大改变，其中，企业组织作为社会的中坚力量肯定会受到这一浪潮的影响，随之发生深远的变革。财务部门作为每个企业的核心，如果财务人员的创新能力满足不了企业的发展，那么很有可能会对企业的经营发展带来不利影响。

其次，智能化也会推动财务管理本身发生各种改变，如果财务人员的能力没有及时提升，使企业的财务管理水平落后于市场，那么这会直接影响企业的财务运营效率、决策支持水平和资源配置能力等。因此，提升财务专业领域的创新能力显得尤为迫切和重要。通常，可以从以下四个方面来提升企业的财务创新能力。

①聚焦创新方向。创新能力的构建和提升不是一蹴而就的，需要聚焦创新方向并同公司的发展战略保持一致。这里要注意，财务创新并不是孤立的，当财务创新的目标与公司战略发展高度一致时，公司会给予最大化的资源来保障创新能力的构建，管理层也会比较认同和理解财务的创新工作，从而有效避免一些不必要的沟通。

②鼓励创新文化。创新本身不是一件简单的事。对企业来说，更应该建立与之相应的奖励机制，加强对创新的正向激励，促使一线财务人员愿意参与到创新能力的构建这一过程中来，而不是简单固化地将创新看待为一项任务。

③建立适合创新的组织。在传统的层级结构组织中是很难培养出创新精神的，因此，在构建创新能力的同时，要适度打破组织边界，允许跨团队交流，推行有助于创新的组织形式，其中，项目制就是很好的应用。

④推行创新容错机制。在推行创新的过程中，一般会涉及组织的方方面面，特别是很多新的技术流程还需要经过实践应用的验证，因此，要允许创新在一定范围内的失败。给予试错机会对以严谨著称的财务人员来说特别重要。实践也表明，对于企业，如果能对试错给予较大的包容性，有一定的容错空间，那么企业往往具有较强的创新意识和能力。

2. 财务人员的知识结构升级

在智能时代，财务人员的知识结构升级也面临巨大的压力。以往，财务人员更多走专业路线，即在某一个专业领域，如核算、资金、税务等方面从基层工作做起，并不断丰富完善知识结构，通过多年努力成为某一领域的专家。在传统的财务阶段，这样一条专业的发展路径是毋庸置疑的，这也是大多数财务人员的成长历程。

随着智能化的发展，财务工作领域的人员有了更多的发展可能和路径选择。在技术发展与应用的推动下，专业协同和专业分工越来越细化，这使得原来进入特定基础工作领域的财务人员很可能没有什么机会接触到其他或更大范围的知识领域。与此同时，计算机替代了更多的财务基础工作，这使得新入行的财务人员也没有机会接触基础财务业务。因此，为了适应智能化的发展，财务人员要提前构建完善的知识结构体系，做好财务各职能模块的知识储备。通常可以先构建一个知识面，然后逐渐加深知识面的厚度，同时选择有关专业领域进行重点钻研。这种团队人员的发展模式，能够让财务人员更好地适应多变的内外部环境，并及时地调整发展方向，从而具有较强的职业弹性。

综上所述，智能化的发展将全面驱动财务转型，包括财务管理模式、组织、文化和人员等多个方面。未来，智能财务将助推企业实现智能化，发挥财务人员真正的作用和价值，从而有效提升企业的核心竞争力，为企业创造更大的价值。

二、智能化推动财务管理实践升级

智能化带来的不仅是观念的转变，在实践中，我们看到越来越多的智能化应用及场景落地，并不断推动财务管理能力的升级。下面从战略财务、专业财务、业务财务和共享财务这四个方面来探讨智能化的影响。

（一）智能化与战略财务

智能化的发展带来了整个社会经济的变动，也势必会影响到各行各业，甚至渗透到企业的发展经营中，有一些企业会进行战略层面的调整，也有一些企业会在战术层面进行匹配。因此，战略财务要敏锐地跟上企业战略和经营的变化，积极主动地为企业的战略发展提供支持。在战略财务领域，智能化带来的影响主要集中在以下两方面。

1. 智能化对经营分析的影响

从经营分析的视角上说，在大数据的基础上，战略财务将直接打破原来所受到的数据的局限性，增强因果分析和相关性分析。同时，由于数据的边界从企业内部向外部延伸，基于更广泛的社会数据，使得企业 KPI、经营分析报告、市场对标等信息获取更全面，有助于提升经营分析结果的可用性和价值。

从经营分析的工具方法上说，通过大数据和云计算的结合应用，战略财务能够为经营分析提供更强大的数据采集、加工处理和分析能力，扩大经营分析的边界，使企业的经营分析更加灵活和丰富。同时，由于大数据能够进行非结构化数据处理，并把市场上与企业相关的热点等实时社会媒体信息纳入经营分析范围，因此提升了经营分析对企业发展的支撑能力。此外，人工智能等信息技术的发展，推动了经营分析的方法从传统的经验分析法演变成算法分析法，从而能够进行更为复杂的分析，获得更精准的分析结果。未来基于机器的学习及算法的优化升级，也将持续提升企业的经营分析能力。

2. 智能化对全面预算管理的影响

预算从本质上说是对企业资源的一种配置方式，预算编制的关键就是提出各利益相关者特别是股东和管理层都能接受的资源配置方案。但在实践中，企业的预算管理总会碰到一些难点，比如，如何在股东和经营管理者之间建立信任、怎样进行资源配置，以及如何提升资源配置效率和最终效果的检验等问题。往往这些问题都是通过妥协或变通来解决的，但很难被实质性解决。随着智能化的发展，这一情况将有所突破和改变。

第一，智能化技术能够在企业经营计划和预算编制过程中发挥重要的作用。基于大数据分析，智能化技术能够帮助验证资源的投向及其真实性，进行清晰的资源投向和业绩达成的相关性分析和评价，使企业的预算编制更为科学、合理。

第二，智能化技术能够有效提升企业的预判能力。基于大数据、机器学习等方法能够构建更为复杂且有用的预测模型，进行复杂场景下的敏感性分析，并帮助企业有效提升其预算预测和未来的预判能力。此外，引入人工智能等虚拟商业生态系统，使企业未来的预测能够建立在与真实社会相仿的现实模拟环境中，据此设置不同的模拟用户和不同的预算投入，从而有助于真实反映评价预算的投入效果等。

（二）智能化与专业财务

从某种程度上说，专业财务是整个财务框架中最为成熟的模块，它是企业财务管理的基础，通常包括会计与报告管理、税务管理、资金管理、合规管理、管理会计、成本管理及财务风险管理等方面。随着智能化的发展，会计与报告管理、税务管理、管理会计和财务风险管理方面都受到了非常大的影响。

1. 智能化对会计与报告管理和税务管理的影响

①智能财务报告。在智能时代，基于机器学习等技术为实现智能财务报告提供了条件和可能，通过在结构化的报告范式的基础上，引入人工智能基于市场反

应的润色学习技术。从股东的角度来说，智能财务报告将有助于企业提升股价。

②智能税务管理。对于税务部门，基于企业间的大数据及对更广泛的社会数据的分析和应用，将有助于大幅提升税务稽查能力。对于企业，基于企业的内部数据及对可获取的社会化数据的分析和应用，能够预先在企业内部开展一定程度的税务风险排查，及时进行税务主动管理，而不是在面对监管部门时的被动响应。当然，在税务管理领域中还有很多方面可借助信息技术进一步实现自动化，如在发票真伪的查验、纳税申报等职能上都能引入智能化信息技术，从而进一步解放人力。

2. 智能化对管理会计的影响

随着智能化信息技术的发展，管理会计也将获得更多收益。一直以来管理会计都有一个最大的难点——运算性能不足。通过对智能技术的引入和应用，能够实现在物理架构、硬件等方面的技术进步，从而有效地缓解管理会计的难点问题。比如，使用基于云计算架构搭建的多维数据库，或直接使用企业内存数据库来处理相关的管理会计数据。在这些过程中都存在更多可以优化数据性能的机会。

另外，大数据技术架构的发展也为多维数据的处理提供了新的技术思路和应用方向。在实践中，已有先行企业尝试基于大数据平台进行管理会计的数据处理，从而有助于突破计算性能不足的瓶颈，使得管理会计系统能够运用更为复杂的逻辑，处理更多的数据维度。

3. 智能化对财务风险管理的影响

通过对智能化信息技术的引入和应用，能够实现全过程的风险管控，从事前、事中、事后三个层次来有效防范企业的财务操作风险。

①从事前防控角度来看。在传统的管理模式下，企业的风险监控体系主要还是基于以往的经验和分析，但这种方式很可能存在认知缺陷。通过机器学习方法，能够帮助企业在财务业务流程中大量的交易及风险事件里发现新的风险规则，从而更好地补充和完善现有风险指标体系，有效提高事前风险防范能力。

②从事中防控角度来看。如果能把经验的规则系统化则有助于实现初步人工智能的应用。通过大量的交易规则，我们能够及时发现其潜在的风险点或薄弱环节，甚至可以直接拦截一些风险事件。此外，基于对数据的积累和挖掘，我们还能实现更为准确的风险分级，针对每一笔业务单据的不同，为风险等级配置不同的控制流程，大大提升企业的风险管控能力。同样地，机器学习技术还能在经验的规则积累基础上，持续改进与优化，从而持续提升企业的风险控制能力。

③从事后分析角度来看。企业能够建立如基于决策树的模型、社交网络的模

型、聚类分析等不同类型的分析模型，从而能更好地在事后进行操作风险审计和问题发现。通过对跨交易单据的分析，发现更为广泛的风险线索，从而有效发现和解决问题。同样地，大数据和机器学习还有助于持续完善对各种分析模型的构建，大大提高发现风险线索的精准度。

很显然，在企业风险管理领域引入和应用智能化技术是相对容易起步和实现的，也可以考虑将其作为企业迈入智能化阶段的前期选择之一。

（三）智能化与业务财务

从本质上说，业务财务其实是战略财务与专业财务在业务机构端的延伸，也是财务共享服务在业务前端的支持与保障。因此，从业务职能的范围看，智能化对业务财务的影响与对战略财务、专业财务及共享财务的影响是大同小异的。在这里，我们主要从业财融合的视角来看，其中，会计引擎和区块链这两项技术对业财融合的影响较大。

1．会计引擎与业财融合

其实，不论是业务还是财务，它们都是按照各自的语言体系来记录和反映有关经济事项的，因此要实现业财深度融合的最大挑战就是要先解决业务信息向财务信息转换的数据一致性问题。构建高效灵活的会计引擎就能很好地把业务系统与财务系统紧密联系起来。

应用会计引擎的关键在于通过系统设计一个翻译器，这样就能在会计引擎中针对不同的业务系统和财务系统进行转换关系的初始配置。随后，每发生一笔交易最终都通过会计引擎翻译为会计分录，实现业务信息向财务信息的转换。而随着智能技术的发展，会计引擎将逐渐抽象并发展成独立产品，提升其实践应用能力和价值。

未来，会计引擎还可以逐步建立跨行业的统一会计引擎模式。此外，通过引入机器学习技术和基于规则转换的数据积累，会计引擎将逐渐形成新的转换规则体系，持续提升业务到财务的语言转换能力，从而最终实现新业务的接入免配置。

2．区块链与业财融合

会计引擎有效解决了业务信息和财务信息之间的转换问题，而对区块链技术的引入和应用则有助于推动业财的一致性。传统的财务记账模式是把所有的财务信息记载在一个集中的账簿中，在业务系统中的业务交易记录可以理解为业务账，在财务系统中的有关会计凭证则可以理解为财务账，二者是平行的转换关系，容易出现一致性问题。区块链的应用本质是一种分布式账簿，它可以通过构建一个平行账簿把业务与财务联系起来，当发生业务时，每一笔交易都会同时记录在双方账簿中。如果企业集团内部存在多个组织或法人形态，也能引入区块链技术形成在关联方或内部往来方的多个平行账簿。因此，区块链技术的应用有助于企业构建一套平行账簿体系，这样，业务系统与财务系统之间就不需要重新进行数据一致性的核对，同样地，关联交易和内部往来的核对问题也能有效解决。

（四）智能化与共享财务

智能化的发展不仅有效提升了财务共享服务效率，而且在OCR、规则引擎和人工智能等信息技术的综合运用与推动下实现了从传统的标准财务共享服务进一步向智能共享的跃迁，这里以财务机器人为例简单说明下。

财务机器人更多强调的是机器流程的自动化，其本质是通过模拟人工作业把一些无法通过系统集成的人工操作进行自动化的处理。以最常见的应付流程为例：维护性供应商数据—提交采购请求／订单—收货确认—收到供应商发票—三单匹配—调整差异—建立付款日期—准备付款—批准付款—付款执行……——记账。在这一场景中，财务机器人能完成大多数的流程或环节，如财务机器人能够实现供应商信息的更新、采购申请的创建、物流信息的查询、采购计划的更新、收货确认的提醒、三单匹配度的核对、价格的核对、付款差异的检查、银行的对账等自动化应用，这大大提高了应付流程的执行效率和质量。

当然，财务机器人也不是万能的，还要特别注意财务机器人在实施过程中可能碰到的问题。要有效实施并发挥财务机器人的价值，必须明晰这并不是简单的技术问题，不能脱离业务，只有业务人员深度参与进来，才能进行更全面、科学的梳理和分析业务流程。

迈入智能财务时代后，智能化对财务共享的影响是非常深远的。我们相信，未来还会形成更多新的技术来合力驱动财务管理的转型升级，不断加强与财务管理场景的深度融合，从而更好地助推企业的经营发展，在管理实践中创造出更大的价值。

三、财务智能化的发展阶段

随着时代的变迁，越来越多的企业开始关注财务智能化，未来，这一趋势将持续发展，并不断拓大其应用范围和程度。智能财务可以根据其在广度和智能度上发展的不同程度，被划分为三个不同的阶段。智能财务的第一阶段被称为智能财务1.0阶段，此时该应用的覆盖率和技术水平较低，还处于初始发展阶段；智能财务的第二阶段被称为智能财务 2.0 阶段，在该阶段中，智能财务的覆盖面更广，延伸到财务流程和领域的各个方面，但是其智能程度的提升还不够快速；智能财务的第三阶段被称为智能财务 3.0 阶段，在这一阶段中，智能财务不再仅仅追求广泛普及，而是更注重提升智能化水平，且智能财务被应用于多个领域，其智能化程度不断提高。前两个阶段是自动化的阶段，它们是实现智能财务的基础，此时，智能财务的核心目标是通过改进财务管理和企业管理，以有效地降低企业的支出；在智能化的第三个阶段，智能财务的主要目标是最大化企业的核心竞争力，以进一步提高企业的绩效。

财务智能化的最终目标是“去中心化”，实现直接交流。目前，企业的财务管理多采用一种中介化的方式，即财务部门负责收集、输入、计算，以及展示相关数据，也就是承担企业财务管理的全部工作。在此模式下，财务部门仅能获取有限的信息内容，并需要将其按照一套统一的格式进行输出。随着企业对定制化信息的需求日益迫切，中心化管理模式已经不能够满足它们对财务方面的要求。所以，越来越多的人开始倾向于将财务智能的发展方向转向“去中心化”。该模式强调将业务部门、职能部门、个人和外部渠道整合起来，以使它们能够成为最初提供信息的来源。中台系统可以自动接收这些信息，并进行加工与整理，以满足各位决策者个性化的需求，同时更加迅速地做出响应。根据“事项会计理论”的原则，使用者应该具有选择会计信息的权利，以便更好地使用该信息。这与上述内容不谋而合。

四、财务智能化的发展方向

财务智能化的发展方向是对核算数据进行全方位的共享。费用的报销、采购的付款及销售的收款共同构成了核算数据的全方位共享。通过采纳“会计工厂”的策略，之前散布在各地的财务报账、付款和记账任务被集中到共享中心进行统一管理，从而达到了统一核算标准、高效处理各种业务的目的。

资金全面在线。共享中心完成记账后，系统推送付款指令至资金系统，使其完成业务线上处理、数据实时呈现，保证资金管理安全、高效、敏捷，为风险预警、头寸管理、资金分析等提供系统的数据支撑。

财报自动编制。通过月结驾驶舱、财务报表机器人等，提高内部结算、月结关账、合并报表等自动化水平，实现月结高效、财报提速。

业务财务融合。一方面是业务驱动财务，集成业务系统，实现业务数据驱动财务核算在线化、自动化；另一方面是财务支持业务，将财务人员从基础核算中解放出来，深入分析业务、支持业务。

决策支持智能。先通过智慧财务管理平台（包括智慧分析模块、智慧资金模块、智慧核算模块、智慧税务模块、智慧监控模块、重点项目管理）及时、广泛地采集企业内外部数据，再通过数据建模和数据智能，为管理者提供数据驱动的决策支持和深入价值链的业务支持。

风险集中管控。财务风险管控平台就像一个财务总调度室，全面梳理资金、税务、成本、商务、营销全流程风险，建立风险指标体系，实现风险可视、自动预警和跟踪反馈。

五、财务智能化建设的角度

企业可以借助以下几种方法来实现财务智能化建设，以改变企业财务模式，推动整体商业模式的创新和发展。

①将财务和业务紧密结合，使二者相互补充，达到协同效应。需要开发一款集成财务数据和业务数据的分析系统，以满足在不同业务场景下的需求。该系统要能够为业务人员和合作方提供业务分析、预测和复盘等操作，以帮助他们更好地监测和管理制造、采购、营销等业务领域的风险。同时，该系统要能够智能识别历史财务数据中的异常情况，为业务增长提供全方位的支持。

②资源的高效整合。企业内部资源包括人财物、信息技术、管理、可控市场等。通常一个集团内部的资源相对复杂，如果缺乏智能化技术的支持，那么很难实现有效整合，进而影响内部效率的提升。

③财务流程自动化、智能化与体系化。利用财务机器人、财务分析模型等对关键财务数据进行实时分析测算与对比，针对核心风险点、核心业务流程建立财务模型，从而实施自动化财务分析，把控业务关键点。财务流程再造的目标在于简化数据采集方式，实现自动采集、共享和有效控制，同时自动处理数据，规范输出报表。在录入端，改进业务部门在发生业务时原始单据的录入系统及会计凭证编制的过程，通过无纸化传递，实现从业务端获取原始未加工的信息，进而带来采购及支付的集中、供应商的集成，推动价值信息共享。在信息加工环节，实现自动处理原始单据，生成会计凭证、账簿及报表，并为各环节留下记录。同时，根据使用者的需求，运用数据挖掘技术，分析生成智能化数据信息，形成信息报送体系。

④打造强有力的财务团队。为紧跟企业智能化建设的步伐，应对财务人员

的专业素质和能力进行升级培训，招聘高素质的专业人员，稳定人才队伍，配置具有全面知识结构的团队，加快从传统财务管理模式向新型财务管理模式的转型升级。

第二节　智能化财务建设的业务流程设计

一、共享运营

共享运营场景与技术匹配如表 5-2-1 所示。对于共享运营，在智能化方面的应用场景是相对较多的，这也是由其作业运营的特点所决定的。信息技术的进步本身对运营效率的提升就是最直接的。

表 5-2-1　共享运营场景与技术匹配

技术	功能模块
区块链	智能合约和智能核算
人工智能	智能图像识别、智能审核、智能风控、智能清结算
大数据	运营分析
移动互联网及物联网	财务众包、电子发票
传统技术	派工调度

二、资金／司库管理

资金／司库管理场景与技术匹配如表 5-2-2 所示。在资金管理中，与共享流程密切相关的部分已经被归入共享运营，而针对资金管理和司库管理来说，主要的应用在于提升基于大数据对资金和司库管理的分析、决策能力。此外，物联网技术对账户 UKey（电子钥匙）、用印安全管理也将发挥重要作用。

表 5-2-2　资金 / 司库管理场景与技术匹配

技术	功能模块
区块链	跨境交易
人工智能	智能资金调度
大数据	投资管理、风险管理、流动性管理、资产负债管理、资金预测
移动互联网及物联网	账户管理（UKey 和印章）
传统技术	融资管理

三、会计报告

会计报告场景与技术匹配如表 5-2-3 所示。会计报告对新技术的应用主要集中在区块链对关联交易及业财一致性的支持上。同时，类似智能编辑这样的场景可以应用于会计报告的智能化。而在这个领域也会引发对未来套装软件是否能够支持智能化应用的思考。

表 5-2-3　会计报告场景与技术匹配

技术	功能模块
区块链	关联交易、统一会计引擎
人工智能	智能报告
大数据	报表分析
移动互联网及物联网	—
传统技术	总账、应收、应付等，合并报表

四、税务管理

税务管理场景与技术匹配如表 5-2-4 所示。税务管理在税务风险控制方面可以应用人工智能技术来进行支持，在税负分析、税费预测等领域也可以考虑引入大数据，充分利用企业内外部数据来提升分析质量。此外，税务管理中涉及的不少应用场景也会前置到其他业务或财务系统中。

表 5-2-4 税务管理场景与技术匹配

技术	功能模块
区块链	—
人工智能	税务风险控制
大数据	税负分析、税费预测
移动互联网及物联网	—
传统技术	增值税、所得税等分税种模块，税务检查，税务政策管理

五、成本费用管理

成本费用管理场景与技术匹配如表 5-2-5 所示。成本费用管理在费用分析方面可以考虑与大数据相结合，而在移动互联网及物联网方面可以进行服务及商品采购的前置和线上管理，从而获得更好的管控效果。

表 5-2-5 成本费用管理场景与技术匹配

技术	功能模块
区块链	—
人工智能	—
大数据	费用分析
移动互联网及物联网	移动商旅、电商采购
传统技术	费用报销、项目管理

六、预算管理

预算管理场景与技术匹配如表 5–2–6 所示。预算管理的技术应用主要集中在大数据方面，通过大数据提升对预算预测和资源配置的管理能力。

表 5–2–6　预算管理场景与技术匹配

技术	功能模块
区块链	—
人工智能	—
大数据	智能预测、智能资源配置（预算编制、调整）
移动互联网及物联网	—
传统技术	预算控制

七、管理会计

管理会计场景与技术匹配如表 5–2–7 所示。管理会计本身在技术层面的起步就比较晚，它的实现仍主要基于传统技术方式。但在管理会计报告的编制中可以考虑采用智能编辑模式，盈利分析可以考虑引入大数据，以增强分析的实用性。

表 5–2–7　管理会计场景与技术匹配

技术	功能模块
区块链	—
人工智能	智能管理会计报告
大数据	盈利分析
移动互联网及物联网	—
传统技术	收入分成、成本分摊、作业成本

八、经营分析

经营分析场景与技术匹配如表 5-2-8 所示。在经营分析这个领域，大数据有较大的应用空间。通过对数据范围的扩大及相关性分析的引入，经营分析能力得到提升。

表 5-2-8　经营分析场景与技术匹配

技术	功能模块
区块链	—
人工智能	智能经营报告
大数据	经营分析
移动互联网及物联网	经营仪表盘
传统技术	绩效管理

第三节　智能化财务建设的财务组织规划

一、智能财务组织的整体架构

智能财务运营涵盖业务运行、平台运转、组织运营、管理提升等工作，具体涉及质量、服务、信用、系统等方面的管理，且这些都与运行智能财务业务息息相关，同时涉及设定目标、绩效评估和员工管理等智能财务组织运营的事务。知识、制度和创新管理也都与提升企业智能财务管理能力有关。在智能财务建设的过程中，组织规划是不可或缺的关键环节，同时也是最具挑战性的工作。从财务管理和认识管理的角度看，智能财务运营管理的总体原则是要考虑财务和人员管理的实际情况，包括中央集权管理、层级分工、上下相互协作、共同分享。为了达成这一目标，相关人员需要建立一个智能财务中心（IFC），负责整合和协调智能财务方面的运营管理工作。二级单位财务部门负责加强管理能力和员工素质，同时，下一级部门的财务部门负责缩小工作范围，并减少员工数量、统筹员工具体工作。为了确保财务人员能够不断成长并持续为企业带来高效的贡献，我们需要设计智能财务组织的整体框架。

二、智能化财务的内部控制

（一）智能化财务的系统风险

智能化财务带来的系统风险主要有以下五种。

①特殊业务无法识别的风险。对于标准化、规范化的业务，数字信息系统处理起来得心应手。但对于非标准化的业务，特别是合规、合流程但不合理的业务，系统没有识别能力，如一些费用不真实，但支持性文件齐全的业务。

②数据安全性风险。数据存储中心和计算中心对环境的要求较高，对温度、湿度、清洁度都有一定的要求，容易出现备份不足导致丢失或损毁数据的情况。另外，由于系统开放，各种端口都可以进入，特别是移动端，因此存在网络安全性风险。

③系统舞弊风险。由于系统自动化程度高，数据处理和存储高度集中，因此有可能存在不相容职务集中的风险。另外，如果系统在初始时程序设计得有缺陷，那么会导致数据有很大的偏差，甚至存在隐性犯罪。如果程序设计不周或不对输出文件进行人工检查，那么有可能导致不合规的业务和数据游离于监管之外，造成数据失真。

④差错重复出现的风险。在进行人工操作时，错误一般都是个别现象，发现后往往容易纠正。但在数字信息系统发生错误时，由于处理速度快，自动化程度高，因此可能会由于无法及时发现或阻止而造成连串的差错，并在短时间内蔓延，造成更大的损失。还可能由于对差错的反应不及时而出现反复执行同一错误操作，造成多次错误。

⑤程序被恶意改动的风险。数字信息系统由很多的程序组成，每段程序都由特定的程序员负责，因此，对程序调用或修改的控制是至关重要的。如果对程序员权限没有一定的控制和隔离，那么会容易发生程序被未授权的人非法操作的情况。由于程序设计的漏洞造成的差错更加隐蔽，因此潜在的风险更大。

（二）数字信息系统内部控制的分类

按照控制实施的范围，数字信息系统内部控制可分为一般控制和应用控制。一般控制是对数字信息系统的主要因素（人、机器、文件）与数字处理环境的控制，一般又分为组织架构控制、系统开发与维护控制、硬件及系统软件控制，以及安全控制。一般控制是针对整个数字信息系统进行的框架控制。

应用控制是对具体功能模块及某个业务处理流程环节的控制，包括输入控制、中间审批控制、插件控制、查询控制、输出控制等。应用控制适用于特定的处理节点，是一般控制的具体化。

按照控制采用的手段，数字信息系统内部控制可分为手工控制和程序控制。手工控制是指在某些关键环节实行手工操作，如审批环节、支付环节，以减少系统处理的风险。程序控制是由数字信息系统自动完成的控制，如预算管控、差旅费标准、住宿标准等。

按照控制的层级，数字信息系统内部控制可分为预防性控制、检查性控制和纠正型控制。预防性控制作为事前控制，是为防止不利事件的发生而进行的控制，如前期按岗位设定的不同员工有不同的授权；检查性控制是事中控制，是在事件进行中检查的控制，如在系统中预设逻辑关系的匹配和核对等；纠正型控制作为事后控制，有一定的滞后性，是为了今后消除或减少不利事件设置的控制，如发生错误支付后的短信示警及对经办人进行追索等。

按照实施主体的不同，数字信息系统内部控制可分为信息部门控制和用户控制。信息部门控制是由系统员或程序直接实施的控制，如系统过热保护控制、数据自动备份控制、录入密码错误锁定控制等；用户控制则是指使用部门对数据进行的控制，如定期更换登录密码、定期轮岗等。

（三）数字信息系统内部控制的显著优势

随着智能财务时代的到来，内部控制自身的管理手段从人工控制向自动控制转变。传统内部控制以人工控制为主，设定一定量的内部控制岗位，由人员进行检查及监控。人工控制一般存在于规模小、生产流程不复杂的企业。内部控制的重点一般在于审批和复核业务活动，对事项进行跟踪并控制。随着智能化平台的建设，内部控制的管理手段必将向自动控制转变。内部控制部门通过设计好的控制策略和干预措施，在生产环节安装检测装置，当出现偏差时，装置将进行自动矫正，令其回归预期状态。

自动控制一般用于大型企业，以对嵌入式计算机程序的控制为主，利用数字信息系统控制业务的生成、记录、处理和报告的生成过程。

运用数字信息系统开展的内部控制有显著的优势，能提高效率和效果。首先，在数据量的处理上，可以进行大量的交易和复杂的运算；其次，能及时、迅速地获取信息，提高准确性，同时有利于数据的深入分析；再次，能提高对经营业绩和政策执行情况的监督能力；最后，通过应用程序、数据库系统和操作系统进行安全控制，还能提高不相容职务分离的有效性。

企业实现智能化财务后，内部控制应当根据其数据集中、处理量大、存储磁化、流程自动化、系统开放、授权分散、内部稽核难等特点做适当调整。

第四节　智能化财务建设的制度体系设计

企业集团的快速发展使得组织架构日趋复杂，集团财务管理难度越来越大，财务管理成为推动企业成长的核心力量。企业财务团队必须有“战略家”思维，做到“战略财务”。首先，要认识到财务工作不再是生产经营的附属内容，而是关系到整体效益的重要工作。其次，要认识到实施主体是全体企业人员，财务管理从制定到实施的整个过程，总部到各级成员单位均应参与。最后，财务管理应渗透到各板块、各部门、各方面，由总部统筹协调，构建集中管理的财务模式，以适应企业发展。

一、智能财务制度的管理思路

制定规划意味着设计整个框架，并以此为基础来组织智能财务的制度结构，从而使其更加清晰明了。要按照一定的逻辑进行梳理，对现有制度进行仔细审查，发现并解决问题，同时对需要修改或新增的制度制订计划；要撰写规范化的模板，用来制定新增或修订的制度，以达到一致性的目的。制度需要保持不断更新，以适应国家会计准则、财税制度及服务对象的日趋变化。持续改进制度是必要的，因为这有助于企业有效地管理智能财务共享平台和智能财务中心。

使用知识管理平台，企业可以有效地实施智能财务制度的管理操作。知识管理平台包含两个部分，即知识库平台和问答社区平台。要打造知识库平台，企业需要把关注点集中在建设知识库本身上。这表示企业需要先从各种财务业务中找出重点和难点的部分，然后对其进行组织和分类，以便收集知识资源并将它们添加到知识库中，从而确保员工可以自主地访问知识库，获得所需信息。也就是说，企业要实现公司内部知识的系统化，以确保财务团队成员能够轻松地获取所需信息。员工有多种方式可以正式分享或传达知识库平台中的系统性知识，包括参加官方会议、参与正式的培训活动及接收 OA（办公自动化）系统专栏推送等形式。

问答社区平台的宗旨在于构建一个开放、自由的讨论平台，鼓励用户公开地交流讨论。与知识库相比，问答社区平台更适合应用于非正式的知识共享场合，且在呈现隐性知识方面更加灵活。由于隐性知识很难用具体的语言或形式传达，因此传统的知识传递方式并不适用于这种类型的知识。企业应该建立一个非正式的讨论平台，鼓励员工分享工作经验，相互启发灵感，并鼓励他们进行能够激发想象力的讨论，在此基础上推动组织的知识创新发展。在构建问答社区平台时，企业要为员工提供讨论基础，同时确保该平台能够支持外部专家网络的嵌入，从而方便员工向外部专家请教并获得指导。另外，该平台要能够让隐性知识变成显性知识，并将外部知识整合到内部，这样才能促进知识共享和团队协作能力的提升。

二、智能财务制度的设计目标

整个智能财务系统的设计目的是确保智能财务的运营和管理规范化，并确定各单位在智能财务平台共享中的管理准则和责任分配；促进各单位遵守法律法规、有序执行任务，确保各单位符合相应规定；提升各单位财务信息水平、提高工作效率、降低成本，进而增强财务部门的规范化管理能力。

（一）财务集中管理

1. 财务集中管理的核心

在财务管理上，实施财务集中管理的核心是实现智能化集中管理。通过搭建企业总部与成员单位的财务数据体系和信息共享机制，设立业财一体化平台，实现数字流、物流、资金流、资源流的集中管理，实时采集业务过程的数据，自动生成财务核算数据源，保证数据的实时传输和共享，财务与业务记录同步生成，从而实现财务与业务的进程一体化，更好地发挥财务的服务职能。

2. 财务集中管理的原则

（1）总原则

与战略目标协调一致；合理配置人力资源，提高成本效益；合理调度资金，提高资金使用效率；规范会计核算，统一会计政策，提高会计信息质量；强化财务监控，维护企业集团整体利益。

（2）明确权限的原则

企业总部统一配置财务团队，采用所有财务人员归集统一管理模式，或者采用分级管理模式。企业总部派出财务机构负责人及财会人员对派出人员实行监督管理。

企业总部统一管理会计业务、财会人员的档案、职称评聘、职务晋升、内部调动、福利报酬、奖惩等。

企业总部负责考核财务人员。可以采用总部＋成员单位双向考核的方式，即成员单位考核出勤情况、服务态度；企业总部考核工作效率、工作责任。

（3）资金统一管理的原则

集中资金管理，统筹资金的调度。成员单位持有的资金进入企业资金池，在需要使用时提出申请，在企业系统内按调拨额度控制支付；企业总部定期与成员单位进行往来资金结算。

（4）费用分级审批的原则

根据企业及成员单位的公司治理结构，合理授权，自负盈亏。由授权的责任人在权限内承担费用审批责任，企业总部承担管理和执行责任。

3. 实现企业财务集中管理的条件

企业采取集权型的战略管理模式。即企业集团对成员单位的股权链条清晰，具有绝对管理权和决策权，总部能统一财务制度、调度财务人员调剂资金。如果企业成员单位以松散型股权架构为主，则无法控制投资权、财产处置权、收益分配权及人事权，无法实现财务集中管理。

各成员单位地理位置分布相对集中。这样既便于总部财务部门及时了解、掌握经营情况和财务状况，又便于各成员单位办理报销业务，减少了沟通成本，提高了办事效率。部分企业的成员单位分布地域较广，若实行财务集中管理模式，则在设立财务共享中心时要充分考虑交通和网络的便利，匹配合适的操作平台，这样才能实现有效集中。

企业总部具有良好的财务状况和较强的融资能力。实施财务集中管理主要就是实施资金统一管理，只有当企业整体维持良好的财务形象、取得较高的银行信用时，企业系统内的资金运作方能进入良性循环。否则，资金的统一管理反而不利于成员单位的对外融资，财务集中管理没有了存在的意义。

4. 财务集中管理的优越性

（1）信息技术发展有利于财务集中管理

随着信息技术的发展，数据的取得日益便捷，让以往为满足时效性要求而采取的分散管理向集约型集团管理的转变成为可能。通过 IT 与管理融合的创新策略，可推进企业财务管控体系的构建。运用互联网、财务共享平台、云计算技术、电子商务技术等，可以快捷地搭建财务智能化信息平台，实现财务集中管理，从而达到节约成本、优化资源资金、提升效能、提升管理组织灵活度、增强企业的核心竞争力和市场应变力的目的。

（2）有利于企业战略目标达成

对于大型企业集团，推行财务集中管理可保证集团和成员单位财务战略目标的一致性。根据企业整体战略，从企业总部层面制定统一的财务战略，采取与企业相匹配的财务制度、财务报销流程、财务控制及内部控制模式、考核评价体系，从而实现企业的战略目标。根据管控和协同的需要，明确集团与成员单位的权、责、利，切分“集权”与“分权”的界限，充分调动各级成员单位的主观能动性，发挥企业的效能。

（3）有利于提高财务质量

推行财务集中管理有利于加强财务质量管控，降低企业财务信息失真的风险。在企业内部，各成员单位间形成纵横价值链，不同层级的成员单位按照集团统一的财务核算体系，客观、准确地反映经济业务信息；按照统一的会计政策，正确、完整地录入财务信息；信息汇总、上报、合并实现时效性及口径一致，保证财务数字的真实性、有效性和准确性，使各项工作在财务战略轨道上有序、高效运转。

（4）有利于高效配置和管控资金

在企业内部及与供应商关联的体系内，实现资金的高效配置和管控也是企业战略达成的重要手段。推行财务集中管理能更好地实现资金高效配置及管控的目标。资金是企业的生命线，“现金为王”是现代企业管理的基本理念。实现财务集中管理，也就把握住了资金的统一，通过内部融通资金来盘活资金，提高资金使用率，减少银行信贷成本，降低企业负债风险。

（5）有利于强化会计控制职能

通过财务集中管理可以强化会计的控制职能。数字的适时性提升了财务对预算适时控制的能力，可以同时对销售进程、成本使用、费用开支进行配套监控，设置各种管控“按钮”，使业务流程中违规或超标的项目自动“退出”，充分发挥财务的监控职能，提高资金效能及经营效能，进一步防范经营风险。

5. 实现财务集中管理的具体方式

实现资金的集中管理。实行企业整体“收支两条线”，通过资金归口管理，统一开设收款账户及支出账户，对已有账户进行整合、直联，控制资金流入、流出，动态监控成员单位的经营活动。同时，对资金进行统一调配，减少资金沉淀，提高资金利用效率，节约资金成本。

实行全面预算管理。预算管理是根据企业战略目标，通过对资金资源的分配，分解营收计划和成本费用，实现经营创收和资产保值增值目标的一种有效形式。全面预算管理是企业财务管理中不可或缺的控制模式，可有效量化企业资源，更好地实现决策管理目标。预算管理体系明确界定了各责任主体的责、权、利，依托统一的信息平台，按节奏下达预算指标，成员单位根据审批通过的预算来执行。

信息集中管理。实现财务集中管理的前提条件是业务及流程信息化。企业可以通过信息硬件设施的建立，分步推动信息集中管理标准化、体系化。根据规范的编码和流程，信息获取部门将相关数据上传到数字信息系统中，数据使用部门从数据库中提取数据，实现信息的实时传递与共享。

统一主要的财务管理制度及会计政策。为了加强企业集团的战略协同，保证企业财务的统一性，规范成员单位的经营行为，保证经营成果具有可比性，应制定统一的企业集团财务管理制度。这些财务管理制度包括“三重一大”审批制度、授权审批制度、对外投资管理制度、融资担保制度。同时，要在通用的信息平台上运行会计核算软件，实现数据无缝连接，提高会计信息质量。

实行财务人员统一管理制度。为规范财务信息，企业可以设立财务结算中心或财务共享中心，对财务人员实行统一管理、统一调拨。成员单位不再设立专职财务，其报销及成本支付通过“作业池”分配到财务人员，最终实现财务透明。

过渡期间可以采用“委派”模式。企业总部下派财务人员负责成员单位的财务管理、预算管理、会计核算、成本费用控制等工作。委派的财务负责人列席成员单位的决策性会议，适时或定期向企业总部报告成员单位的财务情况，并定期向企业总部述职。

强化企业内部审计。内部审计是实施内部监督、事后控制的重要手段。内部审计的主要业务为年度审计、专项审计、离任审计、专案审计和内部控制审计。内部审计的职责有三个。一是财务收支审计。审计的内容以财务状况和经营成果为主。主要关注财务预算的执行情况、财务收支及其有关的经济活动的真实性、合法性、内部控制制度等，保证财产安全、完整及合理地使用。二是制度审计。主要关注成员单位对财务制度及相关法律法规的执行情况、内部控制完善情况，预防经济犯罪的发生和堵塞财务漏洞，确保公司的经营方针、策略、政策及制度的贯彻执行。三是管理审计。采用独立的、客观的分析方法，对组织架构、控制制度、职能进行检查，评价公司的经营效益及贡献能力，提出建设性意见和改进措施，协助管理人员更有效地管理和控制各项活动，提高经营管理水平，合理使用资源，提高经济效益。

（二）财税联通化

我国税务部门持续深化“放管服”改革，开展“便民办税”活动，国家税务系统通过金税三期工程进行电子税务管理。金税三期系统是全国范围内的税务一体化信息平台，采用大数据分析方法，以规范税务机关的征管和企业纳税行为，实现了税务平台和应用软件的大统一。

金税三期系统的特点是业务规范统一化，纳入全业务、全税种实现信息共享和管理。该系统采用的“网络爬虫”软件根据既定的目标，自动提取网页信息，获取涉税资料，实现分类抓取、实时监控和智能比对。金税三期系统可以将行业、业务性质、业务销量、比率等大数据和涉税事项进行精准定位，及时对企业纳税额度进行监控。只要企业的动态数据出现偏差，税负率偏低，系统便会自动预警，企业将会面临被税务机关约谈、要求补交税款，甚至移送税务稽查的情况。

企业应当以此为契机，化压力为动力，合理运用智能化技术，提高网上税务处理水平，实现企业与税务系统的友好连接。随着企业内部网络的互联网化及电子发票的出现，财税智能化建设是企业实现数字驱动的智能税务管控及筹划的必经之路。

1. 财税联通化的优势

（1）防范税务风险

随着发票数据、申报数据的增长，企业面临的税务风险逐步上升。同时，税务系统强大的监管功能增加了企业经营的外部监控压力。企业采购、销售、费用支出等环节，均存在收开发票的行为，均需对发票进行验真、查重。业务与发票匹配后，及时入账，进行增值税款抵扣，这需要通过连接税务系统进行确认，防范税务风险。另外，要实现税项分离、基础数据处理、自动计税、税务申报、税务核查、税务监控及税务政策咨询等功能均应依托于财税联通化建设。

（2）提升税务筹划能力

税务筹划是财务很重要的一项对外工作，如何将财务智能化与税务系统联通，实现适时税务筹划，是财务智能化不可忽视的关键点。成熟的财务智能化系统可与税务系统直联，实现税务远程操作与标准化处理，实现总部对各业务机构或部门的税务管理，监控销售的真实数据及适时反映成本，实现多维度查询分析和数据共享，为整体税务筹划提供决策依据。

（3）防范经营风险

用好税务信息为企业防范经营风险提供了保障。税务系统未来将为企业提供更多的信息。与税务系统联通能为企业提供供应商及购买方的税务信息。例如，供应商或购买方是否具有较高的征信水平，成本率、税负率水平是否达到行业平均水平；从供应商的存货或原材料的税收进项税额可以看出其是否有足够的存货；供应商是否有足够的固定资产折旧来证明其技术能力；供应商是否有足够现金流，如果其拖欠税款，那么可以说明供应商在现金方面存在一定的问题。企业可以根据税务信息对供应商及购买方开展成本率分析、税负率分析、采购分析、可抵扣增值税发票分析、应收账款分析、现金流及资产情况分析等，有效防范经营风险。企业还可以通过税务信息，加深对合作的信心，促进经营效率的提升。

（4）提高管理效能

用好税务信息可提升企业的管理效能。企业日常费用报销通过财务智能化系统与出纳、经办人，以及票据流程、发票管理、电子发票系统无缝连接，获取发票后可直接导入金税三期系统进行校真、校验识别，或者由金税三期系统直接将电子发票导入企业智能化系统，自动完成单据匹配并核销，同时生成增值税抵扣信息。在企业采用后端银企付款后智能完成付款，并生成会计凭证。这大大降低了中间环节出现差错的风险，并降低了发票丢失、重开发票等风险，实现管理效能的大幅提升。

2．增值税务管理

对于付款业务，从外部取得的增值税进项发票可通过国家税务总局全国增值税发票查验平台实现远程校真。目前，部分财务管理系统及运用软件已与税务机关签订查询协议，可实现扫描件校真。只要企业取得发票，不管是哪个地区开具的增值税专用发票、增值税普通发票或机动车发票、电子发票、出租车发票等，均能通过该平台进行查验。同时，可以在财务数字系统上实现增值税认证抵扣并生成会计凭证，完成会计账务处理。

对于越来越普及的电子发票，由于其可以通过“微信端”或“支付宝端”获取，因此可便捷地连接到财务数字系统。在取得发票后，直接导入财务数字系统，适时确认成本并实现税务抵扣。

企业销售货物、提供劳务而产生的收款业务，需要开具增值税发票，一般依据合同约定，将财务数字系统与合同管理系统相连接，预设好开票节点及判断要素，就能实现增值税发票的开具，并直接计算增值税销项税额。但是，由于收入的多样性，导致税种不一，甚至可能存在一项收入分金额按不同税种纳税的情况，这给财务数字系统自动处理纳税业务出了难题。因此，增值税开票系统仅限于本地开票，尚无法实现异地安装和异地使用税控机开票。这就要求企业对合同签署地、发票开具地和纳税地点进行统筹考虑。

企业分布在同一地区的不同分支机构，可以通过财务系统统一搭建增值税开票系统，特别对于开具电子发票，更适合运用财务数字系统管理。通过财务共享中心或数字平台，建立财务系统与企业ERP（企业资源计划）系统、业务系统及合同管理系统的连接，通过系统的集成自动抓取不同系统提供的业务数据和合同数据。比如，生产型企业在产品销售系统中提供了出货单或货运单，与销售合同核对无误后，生成增值税开票信息，根据预设的税率计算公式及原则，按税种选择、金额拆分、发票红冲及作废等规则，智能地开出增值税销项发票。通过严格的校对、审核流程，完成发票的开票申请、打印，并通过物流平台实现发票快递。这种快速处理发票的功能，已被大型网购平台所运用。

增值税进项税额发票的集中认证已基本解决。通过财务数字系统，建立增值税进项统一数据库，通过扫描发票或直接导入电子发票，利用OCR技术识别发票信息后，将对接到国家税务总局全国增值税发票查验平台进行批量查验认证。普通的发票可以实现适时校验；对于增值税专用发票，根据全国增值税发票每天零时统计一次的限制，一般要隔天才能认证完毕。在发票校真后，数据进入核算系统，自动分发发票，形成自动匹配费用及预算的流程，或者根据填报人所填分类，在预算额度内匹配费用科目，同步计算增值税进项抵扣金额，自动生成会计凭证。对于增值税进项发票，抵扣金额直接从发票中读取；对于车票及飞机票等，系统会智能地按预定的税率，自动计算可抵扣金额，并在会计凭证上列示。

3. 税款纳税申报管理

企业的纳税申报涵盖了企业完税需要的所有税种，包括增值税纳税申报、消费税纳税申报、城市维护建设税纳税申报、教育费附加纳税申报、关税纳税申报、劳务费涉及的增值税纳税申报、企业所得税纳税申报、个人所得税纳税申报，还有土地增值税及其他各税种的纳税申报等。一般有按次申报、按月申报、按季申报及按年申报等几种形式。申报表按税务局规定的申报表格来填写，包括纳税人名称、税种、税目、应纳税项目、适用税率或单位税额、计税依据、应纳税款、税款属期等内容。增值税申报表还按进项税额销项税额来区分。所得税申报表还包括销售收入、销售利润、应纳税所得额、应纳所得税额等内容。

纳税申报越来越规范，需要填报的内容也越来越复杂。面对纳税申报表，数据的完整性、逻辑性和准确性要求更高，填报的难度和工作量更大。但由于报表的格式化、标准化，若采用财务数字系统，通过精准地设置公式，有效抓取数据，则将会极大地改善纳税申报的质量和速度。通过成熟的财务数字系统，对接税务局办税系统和各机构数据系统，设立好数据之间的钩稽关系、取数路径和数据分发，规定校验标准，就可以从财务的成本费用明细账、开票端进项税额数据库等多种数据源中取得详细准确的数据，然后汇总填入纳税申报表，快捷并精准地完成税款申报。

（三）业财融合

财务智能化除使财务报销审批流程发生了历史性的变化外，还改变了各类业务的起点，在业务初始阶段就引进财务信息系统，推动了业财一体化的进程。

1. 提高业务获利水平

业财融合要求信息化系统能在交易或业务事项活动过程中实时采集处理、存储、传输会计信息，财务人员能前置参与掌握企业业务的运作状况，并能延伸到采购、供应商、客户等环节，对经营活动可实施全面、实时的管控，协同业务部门发现和解决经营问题。业财融合增强了事前、事中的管理能力，提高了会计信息的及时性与相关性，可在事前、事中预防和控制业务处理风险。通过财务智能化平台实时核算数据并进行数据分析，为业务决策提供依据。另外，财务智能化平台能提升自动化和智能化作业水平，提高准确性，有利于业务部门通过财务系统，深入掌握成本及消耗的资源，改进业务流程，消除不增值作业成本，提高业务获利水平。

2. 优化企业价值链

业财融合实现了业务部门及财务部门的内部协同合作，打通了价值链的关卡。同时，对于价值捆绑的上下游贸易伙伴和客户，因为引进了财务智能化平台，突破了企业组织的界限，所以其从单一企业转变为信息技术环境下的虚拟价值链共同体。例如，某企业通过平台链接实现业财协同，形成了一个总部企业、分销企业、供应链、合作团队等的集合。某个企业的利益与价值链的整体利益一致，实现了信息流、资金流、物流及数据流的协同，创造了竞争优势。从原材料采购链可以看到其优势。以往的采购业务由业务部门通过企业规定的选取供应商的方式（或建立局部供应库，或通过一定的招标流程，或沿用历史合作等方式）产生供应商，按合同履约后取得报销单据，完成付款流程。而在业财一体化管理方式下，企业根据更多的人机交互场景来选择供应商，通过线上、线下产品的实体或虚拟比较，寻找合适的供应商。因不受时间、空间影响，参加比较的产品可能来自全球供应商，故备选产品数量呈指数级增长，方便企业选择最优级产品，特别是选择电脑等电器产品及门槛较低的产品，为企业提供了更大的选择和议价空间。企业优选后，通过系统平台可以自动进入购销环节，签订购销协议，对方履约供货。供应商直接将发货信息推送到系统平台，企业上传进货单、验收资料后，平台自动与供货商结算发票，进行支付。如果企业与供应商签署了阶段性合作协议，那么可以实行自动定期取得汇总发票，定期结算货款。

3. 提高预算的准确性与指导性

企业业财融合的纽带是全面预算管理，实现事前、事中及事后对业务的管控。打破业务与财务的条块分割局面，编制适宜的全面预算的关键是管理。业财融合可提升企业的预算管理水平，科学地编制预算，从而提高预算的准确性和指导性，达到统筹企业资源、强化管理协同的目标。

4. 提高绩效考核的完整性与全面性

业财融合可以帮助企业更好地考核绩效目标是否达成，考核透明，可起到激励员工的作用。从价值链的整体效益看，考核业务及产品绩效提高了评价的完整性和全面性。

业财融合一般主要涉及财务与供应链的融合、财务与制造数据的集成、集团内财务与资金的融通、管理费用的分摊核算等方面。

①财务与供应链的融合可以从业务合同签署开始，供应链模块的信息直接进入财务模块，包括原材料入库数量单价，产成品的出库数量、定价，生产过程的辅助材料，生产人员薪酬，需要分摊的各项间接费用和管理费用等，直接组合成产品的成本。同时，基本供应链的数据与应收账款及合同金额进行匹配核对，形成往来账记录，反馈到财务模块中。

营销部门对供应链和财务模块提供的成本进行核对，同时匹配及分摊间接费用，形成管理凭证。当产品通过物流派送后，形成发货凭证，联动应收账款，发出收款提示。

②财务与制造数据的集成。生产过程的数据包括收入、成本和费用，根据企业的核算方式，预设好内部凭证。内部流转的成本和费用按内部交易价格进行结算，纳入产品总成本或费用。

③集团内财务与资金的融通。涉及资金的业务需要在收入和成本流入会计模块生成收款、税金及资金的会计处理，同时，按收款时点匹配成本的支付进度。

④管理费用的分摊核算。管理费用按企业的分配规定和产成品入库的节奏进行内部比例分配。

第五节　智能化财务建设的运营管理设计

在智能化财务建设中，运营管理是一个必不可少的补充措施。要使智能化财务建设顺利推进，我们需要同时考虑智能财务的运营和管理，具体涵盖以下四个方面：业务运营、平台维护、组织管理和强化管理。我们也可以认为，开展智能财务运营管理必须综合考虑质量、服务和信用、系统、智能财务平台等方面的管理，以及与智能财务组织运营有关的目标制定、绩效评估、人员管理，以及知识、制度、创新等方面的管理。

一、智能财务运营管理的整体思路

智能财务运营管理具备独特思路，它既可以将财务流程与业务和管理紧密结合起来，并运用智能科技和全程管理来提高效率水平，还可以强调智能技术和流程的协同作用，以达到促使财务运营管理流程更加高效、方便和实用的目的。要建立智能财务的运营管理体系，我们需要采用一种重要的系统设计方法，该方法应该包含以下几个要素。

（一）全流程生态圈

智能财务将提供全流程服务，覆盖企业各个部门和岗位，并且促进各部门和岗位之间的协同发展；还将考虑流程相关因素，如组织、人员、绩效、系统和制度等。通过促进企业内部财务与管理部门的协作，智能财务将加强企业各方面的沟通和协调，实现智能化流程整合，包括与外部组织（如供应商、客户、监管等）的协同作用，以打造完善的全流程生态圈。

（二）业务创造价值

智能财务是通过运用智能技术持续跟踪关键性运营管理指标并进行优化的一种财务改革方式。在运用智能财务时，我们有必要明确业务受各项运营指标的影响程度，包括效率、品质和绩效等方面，并发掘潜在的优化点，以便为顾客提供专业建议，从而满足他们的需求。研究智能财务的应用、优化处理流程并支持决策制定，有助于提高业务效率并创造更多的价值。其具体方法是分析不同类型企业的业务模式和运营管理指标。

（三）智能技术变革

智能财务的关键是将以“大智移云物区”为特色的智能科技（如大数据、人工智能、云计算和区块链等）运用到实际财务工作中，从而深刻改变企业的财务流程、工作方式、工作任务及人员管理等。企业需要在运营管理领域投入智能技术，以达到自动化、智能化和可视化分析结果的各种指标和维度。智能技术运营管理系统可以帮助企业及时获取业务数据，并通过智能决策支持来评估绩效、控制质量和管理服务。借助这种方式，客户可以更容易地根据特定需求找到妥善的解决方案。

（四）具体控制内容

1. 不相容职务分离控制

当由少数人（通常 1 人）担任某些敏感职务时，有可能发生差错或舞弊行为，企业应当在设置岗位时充分考虑控制的关联性，采取一定的隔离和牵制措施降低或规避风险。不相容职务分离控制要求企业目标和职能清晰、合理，按授权分离方式，设定不相容职务的界限，实施相应的分离措施，制定各司其职、各负其责、相互制约的工作流程。同时，企业应考虑岗位特点和重要性，对关键岗位及风险系数大的岗位实行定期轮岗制度，可以规定 3 年一轮岗，轮岗时间最长不超过 5 年；还可以采用强制休假制度，强制离岗一周，防范岗位履行过程中存在的风险。

不相容职务通常存在于以下几种流程中：采购和使用流程，不相容职务涉及的事项有申请采购与审批、询价与确定供应商、采购合同的拟订与审批、采购与验收、采购与会计记录、验收与会计记录、付款申请与审批、付款审批与支付；财务流程，不相容职务涉及的事项有会计记录与出纳往来账、出纳往来账与银行对账、出纳与银行对账、会计记录与仓库管理、会计记录与实物管理、会计记录与财产保管等；业务流程，不相容职务涉及的事项有业务申请与授权审批、业务经办与审批等；监督流程，不相容职务涉及的事项有业务审批与监督、业务经办与监督、会计记录与监督、出纳支付与监督、供应商选取与监督、合同签订与监督等。

自动控制在开展不相容职务分离控制方面有明显优势。企业通过在信息系统中设定不同的授权，从流程上即可自动实现不相容职务的相互分离。程序员和系统管理员独立于流程之外，按权限等级进行信息系统的初始设定。

2. 授权审批控制

授权审批控制是在职责分工的基础上，按企业分配的授权层级为相关岗位及人员分配权限和责任，做到每项业务都有适当的责任人和权限等级来承担绩效指标的实现和法律责任。

（1）授权管理

授权管理要求企业管理层建立权限等级，并形成书面文件，从上至下委托授权。授权书明确管理职责分工、授权原则、授权具体内容和权限范围、授权期限和条件，保证各级权责明晰、执行有序。

（2）授权要遵守的原则

分级授权原则。授权应当从上到下，逐级实行，不得越级。

有限授权原则。授权者应当在权限范围内授权，不得超越权限范围，否则为无效授权。

权责对等原则。被授权者在享有授权的范围内承担相应的责任，这也作为企业内部绩效考核的依据。

全过程监督原则。被授权者应当自觉接受监督，并定期反映职责情况。

（3）授权的种类

企业授权的种类有常规性授权和特殊授权两种。常规性授权是指企业在日常生产经营过程中按岗位聘用的职责、按流程所处的位置进行的授权。主要有预算审批授权、业务审批授权、支出审批授权、合同审批授权、投融资金授权、销售和运营授权、采购授权、资产管理授权、法律事务授权等。特殊授权是指特别项目或特定时期的临时授权，如新项目业务权限、投资、对外担保、关联交易等特别事项的授权。

（4）审批控制

企业的各级人员在授权范围内办理业务，不得超越授权或未经授权开展业务。被授权人对业务的真实性、合规性、合法性及完整性进行复核和审查，以签名或签章的方式提出审批意见。对于符合企业要求，需要集体决策的重大问题决策、重要人事任免、重大项目投资决策、大额资金使用等事项，企业可采用集体会议决定或采用会签制度；需要由董事会或股东大会决定的事项，应当按规定进行，个人不得单独决策或擅自改变集体决策。

3. 会计事项控制

根据民法典和其他法律法规的要求，企业要设置会计机构，配置专业的会计人员，按会计行业的职业道德操守和业务胜任能力开展工作。如会计人员应当受过专业会计教育；会计机构负责人应取得会计师以上专业技术职称；大型企业应当配置总会计师或财务总监岗位；一般企业应至少设置会计和出纳两个岗位。企业应当设置会计负责人岗位。

企业应当严格按统一的会计准则及企业的会计政策、会计制度开展会计工作，明确会计凭证、会计账簿和财务报告的编制流程，规范会计政策和会计事项，明确收入成本费用的确认、计量、记录和报告，监督会计核算合法合规。企业可定期对会计核算进行检查，包括审计和稽查，防范核算风险。

4. 全面精细化指标维度

利用精确的细节指标对智能财务运营进行深入评估，以全景视角剖析不同指标之间的关联关系，包括目标、质量、绩效及服务，结合这些指标综合考虑，综合评估部门、岗位和个人的表现，这就是精细化指标维度。企业以全面精细化指标维度为基础，利用智能技术，通过相关性、回归、趋势和对比等多个角度进行分析，全方位地考量运营管理的各项指标维度，可以更加精确地洞察并应用这些指标，从而为决策提供支持，优化运营管理方案，实现智能化的管理。

二、智能财务运营管理的整体设计

作为一种全新的财务管理模式，智能财务结合了智能技术和财务共享。除了运用当前的财务共享运营管理指标，智能财务也综合了业务处理的智能特征，并开辟了新的指标维度，以进一步扩展其指标框架。另外，智能财务能够通过智能技术高效地分析与处理运营管理指标维度的各项数据。为了实现财务共享，企业需要在诸多方面进行有效的管理和应用，包括设定目标、进行绩效评估、培养人才、积累知识、控制质量、优化流程、提高客户服务质量、实现标准化管理等，并且企业还要采用协同信息系统。为了落实组织的战略、实现企业目标，我们需要提前进行目标制订，并持续监测其进展过程，以确保目标成功实现。在运营管理中，目标管理具有重要的地位和作用，因为员工一直是企业可持续发展的关键，这也被很多学者通过研究所证实。

多元化的指标维度并非智能财务运营管理的核心价值所在。相反地，我们应该更加重视业务智能对运营管理指标的影响，以此来促进业务运营。这就要求我们采用各种不同的数据收集方式，确保绩效标准的准确性，并关注效率差异。此外，我们还需要使用智能技术来对运营管理的数据指标进行智能分析和展示，以提高决策的清晰度、明确度和智能化程度。

智能财务运营管理的整体设计如图 5-5-1 所示。图中 10 个指标维度代表十项具体工作，它们既具有单独的功能，相互之间又具有交互的功能。

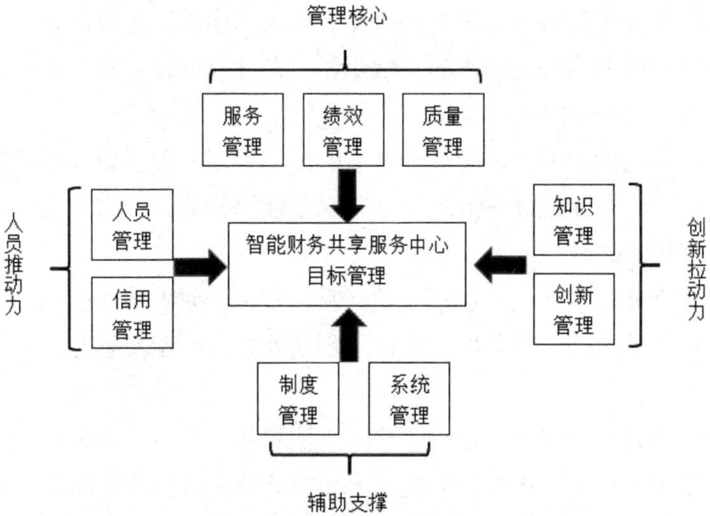

图 5-5-1　智能财务运营管理的整体设计

目标管理包括工作效率、人员成本、信息质量、客户满意度等，其他指标维度良好的运行也为目标管理的实现提供了支撑。

绩效管理涉及智能财务的组织绩效和工作人员的个人绩效。行之有效的组织绩效和个人绩效对提高组织和个人的积极性，以及实现目标管理、质量管理、服务管理等指标维度具有积极的促进作用。

知识管理主要包括学习机制的形成和知识平台的建设。员工具有一定的知识储备，可以提升人员的水平和素质，高标准地完成质量管理、服务管理、信用管理和制度管理等指标维度的工作，更能超额达到各项绩效管理指标，以及实现目标管理的任务。

质量管理应遵循 PDCA（代表计划、实施、检查、处理四个阶段）循环。质量是业务的生命线，质量管理指标维度的完成可以提升服务管理和信用管理的相关指标维度，并能影响组织绩效和个人绩效。若质量管理没有达到标准，则需要不断强化人员管理和知识管理。

制度管理主要涉及制度的规划梳理编写和持续优化。标准化和规范化的各类制度，使企业可以在统一的要求下完成各项工作，保障其他指标维度的顺利完成。制度管理也是实现目标管理的基础。

服务管理主要涉及服务水平协议的签订和收费机制的设计。服务指标维度的完成，表明质量、绩效、制度等已经符合运营管理的目标，员工也具备了应有的知识体系和系统操作能力。

系统管理主要涉及对智能财务相关信息系统的运维和控制。智能信息系统不能有效运行将直接影响智能财务的正常运作，并可能导致运营管理其他各类指标维度的任务不能被很好地完成。

信用管理涉及组织的信用管理和个人的信用管理。为了提升智能财务的质量管理和服务管理，企业通过对组织和个人赋予信用积分并加以约束，可以为完成目标管理起到较好的推动作用。

创新管理涉及创新计划、创新组织、新绩效和创新评估与控制。智能技术必然影响各个指标维度的工作方式，通过对创新理念的管理使智能财务更适应技术变革带来的冲击。

人员管理涉及人员配备、培训管理、人才培养、价值认同和晋升转型等。智能财务离不开财务人员的支持，智能技术也需要财务人员的不断学习和采纳。高能力和高素质的财务人员对提升绩效管理、质量管理、创新管理和服务管理等指标维度具有积极的推动作用。人员管理也是实现目标管理的关键所在。

三、智能财务运营管理的具体工作

鉴于智能财务是由智能技术与财务共享相融合而形成的一种新型财务管理模式，其运营管理的指标维度既有传承又有创新，因此，我们将对每一个指标维度分别从财务共享和智能财务两个角度进行分析，以突出智能财务运营管理的差异性和特殊性。

（一）目标管理

在进行财务共享时，有关人员需要针对不同发展阶段制定相应的目标管理办法。财务共享的总体目标是利用流程自动化和信息化技术，提升财务信息的精度和可信度、提高工作效率、削减运营成本、进一步增强企业财务合规管理能力。

对于智能财务，首阶段的核心目标是提升价值和创造能力，促进企业财务在管理控制和决策支持方面的作用发挥；下一阶段目标为构建财务管理新模式，通过财务智能化转型推动企业数字化转型。智能财务的三个基本目标分别为提高业务处理效率、降低运营成本、提升财务信息质量。通过智能技术提高财务信息的及时性、真实性和相关性，提升财务信息质量。

（二）绩效管理

财务共享考虑的主要方面是组织绩效和个人绩效。企业绩效评估需要综合考虑多个要素，包括但不限于组织财务状况、客户体验、内部流程的效率和创新能力等。员工个人的成绩与组织的成绩紧密相连，只有二者保持一致，企业才能利用激励手段来促进组织实现目标。员工的绩效主要表现在不同岗位完成工作任务的速度、数量、质量和客户满意度等方面。

对于智能财务，绩效管理主要体现在指标维度的统计。指标变化包括以下几个方面：财务维度的总成本前期发生较大变化，导致信息系统成本增加很多；内部流程维度的凭证自动生成率、自动生成凭证的正确率、凭证审核差错率、现金流预测的准确性、费用报销处理周期降低率、收支结算高效率、高拍仪识别率、每张单据处理时长、人均日处理凭证量、虚假发票检出率及重复报账发票检出率等指标在智能技术影响下的变化情况；个人绩效的指标维度主要体现在业务处理时效降低、额定工作量增加、业务质量提升（差错率降低）等。

（三）质量管理

在财务共享领域，为了提高业务水平的标准化，强化质量管理，我们需要从客户的需求和期望出发，不断完善业务操作流程。另外，我们需要建立全面的企业质量检查与控制机制，以便进行质量评估。为了保证数据质量，我们需要制定恰当的标准，并建立一套融合人、制度和 IT 系统的自动化管理机制，以实现自我调控和监测。这样，才能确保整个管理流程足够高效。当评价质量管理指标时，我们需要综合考虑业务时效管理、业务质量管理和服务质量管理三个方面。

对于智能财务，对业务的处理方式更多的是自动化与智能化，而质量管理的指标维度统计方式会发生很大的变化，质量时效指标在业务处理的及时性上将得到极大的提升。

（四）制度管理

在财务共享中，制度管理涵盖规划、整理、起草、公布和持续改进相关制度等方面的内容。考虑到目前的制度和企业状况，我们可以建立两个方面的制度体系来实现财务共享，即财务制度和财务共享运营管理制度。更加详细地讲，财务制度涵盖一系列的规范和规则，旨在规范和管理财务方面的核算和管理工作。其主要分为两类：一类是用于财务核算的制度；另一类则是用于财务管理的制度，目的是清晰地区分和归类不同的业务类型。对于财务共享运营管理制度，我们可以将其分为两种模式，即中心化管理模式和平台管理模式。这两种模式各自具有不同的特点。平台管理模式又分为两部分，即财务共享平台和管理财务共享平台。

对于智能财务，在制度管理上最明显的区别是运营管理制度。由于智能技术的应用，对电子凭证的 OCR 识别智能稽核的管理等都将建立新的制度，以适应智能财务的有效运营。

（五）系统管理

在财务共享方面，系统管理的核心目标是确保信息系统能够以企业需求为基础，提供可靠、持续的业务支持和管理决策服务，具体包括以下两点：首先，构建与企业信息系统运行需求相契合的组织架构，为资源数据和信息系统提供全方位的规划协调、管理控制和服务支持；其次，制定与信息系统特性相匹配的运营管理规定，这些管理标准不仅是确保系统稳定运作的关键，也是信息中心实施各种运营管理工作的必要前提。财务共享服务中心的主要职责是处理财务核算业务、完成资金结算业务、制作总账报表等基础工作，而信息系统处于核算层面。

对于智能财务，智能财务中心的职能包括业务活动财务和管理财务等高附加值的财务工作，涉及的信息系统更加广泛，并具有智能技术的特征。其将对智能信息系统、运行组织架构、运行管理制度等指标维度的建立产生较大的冲击。

（六）服务管理

在财务共享方面，服务管理主要聚焦于服务效果维度、服务能力维度、服务时间维度及服务态度维度，其主要采用公共邮箱服务、客户沟通管理规范、满意度调查、在线咨询呼叫中心等工具，不断提高服务质量。基于服务水平协议的签订，财务共享能够使服务管理体系得到进一步强化，进而改进客户服务工作。利用服务管理，我们还可以进行服务数据分析。

对于智能财务，服务管理强调获取服务数据的实时性，并对各种提升服务质量的工具采集到的服务数据借助数据挖掘、人工智能、商业智能等智能技术进行分析、决策，并将可视化的结果展示给领导层，从而制定更好的服务方案。

（七）人员管理

在财务共享方面，人员管理对于确保财务共享流程的顺畅运行不可或缺。其一，为了不断提高员工的职业能力，企业应该定期为员工提供职业指导，并安排他们进行培训，与此同时加强团队建设，以提高团队凝聚力与向心力；其二，企业要通过整合各种资源，将原先散布在不同财务部门的员工，以及业务人员和技术人员集中起来，对他们进行有效的心理辅导，以强化他们的归属感；其三，企业需要将员工培育为具备数据分析思维、宏观视角、思维技巧、实践操作和团队协作能力的综合型财务人才。

对于智能财务，更多的是强调员工掌握智能技术的理念并能很好地操作基于智能技术的信息系统，结合智能财务的绩效管理，制定符合智能化环境下的人员晋升方案或发展通道。

（八）信用管理

在财务共享方面，信用管理主要关注员工在执行与财务共享相关的业务时，对公司各种规章制度的遵从程度，信用评估是其核心。企业可以通过建立一套完整的信用管理体系开展信用评价，以确保财务共享中心能够为客户提供更优质的服务。信用管理的核心内容涵盖员工信用评价的对象、指标、方法、实施方式、评级划分及结果的应用等多个指标维度。

对于智能财务，信用管理主要体现在指标维度在工作方式上的变化，员工将业务发生的事项借助影像上传、语音识别、字符识别等智能技术进行电子化操作，其质量直接影响其他运营管理指标维度的完成。

（九）创新管理

在财务共享方面，全面创新管理是一种管理活动，旨在培养核心能力、提升持续竞争力，其最终目标是创造和增加价值，能够将各种创新元素有机结合起来，实现协同合作。在此基础上形成全方位、全过程、全员参与的财务管理模式，即全面创新管理模式。通过财务共享，企业可以实施全方位的创新手段集成，进而将技术、信息、管理整合在一起。换句话说，在财务共享环境下，企业能够进行全方位创新，从战略上对财务管理模式、业务流程及组织架构进行重新设计，构建起全新的“三位一体”企业财务管理系统。同时，企业可以从创新的计划设计、创新的组织结构、创新的绩效评估、创新的评估与分析、创新的控制和管理，以及创新模板的执行等多个维度来构建创新管理体系，并对其进行不断完善。

对于智能财务，创新管理体系的建立需要将大数据、人工智能、区块链、云计算和物联网等智能技术，以及先进的管理理念融入创新计划安排、创新模板实施等方面，以创新的技术、理论和工具为引导，进一步推进智能财务的创新发展。

（十）知识管理

在财务共享方面，知识管理要求在日常运营中有意识地将工作中所需的知识进行识别、捕捉和整理，并对知识的流动过程加以引导，鼓励员工在工作中不断学习，形成信任合作、分享交流的组织文化。

对于智能财务，数字化的知识管理体系成为培养财务人员较强工作能力和协作能力的重要方式，是提高运营管理水平的关键因素之一。数字化知识管理平台主要实现知识信息收集功能。通过数据挖掘、OCR 技术等多种方式收集知识信息，并通过组织化管理使知识信息再利用，使用户在其组织中能够创建、提交并共享知识。

第六章　智能化财务管理的未来发展趋势

本章对财务管理的未来进行展望，主要介绍智能化财务管理的未来发展趋势，包括从以下三个方面，分别是呈现财务云趋势、财务外包、实现财务信息数据共享。

第一节　呈现财务云趋势

云计算被很多人视为一种创新的商业模式，它能够促进信息技术的按需供应和信息技术与数据资源的最大化利用，我们可以认为其是自互联网革命以来IT行业中最具影响力的变革成果。以云计算为基础，财务行业及不同企业的财务管理会发生深远的变革。

一、云计算与财务共享服务研究的基础

云计算技术能够帮助企业在技术领域、应用领域和商业模式领域实现创新，进而为企业财务共享服务中心进行资源整合、服务模式完善方面提供额外机会。财务共享服务中心是云计算技术与现代财务管理理论和实践相结合的产物，它能够使企业内部各部门之间实现信息互通，提高工作效率，降低运营成本，提升管理水平，从而增强竞争力。为了在财务共享服务中运用云计算，对财务云的研究必须基于云计算和财务共享服务的相关研究。

（一）云计算的定义、特征及应用现状

在2006年的搜索引擎大会上，Google（谷歌）的首席执行官埃里克·施密特首次提出了“云计算”这一概念。至今，关于云计算的定义，很多学术文献都提供了解释，下面介绍两种具有代表性的定义。

第一，云计算是一种可根据负载动态重新配置、可调用的虚拟化资源池，使服务供应商和用户约定服务协议，用户使用服务，并实行用时付费的模式。美国

国家标准与技术研究院（NIST）认为云计算模式提供可用的、便捷的、按需的网络访问，在这种模式下可配置的计算资源共享池能够快速提供资源，用户只需投入很少的管理工作，按使用量付费。

第二，云计算将计算任务分布在大量的由计算机构成的资源池上，用户按需获取计算力、存储空间和信息服务，它是一种商业计算模型。通过该定义，可以得出云计算具有如下特征：一是可扩展性，资源可以动态伸缩，满足应用的需要；二是快速弹性，服务容量具备快速线性增长的能力，用户可以根据实际需求快速弹性地请求和购买服务资源；三是资源池化，利用虚拟化技术，把各类资源形成虚拟化资源池并实现集成共享；四是广泛网络接入，通过提供标准化的接口供其他服务调用。

在应用现状方面，西方发达国家诸多大型跨国企业，如Google、Amazon（亚马逊）、Microsoft（微软）、IBM公司等已具备全球化服务能力和系统解决方案提供能力。近年来，我国云计算市场迅速增长，关键技术和软硬件产品取得一些成果，产业规模迅速扩大，百度、腾讯等公司的公共云服务能力位居世界前列。但硬件方面存在新型架构，数据中心相关设备的研发较为滞后；软件方面存在云计算平台对应用移植和数据迁移的支持能力不足；云服务方面存在总体规模较小等问题。

（二）财务共享服务的研究与实践现状

财务共享服务的本质是流程的共享。财务共享服务通过在一个或多个地点对人员、流程和技术等核心要素进行整合，将具有规模经济和范围经济属性的财务业务集中放到共享服务中心进行处理，旨在实现降低成本、提高服务质量与效率、促进核心业务发展、整合资源实现战略支撑等目标。财务共享服务是实现企业集团内流程标准化和精益化的一种创新手段，也是企业整合财务运作、再造财务流程的一种崭新的制度安排。财务共享服务的模式是企业通过建立财务共享服务中心，实现财务集中、财务协同、财务共享，着力使财务工作达到低成本且高效率，最终实现企业价值创造目标。

二、财务云的定义与研究价值

（一）财务云的定义

云计算应用于财务共享服务的研究虽然并不多见，但是学者在云计算发展迅猛的时代背景下，对企业的财务流程从既定的ERP系统向云服务转变已基本达成共识。“云应用”的浪潮已经波及和影响财务流程和组织，如果不服从流程再造理论的精髓，就可能会面临高失败率的风险。基于财务信息数据的财务资源具有通用性、标准化、可获取性等特征及云计算在政务、金融、教育等行业共享服务平台的成功应用，构建财务云中心是大势所趋。基于云计算与财务共享服务的现有研究基础，企业将云计算技术与财务共享服务中心协同整合，通过建立一个平台再造财务流程，实现核算报账、数据共享、财务管理、资金管理、决策支持合一，旨在降低总体运营成本、提升财务服务质量、强化管理财务建设、有力整合企业资源，支持企业发展战略，这个平台就是财务云。

（二）财务云的研究价值

对于公众，云计算被视为继大型机、个人计算机和互联网后的第四波信息技术浪潮，在某种程度上，它已经引领信息产业的发展方向。随着云会计和云审计的出现，很多企业逐渐将财务共享服务与云计算进行整合。接下来，作者将从财务云发展的必然性和可行性两个角度，对财务云研究的真实价值进行探讨分析。

1. 财务云发展的必然性

财务云专注于数据分析，并利用信息技术来重塑财务流程，旨在解决企业在财务功能建设过程中存在的高成本问题与低效率问题。从长远角度看，各个企业都将运用财务云，这是由财务云发展的必然性所决定的。

一是云计算产业快速发展的要求。财务云一方面可以为企业集团的分（子）公司提供专业化服务；另一方面还可以为外部单位（其他企业和行政事业单位）提供财务服务（解决方案）。开展将云计算应用于财务共享服务的研究，有利于提高业界对财务云的关注，给业界带来巨大的商业价值，形成财务云牵引低碳经济发展的新商业模式。

二是主动适应大数据发展的需要。大数据通过利用信息技术，对分布在各处、各式各样的数据进行收集分析，从而发现知识、创造价值，大数据是一种新的服务业态。云计算的一个重要功能就是对数据资源具有显著的集聚效应，能够大力推动大数据的进一步挖掘、分析、应用和服务，促进信息资源共享和业务协同。财务云聚焦数据以坚实的大数据为基础。平台直接收集分（子）公司的原始数据，能够确保数据真实准确；平台按照用户需求向用户提供数据，还能确保数据具备高可用性。

三是增强企业协同效应的重要举措。财务云使集团总部与分（子）公司的财务和业务达到高度协同，实现企业内部协同。在此基础之上，财务云还可以满足企业与外部单位实现高度协同。企业开展财务活动会与税务部门、商业银行、证券市场、会计师事务所、客户、供应商等有关各方发生经济利益关系，由于财务云平台应用了云计算技术，具备了广泛接入功能，因此企业可以通过平台与上述方协同办公，实现企业与外部单位协同。

2. 财务云发展的可行性

云计算技术在教育、政务、金融、医疗等关键领域得到了广泛应用，这为企业构建财务云提供了宝贵的参考依据。与传统的财务共享服务方式相比，财务云能够展现出更为强大、更具优势的功能，且其实用性、可行性较高。

一是进一步降低企业运行成本。财务云实现企业财务资源共享，减少了软硬件系统及财务人员在分（子）公司的重复设置，降低了企业总体运营成本。财务云软硬件系统均可选择服务外包，由云计算服务供应商提供，供应商保障系统安全、解决系统故障、升级系统软件，企业无须投入人力、财力等对基础设施等进行管控。

二是进一步提升财务工作效率。企业即使建立了财务共享服务中心，实行了统一的财务核算，由于没有把财务共享服务中心引入云端，因此仍无法享受到云计算的高可扩展性、高效性和便捷性。云计算支持多终端接入模式，用户借助移动互联网、各种客户端（如手机等）便可随时随地接入财务云处理工作事务。云计算的快捷性和财务业务的标准化使财务工作效率进一步得到提升。

三是更加注重信息的安全保障。近年来，为适应云计算服务快速发展的趋势，进一步保障云计算信息安全、强化数据隐私保护，国家已经结合云计算特点制定了一系列相关的信息安全制度，云计算服务商也构建了信息安全保障体系，这些举措大大提升了云计算平台信息安全的监测、预警和应对能力，云计算下的财务共享服务模式发展环境更加安全可靠。

三、财务云的未来研究方向

随着云计算的快速发展，推进财务云相关领域的研究变得迫在眉睫。然而，现如今财务云的研究仍然处在初级阶段，作者建议可从以下方面作为入手点。

（一）财务云平台架构

财务云平台架构是财务云研究的核心内容。依托云计算服务供应商提供的三种服务——基础设施即服务（IaaS）、平台即服务（PaaS）、软件即服务（SaaS），构建财务云平台主体，从集团内部用户端、外部应用接口两方面构建平台辅助部分，最终实现企业的软硬件资源及服务共享。

财务云平台的主体部分：一是 IaaS，IaaS 是财务云平台的基础，云计算服务供应商为企业提供基础设施（计算资源），包括服务器、网络、存储、处理等，分（子）公司无须购买和建设基础设施。IaaS 根据用户需求及使用状况，动态地为用户分配、调整计算资源，用户无须管理基础设施。二 PaaS，PaaS 构建于 IaaS 之上，云计算服务供应商给用户提供开发语言和工具等平台，为分（子）公司提供计算环境和开发环境。PaaS 具备系统解决方案、资源部署调度、财务软件开发、专家在线答疑、共享服务论坛等功能。用户可以同时在 PaaS 中安装应用程序，根据需求对应用程序进行管理控制或实行托管，使应用程序对客户可用。三是 SaaS，SaaS 构建于 PaaS 之上，主要部署财务数据共享系统、财务数据分析系统、财务数据保障系统、管理决策支持系统等。云计算服务供应商提供各种应用软件给平台用户，应用软件通常安装在服务供应商处。分（子）公司无须再建设相关系统，借助移动互联网、各种客户端、浏览器便可方便快捷地自助访问和使用部署在云端的软件，且无须进行管控。

财务云平台的辅助部分：一是集团内部用户端，集团内部用户端通过 Web（万维网）服务等对用户进行身份认证、数据访问权限、实时监控等管理；二是外部应用接口，在财务云平台下，税务部门、商业银行、证券市场、会计师事务所、企业客户与供应商等也可接入系统。按照数据访问权限，企业还可通过财务云向股东、债权人、企业员工等公开财务信息。企业接入财务云，即可在云计算服务供应商提供的三种服务模式下，实现核算报账、数据共享、财务管理、资金管理、决策支持在企业内部的协同应用，并可选择性地与外部单位协同办公。

（二）财务云保障机制

研究财务云保障机制是财务云研究领域的一个关键环节。目前，我国企业在建立和实施财务云保障机制时面临着诸多问题与挑战。接下来，作者将从三个方面来构建财务云保障机制：提升安全保障能力、加强人才队伍建设、鼓励云计算服务供应商和财务软件公司拓展财务云外包服务。

一是提升安全保障能力。保障信息安全是财务云建设的首要前提。企业大量数据都是对内的，一旦发生泄露，将会对企业造成不可估量的损失。云计算服务供应商不仅要确保信息可用、可控，不可否认，更要保证信息在产生、存储、传输等环节不被非法修改和破坏，不泄露给非授权者。

二是加强人才队伍建设。财务云的发展需要一批既懂公司财务、管理会计学、管理财务，又对信息技术有一定了解的复合型人才来推动。加强高等教育与产业发展的有效连接，鼓励高校同行政事业单位、企业、行业协会建立协同创新战略联盟，培养卓越财务人才，尤其加强对会计学、审计学等相关专业学生管理财务能力的培养，为企业财务云的发展提供智力支持。

三是鼓励云计算服务供应商和财务软件公司拓展财务云外包服务。财务云在平台建设方面存在选址、信息安全、技术支持等风险，企业出于自身经济利益考虑，选择外包的可能性较大。因此，政府要出台相应政策，鼓励云计算服务供应商和财务软件公司拓展财务云外包服务，保障财务云平台建设。

（三）财务云与管理财务协同

从本质上看，财务云平台和管理财务工作相互独立、有所区别，但它们之间又是相互影响、相互关联的。按照协同理论，财务云和管理财务具备相同的战略分析目标、决策支持目标和价值创造目标。在特定的条件下，二者之间合作所产生的协同效益，明显超过了它们各自独立工作效果的简单加和。

财务云为管理财务在企业的有效应用提供了三大基础。一是数据基础。管理财务功能的有效发挥，必然要求以数据作为支撑。二是人员基础。三是组织基础。财务云平台的应用软件具备风险控制、资本运营、价值管理等功能，这些功能本就属于管理财务范畴。因此，财务云平台为企业管理财务的发展提供了平台保证。

第二节　财务外包

随着全球经济不断拓展和网络信息技术不断进步，许多公司开始重视自身的优势和竞争力。企业需要专注其核心竞争领域，以提升其价值创造能力。财务外包是一种非常有效的方式，可以解决这个难题。财务外包是一种新型的业务流程外包形式，它属于服务外包领域，目前越来越受到人们关注，已成为继人力资源外包之后的另一种流行形式。

一、财务外包概述

在西方一些发达国家里，财务外包被视作一种财务管理方式，在近几年得到了迅速的发展。目前世界上许多企业都已经或正在尝试开展这一业务，并且取得了一定成效。最初的外包服务主要集中在工资管理和票据处理等几个相对简单的领域。随着业务规模的扩大和专业化程度的提高，财务外包已成为企业集团加强内部控制、提升管理水平和竞争力的重要手段。而在全球经济一体化兴起、互联网技术飞速进步的大背景下，财务外包的范围逐渐扩大，不只在交易管理领域，在财务分析领域、风险管理领域也出现了这一管理方式。

（一）财务外包的定义

目前在我国，学者之间尚未就财务外包达成一致的学术定义。很多专家学者认为，财务外包是一种全新的财务管理方法。企业可以委托专业的外部机构管理和处理某些财务职能，签订合同或协议以获得必要的财务分析和指导，从而最大限度地利用其有限的资源。并且，这种做法能够降低成本，提高资源使用效率，使企业更加专注于其核心业务的发展，最终实现企业价值的最大化。

（二）财务外包的内容

财务外包涵盖的服务领域非常全面，包括总账、应收款、应付款（如差旅和招待费）、工资管理、税务管理、现金管理、风险管理、发票审核、支票付款及其他财务职能。近年来，越来越多的人选择使用中国的财务外包服务，这些服务通常由会计师事务所和财务公司提供。网络公司可以提供财务流程的外包服务，包括提供财务应用程序的服务，以满足客户的需求。

二、财务外包的优势分析

从上述分析中，我们可以明确地看到，财务外包是企业管理层为了追求企业最大利益而采取的一种财务管理策略，其主要目标是降低运营成本、提升管理质量并增强企业的核心竞争能力。随着经济全球化进程加快和信息技术飞速发展，越来越多的公司开始采用财务外包来处理公司业务，这是因为对公司而言，财务外包能够带来如下益处。

（一）有利于降低成本，优化资源配置，提高效率

企业可以利用网络公司提供的财务应用服务，并依托其构建的网络财务应用平台，将部分财务系统业务外包给专业机构进行处理，从而达到财务外包的目的。通过采用这种策略，企业可以在财务软硬件采购方面节省成本，并利用专业机构提供的专业技术来集中管理财务职能，以有效提升企业的财务管理水平。另外，企业借助财务外包服务，能够减少人力资源方面的支出。采用外包财务服务，企

业可以免去雇佣计算机技术和财务人员的成本支出，并且有效降低如休假、福利等附加成本的开支，而不会影响财务系统的维护。举例来说，通过外包策略，澳门航空股份有限公司从中国航空结算有限责任公司获得了全面的收入结算服务，避免了其自身投入大量设备和人力成本，并且为该航空公司降低了总成本。

（二）有利于提高财务信息的透明度和可信度

财务外包服务使得越来越多的信息使用者更加关注财务信息的透明度和可信度。一方面，外部专业机构利用自身专业的财务管理能力使财务信息虚假的概率降到最低，提高其财务信息可信度；另一方面，财务外包服务商是作为第三方独立存在的，由他们操作的财务信息更具有透明度。上市公司通过财务外包而获取的财务信息更能得到海外投资者和监管者的认可，有利于实现在国际资本市场的融资。

（三）有利于提高企业的核心竞争力

核心能力是保持企业竞争优势的力量和源泉。通过财务外包，企业将非核心的财务职能剥离出去交给专业机构，使企业有限的财务管理人员更有精力去关注具有更高价值的核心财务职能，这将有利于提高企业总的核心竞争力。

三、财务外包的风险防范分析

虽然财务外包被视作一种创新的战略管理方式，逐渐在全球市场上受到欢迎，但其固有的不足之处仍有可能成为限制企业进一步发展的障碍。由于财务外包所涉及的内容较多，而这些内容都具有一定的风险性，因此如果不能对财务外包中产生的各种风险进行有效规避，那么这种做法很可能会导致财务外包不成功。所以，任何企业都要高度重视对财务外包的风险防范分析。

（一）成本失控风险

财务外包面临的主要风险之一是可能导致失控风险。一旦企业选择将某些财务工作交由服务供应商处理，财务管理人员将不再有直接管理外包部分财务内容的权限。他们需要通过与服务供应商协商并达成共识方可进行任何形式的需求变更。这样一来，企业在某种程度上将无法完全掌控部分财务职能。另外，作为独立机构，财务外包公司会将企业的财务信息和数据存储在其自有的网络财务应用平台上，避免与企业自身的财务信息混为一谈。当许多财务业务合并在一起时，可能会引发混乱和不清晰的乱象，从而影响职权划分，并使它们失去相互制衡的作用。并且，一旦企业将财务业务外包给服务商，服务商可能会逐渐涨价并降低服务质量，这可能会给企业带来额外的成本和费用。

（二）信息安全风险

财务部门是企业的关键部门，该部门所负责的财务规划、定价策略、信用关系、预算评估等多个环节都与企业的发展战略和商业机密息息相关。因此，在财务领域实施外包是必然的选择。当企业决定将其财务职能外包时，可能会导致其财务数据被截取、恶意篡改、遗失或泄漏。我们知道，财务外包是一个长期而复杂的过程。如果外包机构在道德方面和信誉方面存在缺陷，那么这将对企业造成巨大的经济损失，财务外包也会变得毫无价值。所以，企业应加强对财务外包风险控制的研究。

（三）合同定价风险

在财务外包项目中，拟定合同是一个不可或缺的步骤，且其意义重大。在对当前财务外包合同的讨论中，合同价格已经成为备受争议的焦点问题。在制定财务外包合同价格时，合同双方都会遇到各种困难。企业定价复杂化的部分原因在于其受到企业价值观和高层管理者的个人喜好等因素的影响。由于缺乏相应的合同条款和定义，定价的制定变得更具有挑战性。此外，由于外包服务提供商与客户的期望不同，因此之前商定的度量指标可能会受到影响，无法顺利实施或被暂停。从整合这些要素到定价合同，可能会耗费相当长时间，并且还可能会引起一系列潜在的问题。在进行财务外包合同价格讨论时，许多中国企业通常会通过严格的期望值进行评估以确定价格。然而，这种方法很可能导致评估结果与实际情况脱节，并产生误导性的期望值，因为整个定价协商的成功或失败在很大程度上取决于企业与服务商之间是否建立了高度互信。在制定定价策略和实现规范化的期望值方面，企业和财务外包服务提供商需要共同考虑成本、市场竞争和财务外包市场的不成熟性等不确定因素，从长远的需求考虑，共同合作努力。

（四）内部财务能力削弱风险

在企业经济管理中，财务管理扮演着核心角色。企业财务战略的选择受到企业及财务人员的财务管理能力的决定性影响，而这种财务管理能力的强弱直接决定了企业的成败和声誉。从实际情况看，我国的中小型企业大多数规模不大，初始发展水平较低，经济实力相对不足。因此，这些企业更愿意将财务管理的职责外包给专业机构来处理，以期在短时间内获得专业水平和经济效益等方面的竞争优势。随着时间的流逝，企业内部财务专业人员的能力可能会削弱，导致他们难以应对发展和风险管理方面的变化，从而使企业失去掌握专业财务知识和创新机遇的机会。这可能会影响企业建立核心竞争优势，并对企业的长期发展产生不利影响。所以，我们应该认识到财务外包的益处，积极运用外包公司的专业才能和技能，既能创造公司价值，又有助于提升公司的财务能力和培养优秀的财务管理人才，还能帮助企业削弱财务风险。

第三节　实现财务信息数据共享

随着财务共享中心功能的不断拓展，众多企业把财务共享作为"互联网 +"行动在企业的切入口，财务共享中心进入了爆炸式增长。进入智能时代，财务管理模式及其工作重点也都发生了深刻的变化，比如，中兴通讯将其共享中心更名为中兴财务云；阳光保险提出并实施了财务共享的众包模式；中化国际在共享中心启用了财务机器人等。这些典型的变化从某种程度上也预示着财务共享服务未来的发展趋势。

一、财务共享的基础理论

（一）财务共享的发展历程

1. 财务共享的概念及业务范围

（1）财务共享服务的概念

财务共享服务的理念来源于共享服务，即其作为企业的一种战略，是各业务单元间的相互合作。财务共享服务将一些部门中分散的业务功能集中到一个相对独立的业务部门，并对这个部门建立一个专门的管理结构。财务共享是一种近年来企业都密切关注的财务管理模式，财务共享实质是一种把分散在各项目、操作重复性高、易于标准化的财务业务进行流程再造和标准化，将具备该特点的业务都抽离出企业，集中到财务共享服务中心统一进行业务处理，达到提升效率、压缩成本、合理配置资源、增加信息传递的实时性和准确性，并提升客户满意度的财务管理模式。财务共享服务中心将传统财务运作模式进行全方位的改造加工，其核心原则是"专业分层，业务融合"，依仗财务共享服务平台，创造战略财务、共享财务和业务财务的一体化，提升财务对战略决策与业务支持的价值，消除财务与业务的边界。

（2）财务共享中心的业务范围

财务共享服务中心的功能包括三项核心内容，分别是全过程会计核算、集中式规范监督和实时性数据支撑。其常见的业务板块包括应收应付、成本费用、总账报表、资产等，业务环节覆盖财务审核、会计制证、凭证复核、资金收付、凭证装订和报表编制等。财务共享中心作为一个数据支持中心，可利用信息优势为分（子）公司提供会计核算、报销进度、账务报表等全面、多维、实时的会计信息服务，同时能够根据管理需要对会计数据进行可视化展示，有效支撑各单位信息需求。财务共享中心作为异于传统的新型财务管理模式，在组织变革、流程创新、质量控制、绩效管理方面建立了新的管控机制，使财务共享服务中心的业务质量和流程监督达到全面可控状态，切实改善人工干预和频频出错的历史局限，以此提升企业财务经营的科学化管理水平。

2. 财务共享中心的发展历程

纵观近几十年财务共享服务的发展历程，不难发现，财务共享服务在不同经济背景、不同企业发展模式、不同信息技术下呈现出不同的特点。最初的财务共享中心以“降本增效”为己任，而随着经济环境的变化和信息技术的发展，财务共享服务的模式和价值也在不断演化。根据建设模式和价值目标，企业财务共享中心的发展应用大致可以分为以下三个阶段，在财务共享的发展过程中，技术贯穿始终。

（1）1.0阶段：信息集中 + 资源协同

在1.0阶段，建设财务共享中心是集团企业发展的一个必然要求，把标准化的流程、重复性高的工作集中起来，交给财务共享中心来做，既能满足集团管控、财务大集中的要求，又能提高工作效率，减轻分（子）公司的压力。通过相应的制度调整安排，使分（子）公司的灵活性、集团政策的落实和集团与分（子）公司间的资源协同得到更好的发展。

财务共享中心1.0阶段包含三类工作：对内业务、对外业务和共享中心运营管理。共享中心运营管理包括影像管理、资料邮寄、档案管理，以及派单、抢单。财务业务处理分为对内业务和对外业务。对内业务主要包括员工报销、总账报表、资产管理和合同管理四部分。对外业务是与供应商、客户相关的流程处理，通常企业内置的ERP系统会有供应商和客户管理模块，共享系统只需要与ERP系统对接这部分功能和数据即可。对外业务还包括与银行、税务机关对接，需要用专门的银企直联或报税软件处理。

在1.0阶段，财务共享中心基本只完成财务部门传统工作的流程优化和组织结构调整，随着企业管理不断精细化，数字技术、互联网的应用不断深入，有关企业采购、商旅消费的交易环节与财务环节相对独立的系统设计无法满足业务发展需要，打通交易与财务环节的需求愈加迫切。

（2）2.0阶段：采购交易＋税务管理

在2.0阶段，财务共享中心将与采购交易系统和税务管理系统结合在一起。财务共享中心连接外部的商旅、供应商、电商平台及内部的各种资源，搭建企业商城，形成采购交易系统，同时连接政府税务平台，搭建税务管理系统。在2.0阶段，通过集成，形成业财税一体化的财务共享中心。

一般情况下，主要材料或直接物料的采购大都通过ERP系统来完成，而非直接物料的采购，如商旅服务、办公用品、培训服务等，通常无法在ERP系统中完成，但是这些业务事项的成本费用金额不低，重要性也越来越高，将其纳入系统管理也成为必然选择。

在2.0阶段，财务共享中心外接京东、携程旅行和大众点评等电商平台构成企业商城实现商旅服务和办公用品等的采购，并优化重塑了采购中从申请到支付入账的整个流程。随着国家金税三期工程的上线推广，对税务管理的合规性要求大幅提高，企业税务管理变得更加复杂、敏感。

（3）3.0阶段：数据共享＋业务全覆盖

随着信息技术的发展，财务共享作为管理会计的“基石”，正面临定位与价值的全面刷新。在大数据、云计算、互联网、人工智能等技术的渗透下，领先企业正在积极探索和建设以数据共享为核心的智能财务体系。财务共享中心连接前、后台部门的运营和数据平台，承载智能共享服务、智能管理会计和智能数据分析等功能在新技术的驱动下，推动企业构建智能财务体系。

3.0阶段是财务共享发展的高级阶段，覆盖企业绝大部分的业务系统。财务共享中心是企业强大的业务平台和数据平台，为分（子）公司提供更多可以随时调用的业务支持。大量的业务交易产生大量的实时数据，使财务共享中心成为集团级数据中心，财务共享中心集成核算数据、预算数据、资金数据、资产数据、成本数据、外部标杆数据等，为数据建模、分析提供准确、全面、系统的数据来源，成为企业业务调整依据和决策依据。

（二）财务共享的技术支撑

1. 传统财务共享的局限

财务共享服务是经济发展缓慢和全球化扩张的产物。财务共享的本质在于通过将“流水线”作业引入财务工作，实现对原本分散的、重复的、可标准化的记账、算账工作的集中式处理，从而控制成本、提高效率。传统财务共享对企业的财务工作组织、财务工作场地和财务工作方式都会带来变革，但是并未触及财务工作的具体流程，也未从根本上改变传统的财务管理模式。换言之，传统财务共享只是将流水线作业模式引入财务工作，以人员机器化为代价实现简单的操作集中或人员集中的办公。其局限主要表现在以下两个方面。

一是在传统财务模式下，财务流程和交易分离，产生大量冗余的流程环节。以费用管控为例，很多企业为了实现流程管控，设计了诸多控制流程，而事前预算申请的流程与交易实际上是脱节的，它只是为了保证预算能够正确使用，于是通过事前申请预算，增加一个审批流程。而当交易发生后，不管是业务人员、审批领导还是财务人员，大家都必须重复做很多事后工作，导致管理低效且成本高。

二是在传统财务模式下，财务处理时间滞后，财务信息无法及时反映环境变化，无法满足使用者实时决策的需求。一方面，财务会计按权责发生制的要求确认损益凭发票入账，从而导致业务发生和业务入账相分离，财务处理在时间上滞后于业务活动，导致财务会计提供的信息是历史性的、缺乏前瞻性的，无法满足使用者的需要；另一方面，财务会计依据会计分期假设的要求，定期产出并传递信息。在激烈的市场竞争中，财务会计信息传递的时间固定性与决策的及时性产生了巨大的矛盾。

2．“互联网＋”时代的新挑战

身处“互联网＋”、新零售时代，传统企业面临线上、线下的融合。通过对线上、线下数据的整合，企业能够提高整体供应链运营的效率，这是“互联网＋”和新零售的内涵。

不管是“互联网＋”还是新零售，其本质都是商业模式的变革。这种变革不仅要把前端销售、物流线上化，更要考虑把后端的财务、采购、内部资源配置与前端的新型商业模式进行匹配。如果前端已经应用了最新的线上、线下融合的新思想，但财务、采购支撑体系、财务共享中心等后端还是滞后的，还是以拿到发票后的事后管理为核心的处理模式，那么显然不能满足前端快速响应的要求。

在传统财务管理模式下，由于技术和管理而使财务与交易分离。在“互联网＋”和新零售下的商业模式中，企业需要跳出传统财务处理的思路，从管理模式和技术应用两个角度探索财务共享中心，建设新模式，将财务管理向前延伸，在交易开始之前开展财务管理。

“互联网＋”和新零售下的商业模式对财务体系提出了三点新要求。

(1) 组织扁平化

传统财务管理的组织模式是分层级的，有总部、大区和各业务单元，组织层级多导致业务流程需要层层申报，从而降低业务执行效率。然而，扁平化的组织结构能够减少数据的上报层级，减少信息失真，提高信息的传递速度和传递质量。

(2) 流程简化

传统财务管理模式由于财务与交易脱节，会产生冗余的流程环节。“互联网 +”时代要求财务共享中心实现控制步骤前移至业务环节，减少事后重复审批，控制流程，提高管理效率，降低管理成本。

(3) 数据体系化

“互联网 +”要求财务共享中心直接从业务系统采集前端数据，并根据管理需求筛选数据，生成管理会计报表，使企业财务数据能够反映业务实质。分析财务数据能够给业务提供有价值的指导。

未来，企业财务管理的形态将呈现数字化、智能化、互联网化、电商化、共享化趋势。一个完整的智能财务体系应当涵盖三个内容，分别为：基础层——基于流程自动化的财务机器人，核心层——基于业财税深度一体化的智能共享中心，深化层——基于商业智能化的智能管理会计平台。

3. 新技术带来的新机遇

(1) 大数据

近年来，“大数据”作为一个热门概念被人们多次提及。大多数人第一次听到“大数据”这个词，往往会按照字面意思去理解，认为大数据就是大量的数据，大数据技术就是存储大量数据的技术。其实不然，按照一般的解释，大数据是指无法在一定时间范围内用常规软件工具进行捕捉、管理和处理的数据集合，是需要新处理模式才能具有更强的决策力、洞察发现力和流程优化能力的海量、高增长率和多样化的信息资产。简单来说，应用大数据就是利用新的手段存储并分析海量数据后，挖掘出数据价值的过程。

大数据的特点可以概括为 4 个“V”，分别为 Volume（大量）、Variety（多样性）、Velocity（高速性）和 Value（价值性）。

第一，大量。大数据意味着其在应用中往往处理的都是普通计算机、传统常规软件无力应对的海量级别的数据。传统的个人计算机处理的数据是量级为 GB/TB（计算机储存容量单位，1EB=1024PB、1PB=1024TB、1TB=1024GB）级别的数据，如硬盘的容量就是以 TB 为单位的。随着时间的流逝，人们处理数据的量级从 GB 上升到 TB 再上升到 PB 甚至 EB，只有达到 PB 级别的数据才能称作是大数据。随着信息技术的升级，数据量级呈现几何级增长趋势，并且我们不再需要谨慎选取样本数据，而是直接选择全体数据进行分析，大量的历史数据为分析、预测、决策提供了数据基础。

第二，多样性。过去我们处理的往往都是结构化数据。什么叫结构化数据呢？简单来说，结构化数据是由二维表格结构来表达和展现的数据，如企业中用Excel表格来展现的数据都是结构化数据，会计分录也是一种结构化数据。在大数据时代，大数据包括结构化数据和非结构化数据。例如，一张照片包含的信息就属于非结构化数据，一个Word文档包含的文字内容也属于非结构化数据，它们不便于用二维表格的形式来描述。但是非结构化数据包含的信息与决策的相关性往往比结构化数据与决策的相关性更强。企业中大部分的数据都是非结构化数据，这些非结构化数据源于合同扫描件、文本文档和音频文件等。而且非结构化数据形式多样，彼此之间因果关系较弱。

第三，高速性。在互联网时代，每一秒都在产生大量的数据。数据从生成到消耗的时间间隔越来越短。这就要求我们不断缩短处理和分析数据的时间，快速从海量数据中挖掘出蕴含的价值。例如，我们每天打开电商平台，其首页会立刻为我们推送可能感兴趣的商品，这就是大数据应用的一个场景。如果大数据分析需要一年半载的时间，直到用户购买完毕，电商平台都不知道应该向该用户推送什么商品信息，那么电商平台也就对该用户失去了潜在价值，大数据也就失去了应用意义。大数据的关键在于挖掘数据价值而非存储数据信息，往往只有很少一部分的数据是我们最终所需要的。企业不会花费大量成本存储无用的数据信息。云计算的出现很好地支撑了大数据的广泛应用，这种超级计算模式使数据的处理速度大幅提升，云计算甚至可以达到每秒10万亿次的运算速度。只有计算速度足够快，我们才有可能将大数据应用到更多场景中。

第四，价值性。“价值”是大数据的核心特征，大数据的价值特征表现为价值密度低但商业价值高。大数据的价值密度低是因为在数据呈指数增长的同时，隐藏在海量数据中的有用信息却没有按相应比例增长；大数据的商业价值高是因为相比于传统的结构化数据，大数据最大的作用是从大量不相关的、多类型的数据中找到相关关系，从而预测未来趋势。在大数据时代，我们强调相关关系而不是因果关系。

在业财融合的趋势下，财务共享中心收集了大量的企业财务数据，甚至包括行业、标杆企业、客户形象等社会大数据。财务共享中心为企业财务管理提供数据基础，成为大数据技术的应用基础。

大数据在财务共享中心中的应用如下。

①大数据帮助企业进行风险管控。以往我国很多企业的财务风险识别和预警工作依赖于专业的企业财务管理人员进行相应的控制和管理。虽然这些财务管理人员在财务风险判断方面具有丰富的经验，但是在具体的风险预警时，他们起到的作用往往不尽如人意。究其主要原因，一方面是企业中有能力的财务管理人员数量较少，大量的财务人员在基础核算岗位上工作，而风险识别的工作又比较复杂困难，财务管理人员无法准确判断所有潜在的企业风险；另一方面是财务管理人员的工作素质可能存在问题，这对财务风险预警的准确性会产生较大的影响。

当企业运用大数据进行财务风险管控时，大数据利用财务小数据、企业中数据和社会大数据，并结合更多的非结构化数据进行相关性分析。企业利用大数据可以发现一些风险事件的可能特征，并根据这些特征找到潜在的风险事件。大数据无须告诉我们为什么 A 因素会导致 B 事项有风险，只需告诉我们因为 A 因素的存在 B 事项很可能存在较大风险。这种相关性分析使得企业能够跳出传统财务分析的框架，以全新的视角发现传统财务分析可能会忽略的财务风险，并进行事前预警。

②大数据提升财务共享中心的运营能力。大数据对财务共享中心运营能力的提升主要体现在两方面，即流程管理和绩效管理。在财务共享中心将流程标准化后，财务流程被分制为一个个标准化的工作环节，有许许多多的端到端接口，这些都有可能影响整个业务流程的速度和准确度。大数据的挖掘和相关性分析能力可以找出哪些是“拥堵环节”，并通过相应的流程管理不断优化财务处理流程，提高财务共享中心的服务质量和效率。这便是大数据影响财务共享中心运营能力的第一个方面——流程管理。

大数据影响财务共享中心运营能力的第二个方面是绩效管理。随着财务共享中心的服务范围越来越大，业务场景不断增加，不同职能的员工进行不同的流水线作业。为了有效提高员工工作的积极性，我们在对员工进行绩效评价时需要考虑多个考核因素，如不同业务的难易程度、不同员工的能力和不同单据的处理标准等。大数据可以实现多维度考核，在系统记录员工的工作行为后，大数据从海量数据中抽取有效数据，通过建模等方式从操作时长、操作准确度、操作难度、操作数量等方面量化员工的绩效，让员工的绩效考核有迹可循。这样可以提高财务共享服务的绩效管理水平，调动员工工作积极性，并间接提高财务共享中心的服务效率。

（2）云计算

谈到大数据和人工智能，我们不能不提到云计算。人工智能的核心是大数据和机器学习，而云计算是支撑大数据和机器学习的计算基础。如果我们把大数据比作生产原材料，那么人工智能就是流水线上的人工生产力，云计算就是加工原材料所需要的电力等基础能源。云计算为大数据和人工智能提供了计算海量数据的能力。

根据美国国家标准与技术研究院对云计算的定义，云计算是一种按使用量付费的模式，该模式可以提供可用的、便捷的、按需的网络访问。进入可配置的计算资源共享池，资源（包括网络、服务器、存储、应用软件、服务）能够被快速提供，企业只需做很少的管理工作或与服务供应商进行很少的交互。云计算是一种基于互联网的超级计算模式，在远程的数据中心里，成千上万台电脑和服务器连接成一片电脑云。通过网络的计算能力，云计算取代我们原本安装在电脑上的软件，或者取代原本把资料存在自己硬盘上的动作，而使企业通过网络进行各种工作，并将资料存放在庞大的虚拟空间中。

云计算的主要特点为超大规模、虚拟化、通用性、高可扩展性、低成本和按需服务。

①超大规模。“云”具有相当的规模，Amazon、IBM 公司、微软、Yahoo（雅虎）等的“云”均拥有几十万台服务器。企业私有云一般拥有数百甚至上千台服务器。“云”能赋予用户前所未有的计算能力。

②虚拟化。一方面，云计算支持用户在任意位置使用任意终端获取应用服务。因为所请求的资源来自“云”，而不是固定的、有形的实体，应用在“云”中某处运行，但实际上用户无须了解，也不用担心应用运行的具体位置。另一方面，云计算采用虚拟化技术，用户并不需要关注具体的硬件实体，只需要选择一家云服务提供商，注册一个账号，登录其云控制台，并购买和配置需要的服务即可。这比传统的在企业的数据中心自行部署服务器要简单方便得多。

③通用性。云计算不针对特定的应用，在“云”的支撑下可以构造出千变万化的应用，同一个“云”可以同时支撑不同的应用运行。

④高可扩展性。基于云服务的应用可以持续对外提供服务（7×24 小时）。“云”的规模可以动态伸缩，满足应用和用户规模增长的需要。

⑤低成本。从长远来看，企业采用云计算比自行部署服务器节省成本。一方面，企业不再需要聘请技术支持团队来解决服务器问题；另一方面，如果企业花费大量资金用于前期部署服务器或升级硬件设施，但是业务没有像其期望的那样进行扩展，那么收入将无法弥补成本。云计算服务提供商通常可以让企业无缝扩展和缩减云计算资源，企业根据需求来购买更多的计算资源，从而节省成本。

⑥按需服务。用户可以根据自己的需要来购买服务，甚至可以按使用量来进行精确计费。按需服务更加经济实惠，可大大节省IT成本，而且资源的整体利用率也将得到明显的改善。

随着全社会数字化转型的加速，“上云”已经成为各行各业数字化转型的关键一步，“用云量”也成为衡量行业数字经济发展程度的重要参考指标。财务上云，共享先行。传统的财务共享中心多是在本地部署的，虽然本地部署的方式可以灵活匹配用户的需求，实现按需建设，但是随着财务共享对信息系统支撑的要求越来越高，本地部署量越来越大，企业不得不投入大量的运维成本，占用企业大量资产。除此之外，大数据和机器学习的应用使财务共享中心拥有海量数据信息，因此，传统的本地部署模式受限。云计算带来的出色的计算能力成为一个有效的解决途径，因此财务共享走向云端成为不可避免的新时代共享趋势。

使用云计算技术后，财务共享中心将给企业带来四大管理价值。

第一，财务共享“上云”降低企业信息化建设成本。企业引入云计算平台建立财务共享中心，按需向云计算服务供应商购买服务，按实际使用量付费，云计算服务供应商全面负责软件的安装和系统的维护。相比于传统的信息化建设，此类模式将大大降低企业信息化建设成本。

第二，财务共享“上云”促进企业内外部协同。首先，借助云计算平台建立的财务共享中心可以连接企业内部主要信息系统，如电子报销系统、票据影像系统、ERP系统、档案管理系统、合并报表系统等，实现信息流、审批流、票据流三流合一，促进业财融合。其次，财务共享中心可以借助云计算平台与外部的银行税务机关、客户、供应商对接，从而实现企业边界的模糊化。

第三，财务共享“上云”提高员工的工作效率。财务共享“上云”后，意味着只要员工登录云平台，就可以随时随地处理业务，不会受到时间和空间的阻碍，从而使信息无缝连接和交互，员工的工作效率大大提高。

第四，财务共享“上云”为财务共享众包模式提供基础。只要有手机、电脑网络，员工就可以在任何地点登录云平台进行办公。企业可以将财务流程进行标准化分割，雇佣来自世界各地的财务人员共同处理业务，以众包模式来运营财务共享中心。

（3）区块链

区块链是一种按照时间顺序将数据区块以相连的方式组合的一种链式数据结构，是以密码学方式保证的不可篡改和不可伪造的分布式账本。每个区块包含特定事务中涉及的数据。当一个事务发生时，它被存储在一个块中并添加到链中。

这些块组成了一个分布式数据库，可以容纳越来越多的记录。但是，与传统数据库不同的是，分布式的区块链数据库创建了一个共享的数字分类账，而传统数据库中的信息驻留在跨多个合作伙伴的唯一存储库中，并且最终必须进行协调才能更好地使用。为了更好地理解区块链，我们借用“微信小饭团”的例子来解释区块链是如何运行的。公司里有几个人组成了一个“饭团”，每天中午大家向管理员报名，由管理员安排大家的午饭。但是这种报名方式容易出现问题，例如，所有人的午饭信息汇总在管理员一人的账本记录中，一旦出现信息错误的情况，就会无处验证。当大家的午饭信息被信息隔离时，某个人便无从知晓他人的午饭信息，如果不是午饭信息而是资金管理事项，那么信息封闭就不利于管控风险。管理员随时需要收集午饭报名信息，工作忙碌。后来，大家想到一个更好的解决方案，就是建立一个微信群，每个人把自己的午饭信息发到群里，报名内容不仅包括自己的午饭信息，还要按顺序加上前面所有同事的午饭信息。如某天张丽第一个报名，发送内容为“1. 张丽”，李强第二个报名，发送内容为“1. 张丽 +2. 李强”，以此类推。这样的微信接龙方式能让每个人的微信消息记录都成为一个账本，打破信息隔离状态，从而使管理员的工作更加准确、高效。

区块链的特点如下。

①去中心化。在“饭团”中，每个同事的微信消息记录都是一个账本，各个账本之间可以进行对照，而非只有管理员手中有唯一账本。由于区块链使用分布式核算和存储，不存在中心化的硬件或管理机构，因此任意节点的权利和义务都是均等的。

②信息不可篡改。信息一旦经过验证并添加至区块链，就会被永久地存储起来，在单个节点上对数据库的修改是无效的，因此区块链的数据稳定性和可靠性极高。

③开放性。系统是开放的，除了交易各方的私有信息被加密，区块链的数据对所有人公开，任何人都可以通过公开的接口查询区块链数据和开发相关应用，因此整个系统信息高度透明。

在“互联网 +”背景下，财务运作存在的问题主要有，企业间财务信息交流没有统一的平台，增加了资金筹集的成本；企业各部门之间无法完全实现资源共享，而且由于企业财务信息的非公开性，每一项财务运作所涉及的流程和制度都错综复杂，执行起来耗费时间长；信息不透明，尤其是在涉及关联交易问题时，不易控制财务风险。

由于技术和管理的限制，财务运作存在诸多问题，而区块链这一新技术可以改进企业内外部财务业务运作流程，为企业节省交易管理的成本，降低财务风险。

区块链与财务共享服务结合的主要应用场景如下。

①有多个参与方的交易。在智能化财务共享服务中，财务共享向前延伸形成采购共享，向后延伸形成税务共享，并将供应商管理、税务管理纳入共享范围。当交易参与方包含多个供应商、客户、监管机构及可能涉及的税务机构时，运用拥有去中心化特征的区块链技术将是一个能够提升交易管理效率的解决方案。

②需要长期保存记录以供合规监管的交易。很多大型交易不是一次就可以完成的，需要在较长时间内创建和维护。区块链能够提供相对理想的解决方案，通过记录交易情况，为持续的合规管理提供可靠的资料。财务共享加载区块链技术后，能够保证财务、业务信息真实准确，无法被随意篡改。

③需要马上支付或转移资产的交易。很多跨境的贸易融资和供应链融资需要保证交易的公开透明，并且需要快速到账，区块链可以帮助达到这个目的。消除支付周期和资产转移滞后的情况，有助于财务共享中心在财务处理流程中降本增效，提高流程处理精准度。

（4）人工智能

从阿尔法围棋（AlphaGo）成为第一个击败人类职业围棋选手、第一个战胜围棋世界冠军的人工智能机器人开始，人工智能的概念就被应用到生活的方方面面，如指纹解锁、图像识别、语音转换文字、机器人看病等。通过字面意思，我们知道人工智能是让非人类的事物学习人类的一种模式，从而让一个非人类的事物变得像人类一样有智慧，其涵盖范围非常广。目前在财务领域，我们一提到人工智能，更多的是指机器学习。

机器学习是人工智能的一个子领域，它是一种统计学习方法，用来训练具有大量数据的模型。该模型从已知数据中“学习规则”，并自动更新模型中的相关参数。经过训练的“规则”和“模型”可用于预测显示世界中的未知数据，这其实就是我们常说的“优化算法”。

1）机器学习的分类

机器学习主要分为监督学习和无监督学习。监督学习是给计算机输入拥有特征和标签的数据，让计算机通过某种预设算法找到数据特征和标签之间联系的方法，接着，计算机通过大量的训练优化算法，让算法接近百分之百准确。未来只要给出拥有特征的数据，计算机就能准确给出它们的标签。监督学习适用于解决预测目标值的问题，即给出一个问题，让计算机给出答案。无监督学习是给计算机输入只拥有特征而无标签的数据，让计算机根据数据的特征进行数据分类的方法。在这个过程中，计算机可以自己总结规律，即算法，也可以通过某种方式验证并优化算法。无监督学习适用于解决分类问题。可以看到，人工智能能够帮助人类解决的大都是有丰富数据量、重复性高、规则化程度高、标准化程度高的问题。同时，我们已经了解到财务共享中心将企业重复性高、业务量大、标准化程度高的财务业务集中处理。经过流程再造后，财务共享中心中需要处理的大都是标准化业务，企业可以利用一定的规则进行流程控制。由此可见，财务共享服务为人工智能提供了很好的应用基础。

2）财务共享服务中应用人工智能技术的主要场景

①财务机器人完成财务流程作业。财务机器人能够自动化处理如下财务流程：付款和发票处理、供应商简单查询、管理响应、费用审计、订单管理、通过外部信用评级机构定期进行信用检查、财报生成、绩效报表制作、数据有效性验证等。财务机器人的应用减少了财务流程中高度重复的人工操作，提高了效率，降低了人工操作差错率。

② OCR 技术。在财务共享系统中引入影像管理系统后，很多纸质业务单据、合同、发票都以影像的方式储存在财务共享中心中，并以影像的方式流转辅助审批。这些业务单据和发票中含有大量有价值的业务信息，但是将信息人工录入系统效率低且差错率高。OCR 技术是一种通过光学输入方式将纸质文档上的文字转化为图像，再利用算法把图像信息转化为可以用电子设备进行编辑的文本信息的技术。这种基于深度学习平台开发出的图像转换文本的技术成为财务共享中心信息电子化的关键，有效减少了人力、物力的浪费，降低了运营成本。而且随着 OCR 技术的识别正确率越来越高，大量的结构化数据和非结构化数据为财务共享中心的数据基础建设提供了支持。

③语音识别和知识图谱。财务共享系统在使用语音识别技术后，可以通过收集和分析业务人员的语音指令自动完成业务操作。例如，业务人员说："明天订购从北京到上海的机票。"系统就可以自动识别语音，筛选出机票信息，甚至可以自动填写出差申请单。而当财务共享系统使用了知识图谱技术后，管理者通过语音输入一条单据控制规则，系统便可以自动识别并利用知识图谱技术分析生成新的规则，并添加到财务共享系统中。利用知识图谱和语音识别，可以让系统理解管理者的意图，使管控更加智能。

（三）财务共享的基本内容

1. 端到端流程自动化的应付共享

财务共享中心建立后，应收组和应付组都是人员较多、工作量较大的部门。

应收组承担着整个集团及分（子）公司的开票、回款、核销、催收等工作，而应付组通常会为几十家法人实体或分支机构提供应付（AP）、总账（GL）、应收（AR）、费用等会计服务。

通过采用端到端流程自动化解决方案，企业可以实现应收和应付业务的自动化处理，从而实现业务流程的明显优化，显著提高业务的完成效率和完成质量。应收和应付业务的流程基本相同，下面以应付业务为例，了解共享中心应收、应付业务自动化的实现流程。

（1）应付管理难题

传统的应付管理流程可以归纳为供应商开票—邮寄发票—企业财务处理—通知银行集中支付。即供应商开具相应的增值税发票，并分别邮寄到企业集团下属各分（子）公司，分（子）公司的会计人员接收发票后，需要进行检查发票真伪、审核发票、财务记账、发票认证等财务处理流程，最终通知银行集中支付货款。

从开票到付款的全流程中，对海量发票的处理是财务共享中心面临的巨大挑战。传统的发票处理方式是将纸质发票上的数据人工录入财务应用系统，这不仅费时费力，而且数据核对容易出错，难以保证数据质量，是一项低效且极度消耗内部资源的作业；月末大量纸质发票来不及录入系统，导致应计负债不准确；供应商争议无法及时记录、反馈，造成废票、错票引起的业务延迟和成本增加；一旦出现差异，企业内部的及时沟通存在困难，基本靠人工驱动易造成信息不连贯，处理缓慢；人工核对发票、订单（PO）和入库单（GR）的工作量巨大，核对容易出错、效率低且处理不及时。

人工录入发票信息会给企业带来严重的风险，信息可能不完整且不准确，任务耗时且效率低，以及在操作中解决方案可能会出现分散现象，从而导致企业财务业务可见性不佳且易暴露在风险中。

应付每个环节上的相关人员也会面临以下一些问题。

①公司首席财务官：公司的采购成本、财务费用和管理成本高于预期应付账款管理的成本等问题。

②财务分析专员：对资金流出预测不足，现金折扣利用率低，导致资金供需不平衡等问题。

③采购专员：支付货款不及时，与供应商的关系不好，对获得有竞争力的价格、折扣、信用评级和付款条件不利等问题。

④应付账款专员：超过一半的时间解决异常情况，如处理重复发票、处理数据错误发票、响应供应商的电话查询和应对抱怨等问题。

⑤财务会计：跨部门调节发票，难以及时准确地统计应计负债和预测资金流出等问题。

（2）端到端流程自动化

针对公司日常经营中遇到的应收和应付问题，企业可以使用基于OCR技术、供应商门户和工作流技术的发票管理实现从供应商对账、发票扫描识别输入、三单校验到自动化审批、记账和增值税发票网上集中认证等，从而优化流程、提高工作效率。

针对低效易错的传统应付管理模式，新技术催生的端到端流程自动化系统采用OCR技术，可确保文字识别率高，降低信息错误风险；发票信息电子化也可提高业务处理速度；系统可以自动对接供应商门户来完成对账，付款过程透明可查；系统采用发票自动校验和工作流技术，可以自动分配任务，降低人工匹配所带来的失误；系统可以实现发票集中认证，在共享服务中心一个平台完成全国所有发票认证；系统采用发票抽取技术，可支持抽取不同开票系统的开票数据；系统还设置票据影像管理平台，利用大数据、云技术存储大量影像数据，降低信息储存成本，提高储存安全性。

企业在应付业务流程中采取端到端流程自动化系统后，相对于传统的应付管理将会发生以下变化：流程的步骤显著减少，业务流程优化明显，自动化程度显著提升，工作效率也显著提升。

（3）发票管理流程自动化

应付业务可以借助技术实现流程改造和自动化处理。应用OCR技术、工作流技术等先进技术后，发票管理流程从业务流升级为系统流，摆脱人工业务处理方式，操作流程标准化、自动化。在系统自动完成发票检查、提取信息录入系统、三单匹配等工作后，会计人员可以根据发票影像的提取信息在线审批记账、付款和进行税务认证。共享应付业务管理流程还可以规定异常发票处理标准流程，使系统可以自动按标准流程解决异常发票。流程的标准化和自动化，减少了财务人员的工作量，提高了业务处理效率。

（4）自动发票管理流程的特点

①自动对接供应商服务门户。供应商可以抽取并批量上传开票机的电子发票从而减少人工录入发票的工作；将供应商的基本信息以及对应的PO、GR文件导入ERP系统，由供应商完成与纸质发票对应的相关PO、GR信息，完成对账工作；通过自助服务的方式跟踪发票状态、付款和信用，从而减少电话、传真、邮件查询；供应商可以向财务共享中心发送查询请求，协同处理发票相关的争议；供应

商可以调阅发票原始影像，帮助买卖双方实现更有效的沟通。

②发票扫描。财务共享中心扫描供应商开出的发票，将发票影像保存至文档影像服务器；财务共享中心能够对图像进行高比例的压缩处理；财务共享中心支持各式扫描仪，特别是高速扫描仪。

③发票OCR识别。发票OCR识别系统能自动读取发票影像并准确识别增值税专用发票、普通发票、运输发票等多种发票，同时在ERP系统中生成电子发票；支持多线程OCR识别，因为共享服务中心发票多，扫描仪速度快，因此OCR速度需要做到和扫描速度基本同步；和扫描模块实现异步处理，即OCR识别程序在运行时不影响扫描发票工作。

④自动三单匹配校验。系统按照预定义规则对发票进行校验，对于物理发票号、公司代码、供应商、税率、货币等出现不一致的发票，或者是重复发票、合同无效发票、价格或数量存在差异的发票，以及无法匹配采购订单项目的发票，系统不予通过。

⑤异常处理。如果出现匹配异常，以及客户争议、例外处理等情况，工作流将自动通知相关人员做进一步检查，并显示在待办工作界面、手机短信、微信、邮件中，以提醒相关人员。

⑥审批。发票校验完毕后，工作流会自动将发票发送到主管环节供主管批准，主管可以进行网上审批或其他方式审批。

⑦自动记账。主管审批完成的发票将自动在ERP系统中记账。付款：ERP系统记账后，工作流会自动将环节流转到付款专员处，待付款专员确认后，与资金管理系统或网上银行对接，完成给供应商付款的环节。网上集中认证：先由相关人员统计好收支情况，再确定这个月需要抵扣认证的金额和需要认证的发票。

⑧发票认证。操作人员可以灵活地选择待认证发票数据系统，根据配置将待认证发票数据发送到相应的税务局进行发票认证，接收认证结果，并更新到集中认证系统中。

⑨数据导出。通过认证结果文件下载的方式将认证结果导出。

⑩查询统计。操作人员可以方便地对认证情况进行汇总统计，并查看发票详细信息。

2. 中央处理器式的总账模块

在企业财务共享中心，总账模块是企业财务系统的核心，它和企业的应收流程、应付流程、固定资产、成本管理等流程都有着直接的关联。

相较于应收、应付、固定资产等由业务驱动、侧重于在业务过程中提供共享服务支持的相关模块，总账模块更多地侧重在会计处理业务流程中提供支持。由于会计核算是规则性较强的工作，因此分散的会计核算业务往往最适合被整合为标准化模块。在总账模块中，从财务人员进行记账凭证的编制、财务信息的生成、月末自动记账和月末过账，到最终报表的产生，自动化技术都被广泛应用。

总账模块提供了一个完整的财务管理核算及分析流程，是企业所有业务最终的财务反映。总账模块与其他模块之间建立方便的接口，从而保证账务运行的通畅和不重复。一个公司或组织的制造系统、项目管理系统、人力资源管理系统、客户关系管理系统等各个系统，都可以通过总账模块实现信息的共享。

在企业财务共享系统中，由于总账模块和传统会计业务的结合最为紧密，因此对总账模块流程的理解，有助于从相对宏观的角度了解整个共享服务流程。

总账模块就像是企业会计信息的中央处理器，应付、应收、固定资产等业务处理的最终结果都会反映到总账模块的流程中，这也使总账模块成为综合的财务管理解决方案，并具备强大的功能。通常而言，总账模块的流程包含以下几个环节。

一是信息访问。总账管理系统是企业的财务信息存储库。通过联机查询或使用报告和分析工具，企业可以轻松访问存储在总账管理系统中的信息。

二是会计信息处理。例如，企业可以更正、预算和保留会计信息，重估和折算用外币表示的余额，合并多个账户的余额等。

三是数据收集。总账管理系统主要收集来自应收、应付等各业务处理流程中的相关信息和数据。

四是财务报告出具与数据分析。在企业财务核算系统中，总账模块作为核心和应收、应付、成本、固定资产等各个模块紧密相连。月末，各模块记账数据通过过账的方式传入总账模块。企业据此可进行财务报告出具和数据分析等工作，以帮助企业内外人员进行决策。

总账模块和报表业务在流程设计中应遵循以下七个原则。

①财务核算共享中心设置总账组、单体及税务报表组、合并报表组，并按法人进行工作分工。

②账务处理应遵循 GL-1 平账管理进行操作，不允许直接登录 ERP 总账模块系统进行记账。

③财务人员在填写报账单时，应提供真实、完整、与报账内容相符，且符合公司会计核算制度的原始支持性附件。原始支持性附件分为纸质文档和电子文档。若只涉及电子文档，则财务人员将电子文档上传；若除电子文档还涉及纸质文档，

并且需要领导审批签字表等，则财务人员需要先获取纸质文档的电子版本（如照片、扫描件等），再上传。

④更正凭证通过总账报账单的调账功能实现。原则上是先将已入账的错误凭证通过总账报账单冲销，再根据调账类总账报账单的正确报账信息重新记账。

⑤总账报账单、预提费用报账单、工资薪酬计提报账单及工资薪酬报账单必须得到恰当的授权审批（走相应的审批流程）；报账人与记账人的职责分离，由共享中心财务会计提报的报账单须由另一名财务会计记账；共享中心总账组每月（如每月 25 日）先冲销上月预提的费用，再开始处理各公司当月提报的预提费用报账单（如从每月 26 日起），并在月底结账前（如每月 28 日）完成预提。

⑥财务共享中心的关账流程应严格依照下发的关账清单执行。ERP 总账模块财务账期一旦关闭，一般不允许再打开进行调账。

⑦当地人力资源部门负责发起和填报工资薪酬计提报账单和工资薪酬报账单。

二、财务共享中心的功能拓展

（一）财务共享中心与服务外包中心

近年来，财务共享服务在我国已经从引入期过渡到推广应用期，财务共享中心如雨后春笋般发展起来，最早的一批财务共享中心发展至今超过了 10 年历程，部分财务共享中心已经开始思考从推广应用期进入成熟期后的发展问题。不论是理论还是管理实践，针对财务共享中心的进一步发展路径已经有多种思路被提出，其中，很重要的一条发展路径就是财务服务外包。其实，从当前国外的财务共享功能拓展来看，财务服务外包已经处于蓬勃发展期，但其在我国的应用和发展还处于初期阶段。

对财务共享中心来说，财务服务外包是一种可能的拓展方向。同样地，成熟的财务共享中心也可以考虑另一种选择，即把自身的一部分非核心业务进行外包，把更多的核心资源聚焦于财务共享中心内部其他功能的拓展上，以获得更高层次的自我突破。如果财务共享中心选择业务外包，那么还需要着重考虑以下几个问题。

1. 选择可以外包的流程

从目前国内的财务共享实践来看，其中涉及的主要流程有费用、应收、应付、资金、资产、总账、报告、档案等。一般情况下，财务共享中心并不放心也不会把核心流程对外发包，如资金、总账报告等流程，当然，不同定位的财务共享中心对风险的判断和评价是不同的。如果从风险和流程复杂度的高低角度来看，那么自低到高通常可以归纳为档案、费用、应付、资产、应收等。财务共享中心对外进行发包，同样也可以考虑按照这样的顺序。

此外，财务共享中心在评估是否需要外包时，还应考虑如下几个因素：企业内部文化是否能够接受外包这种形式、外部是否存在一些监管问题、外包的执行成本等。

2. 选择合适的外包商

如果财务共享中心已经决定进行服务外包，那么接下来关键的环节就是选择合适的外包商。外包商合适与否将会直接影响最终客户的满意度，因此，需要综合考虑服务外包商的能力，从中择优选择。通常在具体评估中，可以从服务外包商的业务流程、服务地域的覆盖力、外包商团队的素质及规模、信息技术能力、行业服务经验、语言和文化的匹配能力、运营的灵活性等方面进行综合评估。

3. 签订服务水平协议并进行服务定价

财务共享中心选择服务外包商后，在进行正式的业务转移之前，有一个很重要的过程就是要签订服务水平协议，并进行服务定价。这里要注意，服务水平协议是双向协议，它不仅对服务外包商进行约束，对财务共享中心同样有约束力。一个清晰的服务水平协议还有助于双方建立良好的价格谈判基础。比较常见的服务定价方式有按件计价和包干计价两种。一般我们会建议企业选择一个业务量大的简单标准化的业务作为标准件，进一步度量标准件的平均时间，之后其他所有业务都可以通过作业时间转换为标准件，在标准件的单价基础上就可以对更为广泛的业务进行计价。当然，如果对于一些偶发的（或单次作业时间差异很大的）业务，则建议采用包干计价的方式。通常建议优先使用按件计价模式，在无法使用该模式的情况下再选择包干计价模式。

4. 业务转移

业务转移是指从发包企业向服务外包企业转移的过程，这里的关键是如何从财务共享中心向服务外包商进行转移，相比于从传统财务作业方式开始，这个方式的转移更为高效和简单，主要包括以下几个步骤。

①利用财务共享中心的标准化优势，准备相应的作业手册的过程通常由财务共享中心的熟练员工和运营管理人员共同完成。

②配合服务外包商进行系统对接。通常情况下，需要花费一定的时间对甲、乙双方的系统进行基本的分析，需要双方的系统团队紧密协作，在互相了解后，

提出系统对接方案，形成从发包方到外包方的端到端的流程对接。

③进行业务的驻场学习及演练。外包商通过进驻模拟演练能够最快地了解财务共享中心的需求及在运营过程中可能出现的问题，发包商应当尽力委派熟悉流程的团队来帮助外包商更好地学习演练。

④进行业务的试点转移并试运行。经过充分沟通后选择试点对象，可以选择部分业务单元或某些流程，试点前期可以通过双方并行的方式进行一定周期的试运行，待业务稳定后正式交接。在实践中，也有一些公司会选择聘请咨询公司来协助完成移交过程。

⑤大规模业务切换并保持稳定运营。通常在稳定运营的前期会有大量问题发生，这时需要双方保持合作的心态并进行紧密沟通，同时进行充分的人员储备和培训，以问题为导向来疏导各类问题。

（二）财务共享中心与商旅服务中心

向前端业务的拓展是财务共享中心的第二个可能拓展方向。在实践应用中，一个常见的拓展方向是向商旅服务中心进行拓展。实际上，商旅服务可以理解为费用流程的前置流程，而商旅业务本身就属于高度的运营性质业务。如果由财务共享中心承接商旅服务，那么将能更好地进行过程管控，实现财务费用管控和风险管理的前移。在国内较早进行这一尝试的是中兴通讯，其在财务共享中心内部设立了商旅服务组，承担整个商旅服务流程的中台职能。通过热线接收员工的机票、酒店预订和后续服务，并基于商旅服务组直接进行机票和酒店的预订、退改业务处理。但这一模式在中兴通讯进行更大业务范围共享过程中已经从财务共享中心剥离，纳入了其他共享服务板块。在后续十几年中，国内财务共享中心向商旅服务中心的功能拓展进程还是相对缓慢，尚处于起步阶段。

那么，作为功能拓展的一个可能方向，财务共享中心如何参与端到端的商旅服务的全流程中来呢？这里，我们提出可能的三种模式。

1. 基础模式

在基础模式下，所有的商旅服务都是交由财务共享中心以外的第三方来完成的。通过双方的系统对接，直接打通商旅服务的信息和财务信息。当第三方机构完成商旅服务，且员工也完成差旅行为后，财务共享中心便可完成后续一系列的财务核算、报销结算等流程。总体来说，这种模式对财务共享中心的要求最为简单，甚至谈不上什么改变和功能拓展，仅仅是对新商旅模式的一种配合而已。

2. 中级模式

在中级模式下，财务共享中心的参与程度比基础模式上升了一个水平，不只局限在财务流程中进行财务处理，而是真正意义上“走出去”进行功能拓展，开始涉足商旅端的业务流程，这主要集中在中台的交易处理和服务处理上，属于半参与模式。这里，财务共享中心首先需要搭建服务团队，嵌入供应商和企业内部员工之间，起承上启下的重要作用。对外资的商旅服务商来说，如果没有企业端自建中台，那么通常情况都由商旅服务商来承担这项工作。其次，财务共享中心直接承接中台服务，替代原本由商旅服务商提供的服务。员工通过在线系统或电话提交订单，财务共享中心的商旅团队在接到订单后进行机票或酒店的预订处理，并负责与员工就特殊情况进行及时的呼出沟通，在退改签等情况下，及时处理有关业务，保障好员工的商旅行程。

3. 高级模式

在高级模式下，财务共享中心彻底承担了商旅流程端到端的所有管理工作。相比于中级模式，财务共享中心增加了前端机票酒店、用车等供应商的选择、采购和日常管理等诸多工作。在这一模式下，由于角色的转变，财务共享中心实际上已经从单纯的运营管理转变为采购管理。对这一转变其实是存在一定争议的。反对的说法认为，财务涉足采购是一种职能上的越位，在此领域兼具“运动员”和“裁判员”的冲突身份；支持的说法认为，财务成了差旅费流程完整的流程属主，能够提供全流程端到端的服务，从而实施更全面的管控。其实，对财务共享中心选择如何介入商旅服务的流程，需要企业结合自身的实际情况来进行判断和评估，毕竟适合的才是最好的。

（三）财务共享中心与司库

司库是财务共享中心的第三个功能拓展方向，确切地说，这是对传统财务共享中心职能的加强。标准的财务共享中心是包括资金收付流程的，但司库包含的远远不止这些内容，而且并非所有司库的职能都适合做共享服务。因此，财务共享中心向司库的拓展需要找到一个合适的尺度，其中一个很好的方向就是拓展成为基础司库中心。下面就拓展中的几个核心领域展开探讨。

1. 资金账户从保管、使用到管理

在传统财务共享模式下，财务共享中心更多的是负责账户开立后的使用职能。通常由财务共享中心以外的团队，如分散在各个机构的资金部或其他岗位，进行开户，将开户后的 UKey 和密码等信息移交财务共享中心进行统一的保管和使用。在整个过程中，财务共享中心更多的时候处于一个相对被动的位置。如果财务共享中心转变为基础司库，那么资金账户会从保管转变为管理。这种管理体现在账户开立、变更、注销的集中处理，如临柜办理账户开销、变更等业务，进行业务处理后的资料归档。在进一步考虑职能提升后，可以赋予财务共享中心与各银行直接进行业务洽谈和关系管理的职能，当然这种银行管理主要还是在账户层面。因此，在账户管理上，财务共享中心的身份从保管者和使用者转变为管理者。

2. 资金计划和资金头寸从执行到规划

在传统财务共享模式下，资金计划及资金头寸一般都由分散在各个机构的资金部来完成，财务共享中心则在资金支出过程中对实际支出与计划进行匹配，在资金计划不足时进行支出控制，在资金头寸不足时进行及时的申请和调拨。

财务共享中心转变为基础司库后，资金计划和资金头寸不再简单地执行控制，而是涉及了具体的预测、规划和管理。对现金流预测来说，本质上是基于信息输入，结合影响因素通过模型来进行结果模拟的过程。在这个过程中，输入主要包括已经下订单的采购记录、销售记录、托收资金流入计划、人力成本支付计划、费用支付预测、司库中的对冲、内部债务、股息等资金流动因素。在对这些输入进行预测的过程中，还会受到供应链断裂、商品价格、季节性、特殊事件、需求变化、信用事件甚至全球市场事件的影响。因此，财务共享中心在这个领域的拓展已经不再是简单地执行，预测工作具有更高的复杂性。在国内的实践中，已经有一些财务共享中心开始基于掌握的费用支付数据进行费用资金预测，这就是个不错的开始。

3. 推动资金集中和资金池管理

财务共享中心向基础司库进行转型后，推动资金集中和资金池管理的职能也将由财务共享中心来担负。资金的集中能够充分利用企业分散在各机构的存量资金，减少公司整体的融资压力。比较理想的资金集中是从账户层面就尽可能地减少分散资金账户的设立，将资金归拢到统一的账户中。通常情况下，资金的支出户是比较容易集中的，而收入户集中面临的挑战比较大，会受到各地客户资金收取的需求影响。另外，一些处于特殊目的的账户难以消除，如为维护银行关系存在的时点存款账户等。

此外，当承接资金池管理工作后，财务共享中心需要承担每日日终结算头寸的计算工作，根据计算结果所体现的资金池的盈余或亏空，来进行资金的进一步调配。从运营模式上来看，此类工作财务共享中心是能够胜任的，但如果进一步承担资金池的设计、构建等初始工作，以及后续的架构优化工作，则会有一定的挑战。

财务共享中心拓展成基础司库后，无论是在资金账户归集上，还是在资金上划下拨的操作管理上，均可发挥重要的作用。

4. 资金对账从操作到风险的主动管控

在传统财务共享模式下，财务共享中心要负责进行每日的银行收支与核算系统中资金收支凭证的核对，做到银企一致，但这种资金对账更多的是运营执行层面的概念。财务共享中心拓展为基础司库后，在资金对账的职能上会从单纯的对账操作上升到资金操作风险管理的高度。因此，财务共享中心需要提升主动管理意识，彻底改变原来被动执行的观念。同时，需要从技能和工具上进一步提升自己，如使用 RCSA、KPI 等风险管理工具来主动提升操作风险管理水平。

三、财务共享中心的未来转变

财务共享中心以财务业务流程为基础，依托信息技术，为客户提供专业化、标准化、规范化的服务，从而实现降本增效，为组织创造价值的目标。从某种程度上来说，财务共享服务是对传统财务活动的一次全方位的创新和再造。在现代新兴信息技术的推动下，未来财务共享中心可能会实现以下转变。

（一）财务共享中心全球化

对西方国家来说，财务共享中心的全球化布局可以说是过去式或现在时，很多大型的跨国企业集团会建立一个全球统一的财务共享中心，或者它们会分别在美洲、欧洲、亚洲等分别建立洲际财务共享中心，从而使更多的员工能够享受到实施财务共享服务的便捷。随着国家经济实力的提升，财务共享理念、信息系统业务流程的提升与改进，当地成本优势及在英语、日语、韩语等语系上人才储备的逐步充足，中国地区在跨国集团全球选址中的地位逐步提升，成为建立区域中心或全球性中心的重要选择。

（二）财务共享中心智能化

实施财务共享服务的关键环节就是要集中财务的基础业务，并进一步推动其往专业化、标准化、流程化、自动化和智能化方向的发展。对人工操作耗用极大的基础业务，如财务审核、交易处理、资金结算、对账等越来越多的工作被计算机取代，财务自动化、系统化程度越来越高。随着影像处理、自然语言处理、机器学习等人工智能技术的发展与应用，促使财务共享中心更加智能化，从而更好地实现从财务流程转向全业务流程的持续改进与优化。

（三）财务共享中心利润化

基于财务共享中心的不同定位，其对应的运营方式主要有内部运营、外部独立经营和内外结合运营三种。定位为内部运营的财务共享中心主要服务于企业内部，其客户来自集团分（子）公司或集团下属其他分支机构，在通用标准方案的基础上，根据具体客户的具体业务特点和诉求进行方案补充设计，从而更好地满足客户的不同需求。定位为外部独立经营的财务共享中心则是面向市场的专业共享服务供应商，通常可以直接从企业集团的财务共享中心分化成独立的经济实体来运营，也有一些财务共享中心在建立初期就定位成面向市场的独立经营的财务共享服务机构。定位为内外结合运营的财务共享中心通常也是由内部运营演变而来的，一般拥有较成熟的企业内部运营基础和客户资源，具有较强的抗风险和营利能力。企业可以通过内部共享服务市场化的方式实现服务收费以获得经营收益，从而促使财务共享中心以利润化的方式最大限度地满足市场需求和企业切身利益，充分发挥经济实体的功效。不难预见，财务共享未来发展的一个趋势就是财务共享服务模式和外包模式并存。

（四）财务共享中心虚拟化

随着 ERP 系统的不断完善和互联网技术的快速发展，财务共享中心将可能不再集中在某一个地点，而是分布于世界任何有网的地方。换言之，虚拟财务共享中心是有可能实现的。虚拟财务共享中心的员工可以分布在全球各个地方，通过网络化、电子化实现共享中心成员之间的沟通和交流，有效地解决了招募优秀人才难、成本压力大等问题。可以想象，通过互联网成立财务共享中心，财务共享中心的服务内容、服务标准及对服务人员的要求都会通过网络清晰地传递给每一个想加入的成员，这些成员不限国家、地域、性别、年龄，只要通过一系列的网上测评之后，就可以成为财务共享中心的虚拟员工。

四、数据共享模式对财务工作的影响

通常，人们认为收集财务信息主要通过建立完善的数据系统来实现。随着智能时代的兴起，我们进入了一个新奇且充满创造力的财务技术环境。在此情形下，财务业务所对应的数据呈现方式相当丰富，不仅包含有组织的数据形式，还包含多种形式的非有序信息，如报告、数据可视化、图像、音频和视频等。只有准确高效地分析非结构化数据，企业才能赢得竞争并实现进一步发展。

（一）促使企业的财务工作转型

如果财务工作人员具备管理思维模式和能力，能够完成企业财务分析并制定相应的战略方案，那么企业领导层可以更有效地提高企业效益。传统的财务职能主要集中在制作财务报表和数据上，不重视实质性的业务分析和信息处理工作。财务人员通常需要花费大量时间处理经济事务，但对信息技术方面的了解水平相对较低。相应地，这种工作模式为企业经营管理提供的信息是有限的。除此之外，这些财务数据本质上属于历史性数据，无法为企业未来的经营决策提供准确的指导。数据共享有助于企业管理者更好地配置资源、改进决策，从而有效预测、策划和管控当前与未来的经济活动，并提升企业经营效果。

（二）促使企业管理创新

随着大数据技术的演变与推进，企业信息化步入了一个全新的发展时期，这也使得企业管理模式发生转变。例如，扁平化的组织结构和商业规则正在不断完善，新技术与管理创新的结合使得管理财务焕然一新。更确切地说，在以往时期，企业主要依赖内部财务数据处理管理事务。但现在，大数据信息的收集和处理使得财务数据有了更大的应用空间。在这种情况下，企业能够更有效地评估项目造价、定额管理和经营预测等方面的合理性，管理财务也拥有了越来越多的用武之地。

（三）促使财务人员成为管理型财务

随着财务信息技术的不断普及和进步，企业对具备管理和财务技能的人员的需求不断增加。随着智能技术的不断发展，传统的财务工作逐渐被取代。因此，财务从业者需要不断提升业务能力，拓展自身能力，成为既能管理企业又能熟练掌握财务管理的复合型人才，以避免被行业淘汰。随着智能时代的兴起与不断发展，企业财务部门变得越来越综合化。因此，财务人员需拥有多方面的知识和管理技能，包括对企业生产经营流程、内部管理、财务管控、战略决策、风险管理和成本分析等方面的熟悉与掌握。借助数据共享模式，财务人员能够逐渐构建系统化的管理思维，从而增强财务核算能力，并将自己培养为经验丰富、精通财务管理的专业人士。将财务与管理有效地结合起来是实现企业价值的重要手段。

五、管理财务与财务融合

财务能够反映社会的生产关系，并随着生产力的提升而持续发展。在信息化时代中，共享模式逐渐成为财务管理改革的新方向之一，并为人们提供着越来越多的便捷服务，实现工作效率的提高。在数据共享的背景下，财务管理与财务融合不仅是一种革命性突破，对企业财务体系而言也是进一步的优化，更是社会经济发展过渡到信息化时代的必然趋势。此外，在数据共享的背景下，企业的各种财务信息都需要根据管理财务的实际需求来拓展信息的覆盖范围，以最大限度地发挥财务功能。

（一）管理财务与财务融合的理论基础

从理论角度看，财务学涵盖了财务和管理两大领域。但在实际操作中，财务部门的管理职责与财务记账核算人员仅是分工有所区别，他们共同构成了一个完备的财务结构。无论是管理财务还是财务，都涉及对企业资源要素的确认、度量和管理。这两个方面从不同的视角审视企业的运营活动，并发挥各自的功能，但它们的核心目标是相同的，即强化企业的经营管理、提高经济效益，这是它们实现整合的理论基础。

（二）管理财务与财务融合的必然性

智能时代下，我们可以对企业的商业模式和数据分析方法进行全面优化。随着信息技术和电子商务等交易手段的持续创新，社会上出现了许多新的业务管理模式，这些模式将财务与管理行为紧密结合，从业务初始阶段就开始介入，并利用信息化数据为企业的经营决策提供支持。同时，大数据技术也为财务管理带来全新的机遇，可以有效解决传统财务工作中存在的问题，帮助企业财务人员提高工作效率和质量。随着大数据技术的持续进步，其与财务管理的有序整合将进一步提升企业的信息化程度。这将确保企业在新的发展阶段能够流畅地进行预算管理工作、经营预测工作、运营分析工作和成本管理工作，从而推动企业最终战略发展目标的实现。

六、财务向管理财务转型存在的问题

在我国，目前仅有经济较为发达地区的高质量企业注重管理财务，并采取积极态度将其运用到企业的运用流程里。然而，在部分企业中，管理财务的有效运用仍然不足，且企业内部也不存在完整的管理财务应用体系。

（一）缺乏财务工作转型意识

部分企业认为财务部门属于非核心部门。部分管理者认为，财务部门的主要职责是处理日常的会计账务、编制财务报表及履行税务申报等任务，不宜介入企业的管理和决策。然而，目前我国企业普遍存在的现状是管理财务发展水平不高，同时企业也未意识到在大数据时代实现管理财务信息化的重要性，也就是忽视了面向管理财务所需的信息化。这些问题直接妨碍了企业向管理财务化的方向转型。财务工作转型之所以会停滞不前，主要在于部分企业未意识到财务工作转型的必要性，未充分重视信息时代对企业所带来的巨大影响。因此，部分企业仍停留在电算化阶段，未能随着时代的变迁提高财务工作水平。

（二）财务人员工作能力有限

在企业运营中，财务人员需要具备充足的专业知识和处理业务的能力。在智能时代，管理财务进步的重要基础之一是信息化的推动。此外，财务人员还需要熟悉统计技术和运筹技术，掌握数据分析相关技能，在直面经营问题时要能够进行科学的分析和论证，并提出合理的解决方案。然而，就目前情况看，部分企业的财务人员缺乏这些能力，整体业务素质有限，工作能力不高，这些都阻碍了财务工作的转型。

（三）财务数据的安全性有待进一步保障

随着智能时代的到来，数据传输速度提升了很多，但同时网络安全面临着巨大的挑战，如病毒和黑客侵袭。这使企业在管理财务方面面临巨大的风险挑战。此外，如果数据被分发给更广泛的受众，那么它被盗取或泄漏的风险将会增加；如果企业员工缺乏职业道德，那么他们可能会泄露企业的财务数据，尤其是核心财务数据，这可能会对财务管理的安全性造成威胁。因此，为确保企业数据安全、促进财务和管理的无缝衔接，企业需要进一步加强企业的财务管理安全措施，设置特定的安全保障。

七、财务和管理财务有效融合的可行性建议

尽管中国的企业在财务工作方面已经积累了不少经验，并取得了明显的成就，但在企业内部，财务管理的应用仍然不够广泛、不够细致、不够精准。随着互联网技术与经济全球化进程不断加快，企业财务管理也面临着新的机遇和挑战。与此同时，市场化、国际化和信息化的企业运营逐渐成为中国企业在财务管理方面发展的基础推动力。因此，在大数据时代，企业财务职能发生转变是必然趋势。当企业进行运营模式和业务决策时，财务部门的参与是不可或缺的。财务团队需

要从业务层面出发，深入研究项目的可行性，提供一定的建议，并将其整合到企业未来的业务发展和资源分配等关键问题中，这种做法与社会的历史发展趋势较为契合。

（一）建立数据共享的基本运行机制

中国企业在管理财务方面需要进一步提高业务数据的获取与处理能力，不仅要注意管理财务的推广普及，还要加强信息和数据方面的应用。这是有效应用管理财务的关键。企业应建立一个数据共享平台来整合企业的各种数据来源，包括业务系统、ERP 系统和预算平台等，从而为企业自身提供全方位、全层次的管理分析和决策支持服务。财政部建议企业设立财务共享中心，并尝试采用全新的财务核算方式，以打破传统、优化单一的工作流程。运用这种模式，企业需要严格遵守规范的流程，完成详细的专业职责分工，并充分利用信息技术等支持工具。此举旨在在不降低工作效率的前提下，提高财务工作质量，并为企业管理报告提供全面的支持体系。此外，企业还要整合业务和财务数据。支持系统的经济优势在于，它可以为企业提供大量的业务和财务数据，从而确立可靠的基础，以帮助企业进行财务报表的编制和管理。

（二）转变高层管理者和财务人员的观念

在财务管理中，管理人员的专业性和技术性是至关重要的。企业的领导者必须认识到，仅仅关注财务是远远不够的，他们需要不遗余力地促进财务工作的转型和升级，并与管理财务相结合，强调价值链管理的重要性。在智能时代，企业面临着激烈的竞争环境，为了更好地生存发展，必须注重企业财务管理水平的提高。同时，随着企业运营日益强调整合，财务活动和经营管理也需要互相融合。因此，在智能时代，企业管理者需要从根本上转变意识，从过去强调资本市场和筹资融资活动过渡到更加注重实体经济，从而不断加大对管理财务的重视力度。在此背景下，企业财务部门应该将财务管理重心转移至价值链，通过加强成本控制来降低企业在运营过程中的资金压力。对于企业的财务人员，他们需要改变传统的思维方式和工作模式。除了要掌握足够的专业知识，他们的管理技能也应当得到提升。因为财务人员能够帮助管理决策者进行财务处理、实现个人价值最大化的关键前提是他们可以自如地对企业发展前景、企业运营风险进行分析与评估。

（三）构建企业管理财务信息化

随着智能时代的到来，企业获取的数据信息规模愈发庞大、内容愈发深奥。

要想有效地将财务管理与财务融合起来，企业需设立高效的数据处理平台并使其具备相应数据处理能力。只有这样，企业才能取得更好的管理效果。传统的财务核算方法耗费的人力和物力较多，在处理过程中速度缓慢，效率不高。在信息化管理的时代，财务工作不可避免地与之相关联，因为信息化管理对财务领域将产生深远的影响。通过建立一个全面、多方位的财务数据系统，企业管理者可以应用财务管理技能来预测未来的情况并制定出适合企业实际情况的经营策略和考核政策。通过这种途径，企业管理层可以增强公司的经营管理素养和降低企业运营风险，进而提升企业价值的创造能力。

（四）发掘数据的价值，实现管理智能化

在如今的智能时代，企业需要从自身实际需求出发，创新管理财务的工具，以完美地融合财务与财务管理，进而实施预算、战略、作业成本等方面的管理，以及开展本量利分析、创造平衡计分卡等。同时，在管理会计的应用过程中，企业还需要注重数据与业务的深度融合，将大数据分析作为一种重要手段，并不断提高数据质量。更具体地说，为了挖掘数据的潜在价值，使智能化管理成为现实，企业应以价值为核心，提升自身的数据处理能力、计算能力、模型构建能力和算法开发能力，并提高管理财务的各种工具的利用率，进而智能化地处理各种管理工具和各种数据信息。

参考文献

[1] 韩军喜，吴复晓，赫丛喜．智能化财务管理与经济发展 [M]．长春：吉林人民出版社，2021．

[2] 常青，王坤，檀江云．智能化财务管理与内部控制 [M]．长春：吉林人民出版社，2021．

[3] 王雁滨，苏巧，陈晓丽．财务管理智能化与内部审计 [M]．汕头：汕头大学出版社，2021．

[4] 刘赛，刘小海．智能时代财务管理转型研究 [M]．长春：吉林人民出版社，2020．

[5] 吴践志，刘勤，等．智能财务及其建设研究 [M]．上海：立信会计出版社，2020．

[6] 张一兰．智能财务时代 基于业财税金深度融合的财务共享中心 [M]．长春：吉林大学出版社，2020．

[7] 杨洁．企业财务管理与财务数字化研究 [M]．北京：群言出版社，2023．

[8] 刘福同，邹建军，洪康隆．财务管理与风险控制 [M]．北京：中国商业出版社，2021．

[9] 董艳丽．新时代背景下的财务管理研究 [M]．长春：吉林人民出版社，2019．

[10] 曲柏龙，王晓莺，冯云香．信息化时代财务工作现状与发展 [M]．长春：吉林人民出版社，2021．

[11] 蔡姗玲．基于大数据背景的财务管理智能化发展 [J]．上海商业，2022（8）：128–131．

[12] 于爱荣，王俊，孙海，等．基于区块链和智能合约的财务管理系统建设 [J]．计算机技术与发展，2021，31（4）：164–169．

[13] 刘荣全．试析智能化信息技术对企业财务管理的影响 [J]．中国管理信息化，2022，25（10）：65–67．

[14] 王刚．基于流程智能化的财务管理实施分析 [J]．中国集体经济，2022（33）：147–149．
[15] 熊雄．企业财务管理与内部控制问题应对策略 [J]．中国集体经济,2022（34）：57–59．
[16] 魏伟男．企业财务管理理论发展创新及影响因素 [J]．中国市场，2022（33）：154–156．
[17] 蔡菡．智能化信息技术对企业财务管理的影响分析 [J]．财经界，2021（33）：104–105．
[18] 时燕．中小型企业财务管理存在的问题及对策 [J]．中国乡镇企业会计，2022（11）：59–61．
[19] 张铭涵，刘研华．大数据背景下财务管理智能化转型探究 [J]．中国集体经济，2022（27）：148–150．
[20] 邱应天．大数据引领财务管理智能化的思考 [J]．财经界，2021（28）：124–125．
[21] 张征．九州通集团财务智能化发展研究 [D]．广州：广州大学，2023．
[22] 刘畅．Y 单位财务管理系统优化升级研究 [D]．西安：西安理工大学，2022．
[23] 束婷．财务管理视角下我国 CFO 胜任能力框架研究 [D]．沈阳：沈阳大学，2022．
[24] 蒋婕英．智能时代财务人员转型与绩效评价研究 [D]．上海：上海财经大学，2022．
[25] 郭红亮．ZL 集团财务管理体系优化研究 [D]．长春：吉林大学，2022．
[26] 杨焕焕．HC 公司财务管理问题研究 [D]．郑州：河南财经政法大学，2022．
[27] 江懿繁．Z 资管公司智能财务管理的优化研究 [D]．上海：华东师范大学，2022．
[28] 柯晓光．A 公司财务管理优化研究 [D]．昆明：昆明理工大学，2022．
[29] 安振杰．K 集团公司财务管理智能化路径与方法研究 [D]．济南：山东财经大学，2021．
[30] 张智彦．电子政务智能化报表系统的设计与实现 [D]．成都：电子科技大学，2013．